# 中小微企业
# 电子商务实务

主　编　汪　林　陈　钰

副主编　（排名不分先后）

胡　蕾　何冬明

曾　婷　周玉娟

西南交通大学出版社

·成　都·

图书在版编目（CIP）数据

中小微企业电子商务实务 / 汪林，陈钰主编. —成都：西南交通大学出版社，2022.5
ISBN 978-7-5643-8654-2

Ⅰ. ①中… Ⅱ. ①汪… ②陈… Ⅲ. ①中小企业－电子商务－高等职业教育－教材 Ⅳ. ①F276.3

中国版本图书馆 CIP 数据核字（2022）第 061401 号

Zhong Xiao Wei Qiye Dianzi Shangwu Shiwu

**中小微企业电子商务实务**

主　编 / 汪　林　陈　钰

责任编辑 / 罗爱林
封面设计 / 原谋书装

西南交通大学出版社出版发行
（四川省成都市金牛区二环路北一段 111 号西南交通大学创新大厦 21 楼　610031）
发行部电话：028-87600564　　028-87600533
网址：http://www.xnjdcbs.com
印刷：四川森林印务有限责任公司

成品尺寸　185 mm × 260 mm
印张　11.75　　字数　290 千
版次　2022 年 5 月第 1 版　　印次　2022 年 5 月第 1 次

书号　ISBN 978-7-5643-8654-2
定价　45.00 元

课件咨询电话：028-81435775
图书如有印装质量问题　本社负责退换

# 序　言

FOREWORD



近年来，随着移动互联网的快速发展以及智能手机的不断普及，我国电子商务迅速发展。中国互联网络信息中心（CNNIC）于 2020 年 9 月 29 日在京发布第 46 次《中国互联网络发展状况统计报告》。报告显示，截至 2020 年 6 月，我国网民规模达 9.40 亿人，较 2020 年 3 月增长 3 625 万人，互联网普及率达 67.0%，较 2020 年 3 月提升 2.5 个百分点。我国网络购物用户规模达 7.10 亿人，网络消费作为数字经济的重要组成部分，在促进消费市场蓬勃发展方面正在发挥日益重要的作用。因此，中小微企业加速数字化、智能化，发展数字经济势在必行。

2020 年 5 月 17 日，中共中央、国务院发布《关于新时代推进西部大开发形成新格局的指导意见》。意见指出，为了响应支持教育高质量发展，发展现代职业教育，推进职业教育东西协作，促进产教融合、校企合作；鼓励支持部委属高校和地方高校“订单式”培养西部地区专业化人才；大力发展工业互联网和现代化服务业。因此，本教材既可作为选修电子商务课程的在校大学生的专业课教材，又可作为中小微企业的在职人员以及退役军人、下岗转岗失业人员、农民工和新型职业农民等 4 类群体的辅导参考资料。

另外，“手机控”成为目前职业院校课堂和企业在职人员的常见现象，加之学习电子商务的学生对数字化、网络化信息比较热衷和敏感，开发有关中小微企业电子商务实务的新形态一体化教材迫在眉睫。开发电商实务新形态教材时除了要考虑教材的个性化特征外，还要在新形态立体化教材的整体架构、界面设计、操作设计等方面考虑学习电子商务课程学生固有的阅读习惯和使用习惯。因而数字化资源的设计既要满足电脑端的使用，又要通过移动端呈现，才能更好地发挥数字化教材的教学功能。

我们有理由相信，新形态一体化教材《中小微企业电子商务实务》的出版，会对培养新时代具备工匠精神的电商操盘手起到促进作用，并使越来越多的学生成为数字化、信息化的复合应用型人才。

**汪　林**

2021 年 12 月

# 前 言

PREFACE



近年来，以跨境电子商务、市场采购贸易、外贸综合服务企业为代表的新业态新型商业模式在电子商务发展中表现亮眼。电子商务研究中心数据显示，从全球范围看，全球贸易增速仅3%左右，但跨境B2C的年增长超过20%。在大势所趋的国内电商与跨境电商氛围下，行业的发展离不开专业的电子商务复合型人才。因此，企业迫切需要精通电商相关业务和规则数字化操作的复合型人才。

全书从“互联网＋”视角，以服务中小微企业运营为目的，围绕利用电商多元化模式来创业实践展开。教材结合信息化的快速发展，以培养学生由传统营销模式向电子商务网络营销方向的发展思路，力求通过学习教材所涉及的知识点和技能，提升学生的电子商务实操能力，使学生能胜任信息化时代的电子商务相关岗位，且减少企业对人才需求的二次培养成本。

本教材所设计的任务亮点有以下几方面：模块一认知电商、模块二认知用户画像，从中小微企业职员的工作视角，介绍了数字化转型初期需要提前了解和调研的基本知识；模块三网络创业与电商模式，面向希望借助“互联网＋”思路的学生介绍多元化创业电商模式；模块四网络开设与装修、模块五网店运营与管理、模块六网店推广，围绕搭建一个电商平台中的网店，让学生可以从平台调研、网店设计及搭建、网络运营策划与推广入手，激励学生积极参与项目式学习和实践；模块七新支付模式，引入了数字支付技术等；模块八电商物流，从电商平台的物流配送视角，向学生介绍了电商物流实务的相关工序。

国内电商领域、跨境电商领域变化非常快，知识新、争鸣多，在本书的编写过程中，我们参考和借鉴了许多前人的研究成果、教材、著作和网络文献，但由于编写时间紧，加之部分网络作者来源不详，导致未能全部列出这些成果的出处，在此向各类文献的作者表示真挚的敬意、歉意和由衷的感谢。

笔者和团队各位老师共同负责全书整体设计和编写，陈钰、胡蕾老师对全书体系设计、修订提出许多有益意见，鞠会芳、许雪梅、李勤、熊玉珠同学参与了校对。

电商是一个日新月异的发展与研究领域，对这一主题的探讨还有许多问题需要深入的研究，加之我们能力与水平有限，经验、视野、时间不足，本书难免存在不足之处，诚恳地希望读者批评指正，以便我们不断修改、完善和提高。

汪 林

2021年12月

# 多媒体资源目录

续表

| 序号 | 资源名称 | 资源类型 | 页码（书中位置） |
| --- | --- | --- | --- |
| 22 | 电子商务师该如何选择产品的关键词，做到精准推送 | 新闻链接 | 102 |
| 23 | 音频：关键词分析 | 音频 | 107 |
| 24 | 音频：流量转化分析 | 音频 | 107 |
| 25 | 微课：行业数据分析 | 微课 | 112 |
| 26 | 微课：常见网络营销工具的实务操作 | 微课 | 127 |
| 27 | 微课：开店与选择广告类型 | 微课 | 135 |
| 28 | 微课：如何高效地收集直通车图 | 微课 | 140 |
| 29 | 情景视频：新支付促电商新消费 | 情景视频 | 146 |
| 30 | 微课：新支付促电商新消费 | 微课 | 150 |
| 31 | 2018 中国电商半年报：生物识别技术或将引领电商发展 | 新闻链接 | 152 |
| 32 | 微课：电子支付实务 | 微课 | 154 |
| 33 | 音频：第三方支付的主要模式 | 音频 | 156 |
| 34 | 情景视频：电商物流 | 情景视频 | 163 |
| 35 | 微课：电子商务物流模式 | 微课 | 167 |
| 36 | 音频：物流如何跟上步伐 | 音频 | 170 |

# 目 录
# CONTENTS

# 模块一 认知电商

情景视频：认知电商

## 情景设计

近年来，全国各地数字经济规模增长迅速，数字经济中的一些新技术、新业态和新产业蓬勃发展，如网上会议、网上教学、云招商、线上购物等。绝大多数中小微企业人员少，其自身的产品质量过硬，但其销售环节的数字信息化不足。目前，新型电商模式以及传统电商模式的融合，可以帮助这类企业在营销、批发、分销、交付等环节实现流通环节优化。为了能熟练掌握电商运营操作技巧，且成为新时代具备工匠精神的电商操盘手，接下来我们一起来学习电商实务的内涵和实操技巧。

## 项目一 认识电商

### 一、电商概述

微课：认知电商

#### （一）电商的内涵

1. 电商的概念

我国的电子商务兴起于20世纪90年代，它并不单指网上购物。

电子商务（简称“电商”）是指以信息网络技术为手段，以商品交换为中心，将整个企业的内部流程和外部流程电子化的商务行为。

电商是不是指在网上销售东西呢？这是狭义的概念。以互联网为运营平台的，如开网店、在线购票等商务交易活动都是狭义的电商行为。

广义的电商是指以信息网络技术为手段，以商品交换为中心，将整个企业的内部流程和外部业务流程都电子化的行为，即在互联网（Internet）、企业内部网（Intranet）和增值网（Value Added Network，VAN）上以电子交易方式进行交易活动和相关服务的活动。企业外部流程包括网上销售、电子支付、物流配送等。企业内部流程包括企业资源计划、供应链管理、客户关系管理、人力资源系统、战略管理以及其他电子化信息的管理行为。

2. 电商的概念模型

电商的概念模型是对现实世界中电商活动的一般抽象描述，由交易主体、电子市场、交易事务、信息流、资金流、物资流等基本要素构成。电商的任何一笔交易，都包含3种基本的“流”，即物资流、资金流、信息流。物资流主要是指商品和服务的配送及传输渠道。资金流主要是指资金的转移过程，包括付款、转账、兑换等过程。信息流包括提供商品信息、促销营销、技术支持、售后服务等内容。

### （二）电商的组成

1. 网　络

网络包括 Internet、Intranet、Extranet。

Internet 是电商的基础，是商务、业务信息传送的载体。

Intranet 指企业内部网，或称内联网、内网，是企业内部商务活动场所。

Extranet 是企业与企业以及企业与个人进行商务活动的纽带。

2. 用　户

电商用户分为个人用户和企业用户。

3. 认证中心（CA）

认证中心是受法律承认的权威机构，负责发放和管理电子证书，使网上交易的各方能互相确认身份。

4. 配送中心

配送中心接受商家的送货要求，组织运送无法从网上直接得到的商品，跟踪产品的流向，将商品送到消费者手中。

5. 银　行

在 Internet 上实现传统银行的业务，为用户提供 24 小时实时服务。银行与信用卡公司合作，发放电子钱包，提供网上支付手段，为电商交易中的用户和商家服务。

## 二、浅析电商模式

电商模式是指在网络环境中基于一定互联网技术基础的商务运作方式和盈利模式。研究和分析电商模式的分类体系，有助于挖掘新的电商模式，为电商模式创新提供途径，也有助于中小微企业制定特定的电商策略和实施步骤。本模块只对电商模式从拓展案例的角度进行浅析，具体的电商模式介绍在模块三。

### （一）B 族电商模式

1. 企业与企业之间的电子商务（Business to Business，B2B）

**拓展案例**

广州某化妆品有限公司是一家拥有 19 年专门研发面膜及其他护肤品的厂家，但前期由于网站基础薄弱，图片质量不高，缺乏运营经验，平台询盘效果平平。此外，由于阿里订单的碎片化，以及 RTS[①]的重点推广，客户不得不降低起订量。从 2017 年 11 月正式开启 B2B 代运营，交给启橙运营后，询盘数不断创新高，在订单增长、客户服务和品牌建设方面均取得了一个又一个突破。现以优质的服务、合理的价格、高品质的质量及快速交货赢得卖家的青睐。

B2B 的策略对于提升企业的曝光量以及点击量有着直接促进作用。因为在企业品牌和产品进入快速成长期时，点击和曝光的数据上升之后，才会给企业带来更多的反馈数据，提升平台的运营效果，进而提高询盘量和成交量。

实际案例效果分析如下：经过采取该策略促进询盘量增长 4.5 倍，阿里平台引进来的订单金额基本在 10 万元/单以上。具体来看，询盘从运营前的 40 条/月，到 2020 年 3 月份的 700 条/月；订单也从之前的样品单，到现在订单金额突破为基本为 10 万元/单以上，且客户成交量每年翻倍。疫情期间的销量也没有受到影响，运营质量可见一斑，客户在 2020 年 5 月继续完成续签，开启未来 3 年长期增长规划并开启线上多渠道推广。[②]

案例点评：

针对 B2B 电子商务模式，中小微企业运营者需着重注意以下要点：

（1）精准发布产品：参考借鉴同行核心产品与附加产品，包括阿里巴巴批发网、淘宝天猫等。中小微企业可以着重调研描述一款产品特点的专业术语。

（2）不断更新款式：因为行业变动大，款式上新速度快，企业需紧跟时代的步伐。

（3）注意标题与产品的匹配度：创新的标题有利于精准推广，避免虚假曝光。

（4）使用关键词（Keywords）：参考筛选重点关键词，优先覆盖重点关键词，可避免遗漏部分效果关键词。

（5）渠道多元化地推广品牌：进行大量的软文营销、SNS 营销、短视频营销或网络直播营销、论坛营销等，提高企业对外宣传的公共关系能力，并展现企业的实力。

2. 企业与消费者之间的电子商务（Business to Consumer，B2C）

**拓展案例**

随着中小微企业数字化转型的加速，在线租房这一应用场景的企业也发展迅速。在线租房被网经社定义为承租人通过（移动）互联网查阅及预订住房，并与房屋所有者（经营者）在线交易，一般特指长租，不包括民宿短租。从商业模式看，这是常见的 B2C 模式。其中，B2C 主流平台有房多多、贝壳找房、链家、自如、安居客等。

2021 年 3 月 25 日，网经社电子商务研究中心发布了《2021 年 2 月在线租房 APP 用户活跃 TOP10 榜》。该榜单根据“电数宝”电商大数据库编制而成。榜单数据显示，2021 年 2 月，在线租房 APP 月活跃量环比涨跌不一。

以贝壳找房为例，这是一款集合 C 端暨消费者所需的租房、找新房、找二手房等现代服务需求的 B2C 电商平台。值得注意的是，该款 B2C 电子商务平台融合了数字信息化的衍生功能，如包括 VR 实景看房、搜索查找、与其他同类电子商务平台对比分析功能等。

---

① 信息来源于 http：//m.cifnews.com/article/45863。

② 启橙电商微信公众号：《B2B 案例 1 一个月内询盘量从 150 飙升到 700+是种什么体验？》，2020 年 5 月 27 日。

案例点评：针对 B2C 电子商务模式，中小微企业运营者需要注意以下要点：

（1）选择合适平台。合理选择垂直类电子商务平台或综合类商务平台。

（2）运营推广。根据营销成本，合理选择自营店铺电子促销券或平台推出的促销活动。

3. 企对企对消费者的电子商务模式（Business to Business to Customer，B2B2C）

B2B2C 中，第一个 B 是生产商、供应商，第二个 B 是电子商务网站（网络销售商），C 是消费者。作为中间的 B，向左要实现供应商的批发，向右要实现对于消费者的零售。

目前，号称 B2B2C 的有全买网、多彩商桥、点点红等，事实上属于 B2B2C 的有淘宝的品牌商城、易趣的品牌旗舰等，还有卓越、当当的柜台外包部分。

**拓展案例**

依据远丰电商，第一个 Business，并不仅局限于品牌供应商、影视制作公司和图书出版商，任何商品供应商或服务供应商都能成为一个 Business。第二个 B 是 B2B2C 模式的电子商务企业，通过统一的经营管理对商品和服务、消费者终端同时进行整合，是广大供应商和消费者之间的桥梁，为供应商和消费者提供优质的服务，是互联网电子商务服务供应商（见图 1-1）。C 表示消费者，在第二个 B 构建的统一电子商务平台购物的消费者。

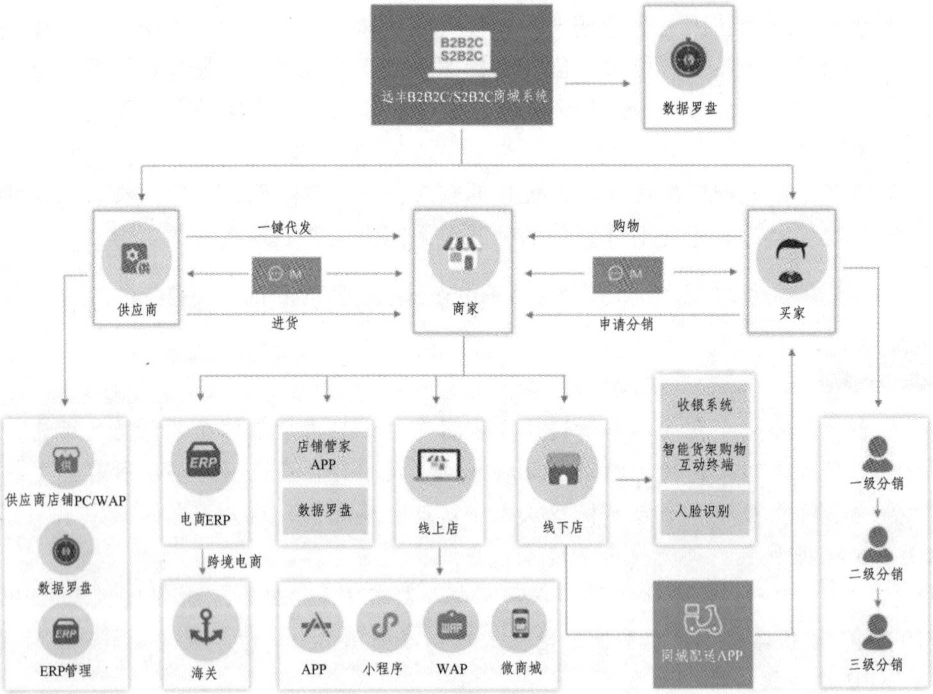


图 1-1　B2B2C 流程图[①]

案例点评：远丰电商 B2B2C 商城系统为供应商和消费者搭建起了一个沟通桥梁。该平台融合了新一代生物识别、安全认证等新支付加密技术，将更好地服务于数字经济发展。

① 微信公众号远丰电商：《B2B2C、C2F、S2B2b2C、O2O、S2B2C 和那些眼花缭乱的模式缩写都是代表啥》，2020 年 7 月 16 日。

4. 分享式商务 B2S（Business to Share，试用网站）

**拓展案例**

享客中国成立于 2010 年 9 月，公司 CEO 陈丹腾在接受投资界电话采访时介绍说，享客中国颠覆了传统电子商务模式，采用 B2S（Business to Share，分享式商务）的方式，为没有足够能力购买某件商品的买家提供了实现愿望的平台，一定程度上弥补了传统商务模式的受众缺失。根据享客中国方面的介绍，B2S 平台主要是聚集共同兴趣爱好的一群人。①

案例点评：物以类聚，人以群分，B2S 电商模式能在一定程度上弥补传统电商无法实现的数字化社群营销。

### （二）C 族电商模式

1. C2C（Customer to Customer）

C2C 指消费者对消费者的电商，简单地说就是消费者本身提供服务或产品给消费者，最常见的形态就是个人工作者提供服务给消费者。目前主要的 C2C 电子商务企业有淘宝、易趣等。

2. C2B（Consumer to Business）

C2B 指消费者对企业的电商。在 C2B 模式中，重点以消费者为核心，消费者根据自己的需求来定制商家服务。消费者不用再花心思去跟商家砍价，可以更省时、省力、省钱地获取自己喜欢的商品。

C2B 的模式对于中小微企业的优势如下：

（1）加快企业数字化转型。C2B 的模式，可以帮助商家快速转型线上，进行企业结构性转变，使中小微企业向线上发展。扩大企业市场占有率，为企业带来更多的客流量，帮助企业改善提升中小微企业的产品特色、服务质量，进入良性循环。C2B 的崛起是互联网从边缘走向中央的必然结果。

（2）降低企业运营成本。在目前原材料价格普遍上涨的情况下，C2B 商业模式，使企业集中批量采购成本下降，提前整合使营销成本下降，商品快速流通使仓储占用、库存风险、物流成本下降，同时加快资金周转，让商家更好地盈利。

**拓展案例**

随着当代都市人生活节奏的加快，对于不同的工作、生活场景着装的需求越来越多元化。埃沃男装的创始人注意到，大部分中国男性白领并不需要复杂的个性化定制。为此，他们把一件衬衫分解为领口、袖子、版身、后摆等部分，按照流行样式在每个部分中推出不同的样式供选择和组合。此外，埃沃还把定制所需的复杂信息做了简化。比如定制衬衫时，消费者只需填写身高等几个关于体型的问题，并对图画中的身形进行选择，IT 系统就会基于存储的

① 赵娜：《享客中国获近百万天使投资 采用 B2S 分享式购物》，投资界，2010 年 11 月 5 日。

会员数据，自动生成匹配准确率高达90%的数据，这样前期定制即基本完成。在后端与供应商衔接时，埃沃的IT系统会把每个部分的尺寸、用料信息发给供应商，供应商接到订单信息后，采用相应的原料即可生产。如今，在埃沃定制一件衬衫只需一周。①

案例点评：现代化数字营销应满足消费者的心理需求，以顾客需求为生产销售导向。埃沃IT系统平台的运营恰好符合该原理。

**拓展案例**

据微信公众号“互联网思维”，适之宝的做法与埃沃类似。最初，适之宝的创始人偶然发现了个性化枕头的商机，但当时并没有认识到定制生意的困难。曾有一位陕西经销商希望把儿童照片印到枕头上，适之宝立即购买了棉纺织热转印设备和喷射印花设备，但销售却很不理想。适之宝一度拥有2 000多个品种，但很多品种其实都只生产了一次。工人抱怨定制工作过于琐碎，经销商也在抱怨出错率太高。通过反思，适之宝把一些个性化的填充材质改成很多个标准化的理疗包配件，为生产提供了极大的便利。如今，它的工厂只加工品种繁多的标准件，工人也只负责原料调配以及组装。相比以前，作业流程节省了近2/3的时间。②

案例点评：数字消费新业态、新模式迅猛发展，中小微企业运营者应意识到数字消费已成为中国经济实现新旧动能转换的巨大推动力之一，也是企业转型的最好时机。

3. C2F（Customer to Factory）

C2F指顾客向工厂反向定制的电商模式。随着互联网的普及，网上购物所占比例越来越重，越来越多的商品可以在网上购买。

（1）C2F电子商务模式产生的背景：

互联网如此发达的今天，更多人已经不能满足互联网上销售的商品，各种奇特的产品需求萌生，人们渴望买到个性、独一无二的商品，C2F迎合市场的需求而生。

（2）通过比较B2C，C2C等模式，C2F有如下优势：

① C2F让商品的价格更便宜。直接向工厂定制，节省出中间环节所占据的1/3左右的价格空间。

② C2F让消费者尊享独一无二的商品。工厂具备生产制造能力，所有商品可以个性定制，独一无二。

③ 正规正品。工厂具有国际环保认证、技术认证、原材料质量认证，保证所定制的商品环保、品质有保证。

④ 交货周期快。直接向工厂定制，降低工厂资金风险，加快工厂资金周转，提高工厂生产效率，保证交货周期短。

目前，最常见的C2F电商模式有九牧厨卫C2F智能定制工业数字化服务平台、搜好房一站式家装C2F平台、红领西服C2F电商平台等。

---

① 案例来源于曾鸣、宋斐、游五洋，有修改，互联网思维微信公众号，2016年2月12日。

② 信息来源于微信公众号“互联网思维”（有删减修改）。

### （三）O 族电商模式：O2O

昨夜今晨 全国首家微信 O2O 概念店现身杭州

O2O 营销模式的英文全称是 Online to Offline（线上到线下），具体是指线上营销、线上购买带动线下经营和线下消费。O2O 通过打折、提供信息、服务预订等方式，把线下商店的消息推送给互联网用户，从而将他们转换为自己的线下客户。这特别适合必须到店消费的商品和服务，如餐饮、健身、看电影和演出、美容美发、摄影等。

订单在线上产生，每笔交易可追踪，展开推广效果透明度高，让消费者在线上选择心仪的服务再到线下享受服务。

O2O 电子商务模式发展迅速，在消费、生活服务等领域应用广泛。通过以下 3 个案例[1]让中小微企业经营者更好地体会 O2O 电子商务模式的特点及应用场景。

**拓展案例**

**室内导流："淘点点"（布局 iBeacon＋餐饮导购）**

淘点点依托阿里巴巴，虽说起步相对较晚，起色迟缓，但通过联手银泰和高德，基于 iBeacon 技术的 Shopping Mall 餐饮导购项目，也体现出阿里不甘落后的决心。中国餐饮 O2O 网曾对此做过深入报道，淘点点首创"微定位＋室内导航"双重技术结合应用，进一步向商业体渗透，银泰商户成为"手机餐厅"，便于提升用户体验和导流客源的同时，有力地维系了老用户关系，提高了黏性，并快速获得了大量的新增用户，是一种多赢的合作模式。

案例点评：中国电子商务研究中心特约研究员孙彦良认为，在移动互联网领域，平台导流不应再仅仅停留在户外或商场餐厅环境、地址、菜品、优惠等信息提供和远距离导航层面。试问，当用户进入商场中，面对诸多的餐厅，如何让用户更快、更精准地找到目标餐厅呢?平常逛商场时，想吃饭，不进店也可以了解商场内不同餐厅最新的菜品或优惠活动?淘点点所推的室内微定位更精确地解决了诸如商场、机场等大型消费场所内客户就餐的选择问题。

**拓展案例**

**平台深耕："饿了么"（餐饮 O2O 平台市值 5 亿美金）**

作为餐饮 O2O 专业化平台，饿了么可分成网站系统、移动端应用、在线支付系统、业务后台系统、餐厅管理系统、统一的系统数据库平台、统一的系统服务集成接口。饿了么并不是简单的线下和线上相互转移模式，而是完整的服务链条。饿了么，在被大众点评投资 8 000 万美元的同时，市值估价超过 5 亿美元。据中国电子商务研究中心（100EC.CN）监测数据显示：2014 年 5 月到 10 月，饿了么实现日订单 10 万到 100 万，覆盖城市从 12 个到接近 200 个，移动端交易占比从 30%上升至 70%。

案例点评：饿了么平台并非单纯地在于餐饮平台的导流模式，在前端聚合信息的基础上，重在通过"业务后台系统"和"餐厅管理系统"线下扩展到实体餐饮企业日常运营管理中。

---

① 孙彦良：《2014 年餐饮 O2O 十大创新案例》（有删减），微信公众号 AHLEI 美亚，2015 年 1 月 10 日。

在诸多餐饮商家意识、人财物等方面不健全或不具备 O2O 条件下，饿了么深耕实体，在传统企业电商化改造方面颇具实际意义。

**拓展案例**

### 智能终端："我有外卖"牵手小米生活

"我有外卖"的 mini 外卖机，借助手机信号就能帮助企业开始营业、下单、打印、结算、盘点。此外，通过切换一下场景，当用户安装客户端后，就可以在手机上下单，外卖机通过灯光和声音提醒店家，同时用户可以清晰地看到接单、送餐等订单状态的变化。在小米科技、深创投以及 91 助手前 CEO 胡泽民注资之后，"我有外卖"与小米随其自然地开展深度合作，部分地区已经进驻小米生活，小米用户可以直接在小米生活上对我有外卖平台下单。

案例点评：中国电子商务研究中心特约研究员孙彦良认为，如果只就智能终端设备帮助传统餐饮商家做好前端信息化当作创新并不足以"服众"，但若是与小米生活"智能体系"对接，从单纯地服务于餐饮企业发展到接入小米生活，这意味着将连接小米个人或家庭用户。以小米过千万的粉丝和小米生态布局为背景，"我有外卖"将拥有非常大的发展潜力。

### （四）其他电商模式

电商模式种类呈现多元化趋势，还有以下类型：

G2C（Government to Citizen）即电子政务，指政府对公民之间的电子政务，政府通过电子网络系统为公民提供各种服务。G2C 电商模式作为电子政务的一个重要组成部分，通过电子网络系统为公民提供各种服务，它可以提高政府工作的透明度，有利于公民参与和有效监督。

B2G（Business to Government）指企业与政府之间的电商，它涵盖了政府与企业间的各项事务，包括政府采购、税收商检管理条例发布以及法规政策颁布等。

S2S 是 Share to Shop 或 Share to Shopping 的缩写，中文意思是分享引导消费、分享引导购物。

## 三、电商的发展历程

### （一）萌芽期（1999—2005 年）

中国黄页与携程被称作电商培育期的商业探索。中国黄页就是做一个网站，在这个网站上可以查询企业的详细信息；携程是一个在线商务服务公司，创建于 1999 年，总部在中国上海。携程在 2017 年"中国互联网企业 100 强"中排名第九。2018 年 10 月，《财富》未来公司 50 强排名榜发布，携程排名第四。

在线广交会与中国商品交易市场被称为培育期的政府探索。1998 年 7 月，我国第一个在线商品采购基地"中国商品交易市场"创建；1999 年 4 月，首届"在线广交会"与第 85 届现场广交会同期开幕；1999 年 9 月，中国国际电子商务中心成功举办了首届中国国际电子商务应用博览会，这是中国第一次全面推出的电子商务技术与应用成果大型展示会。

另外，中国最早的电商网站是中国曾经的最强王者——8848 网。淘宝与 eBay 易趣的生死对决说明排他性竞争无法阻止创新者。

### （二）成长期（2005—2015 年）

这一时期，胜者为王，互联网人口红利充分释放，电商生态系统日渐形成。

2005—2015 年，中国网民规模快速增长，我国电商的竞争在深度、广度和强度上持续升级。电商模式创新不断丰富，渗透领域不断增多，B2C、B2B、团购信息层出不穷；随着支付宝的成立和发展，“三通一达”从原来的商务快递商转型为电商快递供应商，民营快递公司强大的生命力在与电商合作后爆发，产业链日益深化，电商生态体系建设日益完善。苏宁与京东的崛起成为线下转型线上的典范。当然，并不是所有的企业都能获得成功，像当当网、凡客 vancl 等都是因为缺乏创新而红极一时最终却归于黯淡的电商企业。

2005 年是电商阶段性划分的重要一年，此时我国电商取得了一系列成就：2005 年，我国颁布第一个专门指导电商发展的政策性文件《国务院办公厅关于加快电商发展的若干意见》，其后支付宝成立。随着圆通与淘宝的合作，快递企业开始大规模支撑电商物流。另外，4G 开始在全国范围大规模商用，电商开始获得流量。2015 年，我国电商又迎来了新的商机：我国再次颁发电商指导文件《国务院关于大力发展电商加快培育经济新动力的意见》，使二维码的支付地位得到了认证。另外，滴滴出行等共享经济方兴未艾，5G 开发与信号测试陆续启动，使中国互联网企业的发展如日中天。

### （三）迸发期（2015—2019 年）

这一时期，来者居上，内容与社交成为主导，向农业、工业不断渗透，国际影响日益增强。

对内容电商来说，今日头条无疑是这个时代的王者。截至 2018 年 6 月，今日头条 APP 的用户已经达到了 7 亿人，月用户时长超过 20 个小时，“头条系”的短视频日均总播放量超过了 100 亿次，充分展现了流量与转化的新模式。10.4 亿用户都在用的社交软件微信拥有强大的资讯功能。2013 年，微信与财付通推出的微信支付在不到 5 年的时间里，交易额从 1 000 亿元迅速增长到 8.5 万亿元，翻了 85 倍，2018 年已经占到 45%的市场份额。

以 eWTP（Electronic World Trade Platform）为典型代表，我国电商的全球化步伐也日益紧密，在拓展国际市场、海外并购等方面发力，为跨境电商的健康发展营造了切实有效的政策和商业环境。同时，我国积极尝试跨境贸易综试区、自贸区、保税仓等跨境电商新模式的新服务体系建设。2018 年 2 月，中国海关牵头制定《跨境电商基本框架》，这一框架具有引领性的政策保障探索。

但是，随着互联网人口红利走入尾声，电商引领期出现了现有的商业模式面临挑战等潜在问题。2015—2016 年，电商大举布局线下业务已成大势所趋。

### （四）融合期（2019 年至今）

5G 的应用标志着电商将进入另一个蓬勃发展的时代，加之与新零售方式的结合，商务全面进入与传统零售的融合期。

通过总结前 20 年我国电商的发展，我们了解到电商有市场规模维度、信息化发展维度、技术创新维度、应用广度和作用机制维度 5 大重要发展空间。

电商的发展将引领一系列新技术的发展，其终将会成为数字经济发展的重要核心。伴随着电商治理环境的日益完善，国家也会为其健康发展提供良好的政策环境支持。我们期待电商引领我们进入一个全新的世界！

## 四、电商的应用

### （一）网络零售

网络零售是指交易双方以互联网为媒介进行的商品交易，即通过互联网进行信息的组织和传递，实现了有形商品、无形商品所有权的转移或者服务的消费，买卖双方通过电商应用实现交易信息的查询交易和交付的行为。

“互联网 + ”是一种新兴的经济形态，可以在一定程度上提高企业在经济发展过程中的创新力和生产力，使经济发展的新形态得以实现。2019 年中国互联网零售行业购进额为 13 799.1 亿元，同比增长 59.6%；中国互联网零售行业销售额为 15 443.6 亿元，同比增长 41.6%。[①]（见图 1-2）

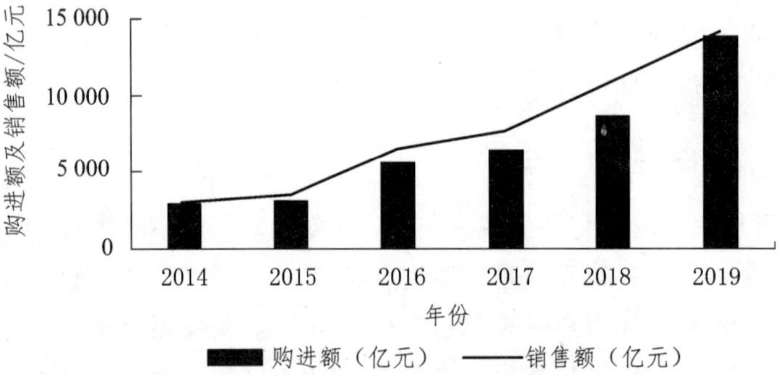


图 1-2　2019 年中国互联网零售发展现状及零售行业发展趋势分析

### （二）移动电商

移动电商是指人们利用手机终端或 iPad 进行的电商活动。百度、阿里、腾讯 3 家提供的移动服务占据移动端前 20 名 APP 的 17 个控制力远，远远强于 PC 端。人们可以利用移动端进行购物聊天、旅游交通导航、金融理财教育培训、新闻阅读游戏等旅游交通导航等。

据 QuestMobile 数据显示，2020 年上半年，国内移动互联网用户接近顶峰之后，目前维持在 11.34 亿。[②]（见图 1-3）总体来说，大的互联网电商平台的增幅也接近尾声，微信甚至出现了月度负增长。从行业来分析，这也倒逼企业纷纷布局小程序、深挖流量分发价值和用户价值。这些小程序主要包括微信小程序、QQ 小程序、支付宝小程序、淘宝轻店铺、头条小程序、抖音小程序、百度智能小程序等。

2020 中国电商半年报
不一样的 618：社交平台入局 直播成标配

① 资料来源于国家统计局，由智研咨询整理。

② QuestMobile TRUTH 中国移动互联网数据库，2019 年 8 月。

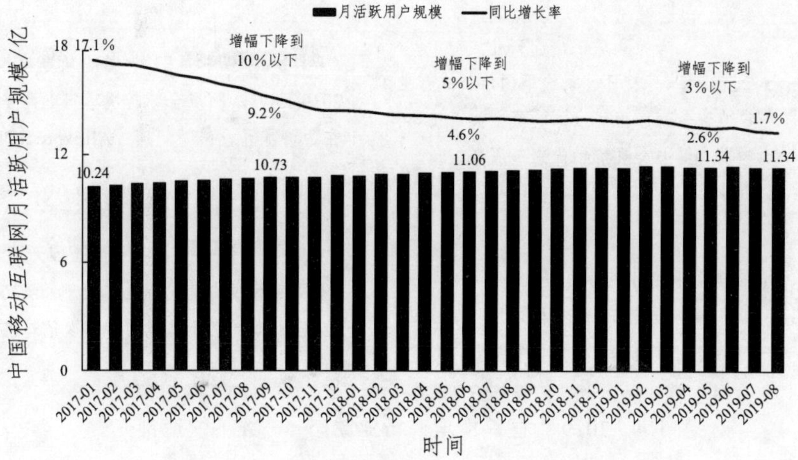


图 1-3　中国移动互联网月活跃用户规模

## （三）农村电商

农村电商是指借助于信息技术开展的所有涉农相关的产品网络推广、销售支付物流以及客户沟通等商务活动。随着乡村振兴战略的提出，以及大中城市互联网普及度的提高，渠道下沉是大势所趋，电商巨头为了战略发展纷纷转向还未开发的占地面积广大的农村市场。

据中商产业研究院统计，随着农村电商的不断发展，越来越多的农民借助电商脱贫致富，农村市场渐渐被"唤醒"。尤其在近几年，农村网络零售交易额翻了一倍多。据数据显示，2018年全国农村网络零售额达到 1.37 万亿元，同比增长 30.4%；全国农产品网络零售额达到 2 305亿元，同比增长 33.8%。农村电商迅猛发展，开辟农产品上行新通道。同时，随着相关政策不断出台助推，阿里、京东、拼多多等电商平台与农村的互动越发良性化，农村电商在兴乡富民过程中扮演起了越来越重要的角色。①

## （四）跨境电商

跨境电商是指分属不同关境的交易主体，通过电商平台达成交易进行支付结算并通过跨境物流送达商品完成交易的一种国际商业活动，在"一带一路"倡议大背景下，我国对外贸易整体增长态势，跨境电商异军突起。

跨境电商呈现以下几种发展趋势：

（1）跨境电商发展进入新阶段，用户超 1.5 亿人。

2019 年，中国跨境电商行业利好因素不断，政策鼓励、新兴市场开发等助力下，行业进入快速发展新阶段，用户规模达 1.54 亿人，市场规模将超 10 万亿元，成为电商领域的重要分支。

（2）跨境电商市场格局变动，第二梯队平台展现强劲追赶势头。

随着阿里收购考拉海购，跨境电商头部两大平台归入阿里旗下，行业竞争格局发生重大变化。虽然头部平台有较大领先优势，但跨境电商行业发展仍处于上升阶段，行业发展潜力巨大，以苏宁国际为代表的第二梯队企业开始加码布局，增长势头强劲。（见图 1-4）

① 中商产业研究院：《2019 年农村电商行业发展现状及未来发展趋势预测：农村电商规模稳步提升》，2019 年 6 月 26 日。

图 1-4　2019 中国跨境电商行业动态——线下快速铺开[①]

### （五）5G＋电商

5G 大潮到来，电商行业将迎来史上最大变革。随着第五代通信系统（5G）技术的研发，5G 将成为移动网络发展的趋势。电商行业伴随着移动互联网发展至今，总体来说是到了一个相对鼎盛的时期，而 5G 时代的到来也将对电商行业的发展产生重大影响。

总体来说，第五代通信系统（5G）技术的商业应用对于电商产业有以下几个方面的促进作用：VR 购物、网络直播营销、短视频营销、物联网等方面。

5G 时代的到来，对电商行业带来的挑战也较大。据新商业创新发展研究中心介绍，在社交新电商承载巨大流量的风口下，跻身进入社交电商成为不可替代的趋势，越来越多的个体甚至企业蜂拥而上。具体挑战如下：

（1）如何借助流量，为中小微企业带来品牌提升、客户咨询转化率、产品交易转化率，是值得思考的一个问题。未来，掌控流量入口的电商平台与商家才是最大的赢家。

（2）如何合理发挥圈层社交、私域流量、会员制度，引导消费者线上消费、线下体验、回到线上点评与互动，这将是未来电商与企业面临的一个重要问题。

# 项目二　理解传统零售与新零售的区别

## 一、传统零售

### （一）传统零售的概念

零售是商品经营者或生产者把商品卖给个人消费者或社会团体消费者的交易活动。零售业（Retail Industry）是指通过买卖形式将工农业生产者生产的产品直接卖给居民作为生活消费用或卖给社会集团供公共消费用的商品销售行业。零售业是指以向最终消费者（包括个人和社会集团）提供所需商品及其附带服务为主的行业。零售业是最古老的行业之一，也是最

① 艾媒报告中心，report.iimedia.cn 2029 iiMedia Reasearch Inc。

重要的行业之一，是反映一个国家和地区经济运行状况的晴雨表，也是一个国家和地区的主要就业渠道。

比较主流的零售业定义分为两种：

一种是从营销学角度的定义：零售业是任何一个处于从事由生产者到消费者的产品营销活动的个人或公司，从批发商、中间商或者制造商处购买商品，并直接销售给消费者。这种定义在近 30 年的营销学的文献中非常普遍。

另一种是美国商务部的定义：零售贸易业包括所有把较少数量商品销售给普通公众的实体。如零售商将汽车轮胎出售给顾客，顾客将之安装于自己的车上，这种交易活动便是零售。若购买者是汽车销售商，而汽车销售商将之装配于汽车上，再将汽车出售给消费者则不属于零售。由此可知，零售是指不通过任何中间环节或中间商，直接把产品或服务销售给消费者，如一手交钱一手交货的豆腐店、布店、玩具店等。

### （二）零售本质

1. 人：流量×转化率×客单价

网络零售运营三要素是流量、转化率、客单价。

销售额＝流量×转化率×客单价

传统零售也适用于这个公式。这里的流量就是我们的目标客户，那他们从哪儿来呢？线下开店什么最重要？大家一定听过区位。这就是为什么旺铺的租金更贵，购物中心的商铺更贵的原因。租金的本质就是它付出的流量成本，那怎么计算线下流量成本呢？

假设一家商铺的租金为每月 10 万元，一个月有 2 000 人进店，那么简单地计算一下，这家商铺为每一个进店的人支付了多少钱呢？10 万 ÷ 2 000 = 50 元/人。也就是说，这个商铺的流量成本是 50 元/人，那么这家店的老板会不会想从每一个进店的消费者身上赚至少 200 元或是 1 000 元呢？一定如此，因为他不会奢望从一个人身上挣到 10 万元。

这就是传统零售关于人的本质。大家想尽办法通过店面吸引人。扩大店面、装修升级、研究陈列、发放传单、花样繁多的促销活动，都是为了吸引人流量这一个要素。

2. 货：D-M-S-B-b-C

零售的本质就是要给顾客提供最好的产品，这是产品思维也是整个零售的核心。零售最终的销售是整个供应链的最后一环，它上游的所有供应商都是为商品增值的参与者，每一件商品从设计生产到消费市场的整个链条，都可以归纳为 DMSBbC。

D = Design（设计），指产品款式的设计过程；

M = Manufacture（制造商），又被称为工厂；

S = Supply Chain（供应链），通常指总代理、省代理、分销商、经销商等机构；

B = Business（大写 B 指商场），指大卖场、超市连锁店等；

b = business（小写 b），是指夫妻店、地摊、微商的个人销售者、个体经营户；

C = Consumer（消费者），指最终端的客户。

在这样一条商品供应链中，所有角色各司其职。以皮鞋为例，设计师 D 研究市场、人体、时尚设计出一双皮鞋，然后把设计卖给制造商 M，制造商生产模具、购买原材料设备、雇佣人力把鞋子做出来。皮鞋生产商 S 通过总代理、分代理、零售等供应链企业进行销售，通过物流完成在全国的铺货、建立库存，皮鞋陈列在大商场 B 或是微商的朋友圈 b，最终消费者 C 下单购买。

这就是货物的整个制造过程，创造整个价值生产成本和交易成本。皮革、铆钉、鞋带、设计师、工人工资都是制造成本。渠道商、零售商，生产的物流成本、仓储成本、销售成本都是传递成本，又称交易成本。从物的角度来看，这也是在传统零售中一双普通成本 100 元的鞋子卖到 800 元的原因。

3. 场：信息流 + 资金流 + 物流

场要从物物交换时代开始说起。一家养羊，一家种稻，相互都需要对方的食物，但是怎样交换呢？想吃羊的那家，除了换米之外还想换青菜、换工具，这样一来就会乱。于是这些有交易需求的人便约定具体的时间、地点，慢慢地这样的交易地点就固化形成了集市。

现在我们也有很多类似的集市、商场、博览会等。为什么一定要有场的概念呢？因为我们需要完成信息流、资金流、物流的转换。举个例子，甲去超市买牛奶，超市将牛奶陈列在货柜上面，旁边有促销海报和价格标签，就是提供信息流。甲将牛奶拿到收银台结账，这个环节是在完成资金流的转化。最后，甲把牛奶带回家这是在完成物流。所以，场是为了保障信息流、资金流、物流在同一空间、同一时间的交付和完结。

## 二、新零售

认知新电商：中国国际电子商务博览会

### （一）新零售之“人、货、场”

1. 关于人

在传统零售条件下，对消费者进行细致的划分甚至定位是一件困难的事情，各种调研也只能完成模糊的画像，而在 DT（Data Technology，数据处理）条件下商家可以对消费者进行更清晰的定位，对其性别、年龄、收入、性格特征都可以进行描述。对品牌商而言，消费者的形象跃然纸上。

2. 关于货

随着生活水平的提高，消费者的诉求已从单纯的商品或服务，过渡到商品 + 服务 + 体验 + 其他。消费者不光关心商品的性价比功能、耐用性、服务态度等指标，更关心商品的个性化、体验感，以及商品背后的社交价值、认同参与感，甚至在服务方面基于数字技术的定向折扣、个性化服务无缝融合的各种场景。这些都将给消费者带来全新的体验。

3. 关于场

新零售将带来无处不在的消费场景，无论是百货公司、购物中心、大卖场、便利店，还是线上的网店、各种文娱活动直播活动，都将成为消费的绝佳场景。其中，各种移动设备、智能终端 VR 设备发挥着重要的作用。

总之，新零售在人货场的概念上进行了重构与重塑，消费者实现了数字化和网状互联，可以被彼此清晰地辨识，提供最优供应链加智能制造，使企业实现按需智能供货。无所不在的消费场景，实现了人货场的空间连接。

### （二）新零售之用户思维

要完成一单交易，需要完成信息流、资金流和物流。顾客需要什么样的产品，期望以什么样的价格，并在何种便捷的渠道购买，我们就为之而努力，这是用户思维。

站在用户的角度，我们希望随时随地掏出手机查看商品信息，如果是需要有触摸感、体验感的商品，我们又希望能够就近在门店体验，当要完成资金流的时候，当然希望是支付没有租金、店面以及人工成本的线上价格。至于物流，无论是近的还是远的，我们都希望够立刻拿到，或者说更快拿到，这就是站在用户角度的思维。

1. 信息流

如果线下实体店，仍然按传统的经营模式为大家提供信息流，但是用户却在电商平台购买，线下实体店则撑不了多久，谁来为电商平台提供线下信息流展示？一个个体验店，如雨后春笋般出现。比如，耐克把3万家零售商变为40个有独立运营体验店的合作商。以手机起家的小米，现在的线下体验店“小米之家”，平均有200种商品，并且每周更新，更难得的是它可以保证线上线下同样的价格。

2. 资金流

随着移动支付的升级，资金流更不是新零售的难点。线上支付方便快捷，支付宝、微信二维码扫一扫付款更是深得人心。除此之外还有大量的信贷产品，如京东率先开放的白条，根据它的数据和算法告诉用户，他对用户的信任值是2 000、8 000或者12 000，最长30天的免息延期付款，或者3 ~ 12个月分期付款。同类的还有支付宝的花呗、天猫分期、苏宁易购零钱贷等。除了消费信贷类产品，微信、支付宝还利用大数据推出现金信贷产品微粒贷和借呗。大数据的应用，甚至可以把个人交易累积成信用值，再应用于信用担保交易，如芝麻信用。

根据消费者的消费数据进行分析，产生信用模型。芝麻信用给出的信用好坏的评级，350 ~ 550分较差，550 ~ 600分中等，600 ~ 650分良好，650 ~ 700好，700 ~ 950分极好。芝麻信用超过600分就可申请“花呗”额度；在“飞猪”享“信用住”酒店服务计划，预订酒店可享“零押金”入住服务。

3. 物　流

2019年双11最快的一单包裹配送来自武汉，仅花了5分钟。5分钟可能连打包的时间都不够，是如何做到配送到家的呢？根据大数据供应商可以获取用户购物车信息，依据用户往期消费习惯以及就近的仓库信息进行提前调配。当用户下单的时候，货物也许已经到达了离用户最近的配送点。过去6年双11第1亿个包裹送达时间大幅缩短，从2013年的9天到2019年只需要2.4天，这是一个非常惊人的速度。顺丰更是率先推出了无人机送货，这也将极大地解决物流最终的一环。

## 三、传统零售与新零售的差异与未来

### （一）掌握零售底层逻辑——液之体

1. 新营销

新零售的营销模式是指以消费者为核心的全域营销。数据打通消费者认知、兴趣、购买、忠诚以及分享反馈的全链条。数据可视、可追踪、可优化，为品牌运营提供全方位的精准支撑。

2. 新市场

新零售基于数字经济的统一市场，具有全球化、线上线下全渗透、全渠道的特征。

3. 新流通链

新零售服务商重塑了高效流通链：新生产服务（包括数字化生产、数字化转型咨询、智能制造）—新金融服务（供应链新金融）—新供应链综合服务（智能物流、数字化供应链、电商服务商）—新门店经营服务（数字化服务培训、门店数字化陈列）。

4. 新生产模式

新零售真正实现了消费方式的逆向牵引，是一种以消费者为中心，由 C2B 催生的高效企业模式。线上线下全渠道收集消费者的声音，企业甄别这些信息后，反馈到生产链条不同部门，由数据的流动产生定向牵引的过程，真正实现了由消费方式逆向牵引生产变革。

### （二）看懂新零售——水之态

零售的本质就是流量、转化率、客单价，如果非要再加一项便是复购率，但这依然没有改变零售的本质。本质没变，但形态在变就犹如水一样，几乎没有固定的模样。

不卖货的体验店是新零售的一种态势。复杂、多感、立体的信息流很难通过数据和图片传递，这被称为体验。VR 虚拟现实技术也为信息流带来了新的可能，信息流也许会进入付费的阶段。线下看、线上买的比重可能会越来越大，因此卖场可能从联营制逐渐转变为租金制，代理商可能从赚取差价逐渐变为赚取服务费。

新零售并不是指线上或者是线下，正如雷军所说，我们要从线上回到线下，但并不是原路返回，而要用互联网的工具和方法提升传统零售的效率，实现融合。致力于生鲜的盒马鲜生，坚持必须用其自身的 APP 买单，转化为线上，并利用高效物流在 30 分钟内送达。

小米对标快时尚品牌选址，将手机专卖店的低频变成高频的小米之家，运用线上大数据选品，进而打造爆品战略，强化品牌认知，打通全渠道，提高商品连带率，将每一个到店用户都变成小米会员，线上线下同时转化小米粉丝，产生口碑效应。

电商永远有无法获得的传统零售流量，老人、小孩、偏远地区，或是小区 100 米需求等，但是这些传统零售也有电商所不能及的信息整合资源货源价格优势等，这也是天猫小店所瞄准的巨大市场。这些不起眼的小卖部，也许一个月只有 1 000 个顾客，但如果有 600 万家小店，那这个流量相当于 6 亿，而且这 6 亿刚好是电商所接触不到的人群。

亚马逊线下实体书店在陈列上一反常态，打破了按照政治、经济、社会、文学等大类进行分类，而是陈列读者最喜欢的食谱，评分在 4.5 以上的图书，96%的读者给了 5 分的满分图书。这些信息不仅对购书者十分关键，还丰富了消费者的体验，强化了线上和线下的关系，形成相互连接的态势。亚马逊利用线上信息流的高效性，获得了有价值的数据，并依据这些数据进行陈列，然后用数据给线下的亚马逊赋能，用亲手翻开这本书的体验，完成临门一脚，促成交易。

### （三）抓住零售潮流——顺势而为

2012 年，CCTV 中央电视台，中国年度经济人物颁奖典礼上，马云和王健林同台领奖。王健林在台上说："中国电商只有马云一家在盈利，而且占了 95%以上的份额，厉害，但是我不认为电商出来，传统零售渠道就一定会偃旗息鼓。"

马云回应道："我先告诉所有像王总这样的传统零售者一个好消息，电商不可能完全取代零售行业，同时也有一个坏消息，它会基本取代你们。"

王健林反击："2022 年，10 年后的中国零售市场，如果电商在整个大零售市场份额占 50%，我给他一个亿，如果没到他给我一个亿。"这就是轰动一时的亿元博弈。

这是一个大家都知道结局的博弈，电商红利已经通过电商平台的销售数据在一次次刷新我们的眼球。到 2015 年左右，电商用户增速开始放缓，我们就意识到电商高歌猛进、快速发展的时代归于平凡，就如电商的本质。它不是更新的商业模式，只是随着互联网的诞生而出现的一种商业契机。当他们开始融合的时候，零售业正开启一个全新的时代。

1884 年以前，美国的零售业态都是一手交钱一手交货的传统零售精矿、书店、衣服店。所以 19 世纪的零售是邮购。

汽车出现以后，为了满足郊区居民的购物需求，沃尔玛开创了大型仓储式超市，并承诺天天低价。

而今，互联网的出现，使信息流、资金流、物流在空间上交叉和重组，同时大数据人工智能等的运用，可以使消费者与商品之间的路径越来越短，因而新零售才是 21 世纪我们的新趋势。

## 模块一　课后习题

1.（单选题）广义的电商是指以（　　）为手段，以商品交换为中心，将整个企业的内部流程和外部业务流程都电子化的行为。

A. 第五代移动通信技术　　B. 信息网络技术

C. 电子商务平台　　D. 新媒体平台

2.（单选题）（　　）是企业与企业以及企业与个人进行商务活动的纽带。

A. Internet（互联网）　　B. Intranet（内部网）

C. Extranet（外联网）　　D. Framework（结构）

3.（单选题）（　　）被称为企业与企业之间的电商。

A. B2B　　B. B2C　　C. B2G　　D. C2B

4.（单选题）企对企对消费者的电商模式（Business to Business to Customer，B2B2C）。第一个 B 是指（　　）。

A. 电商网站（网络销售商）　　B. 生产商、供应商

C. 卖方　　D. 买方

5.（单选题）在 C2B 模式中，重点是以（　　）为核心，消费者根据自己需求来定制商家服务。

A. 企业　　B. 消费者　　C. 供应商　　D. 分销商

6.（单选题）（　　）是指分属不同关境的交易主体，通过电商平台达成交易进行支付结算并通过跨境物流送达商品完成交易的一种国际商业活动。在"一带一路"倡议大背景下，我国对外贸易整体呈增长态势，该种电商模式将发展迅速。

A. 农村电商　　B. 跨境电商　　C. 国内电商　　D. C2C 电商

7.（单选题）（　　）是指借助于信息技术开展的所有涉农相关的产品网络推广，这一重要的创新模式将农村的特色农产品展示到网络上，改变了传统的农产品销售模式，扩大了农产品的销售市场。

A. 农村电商　　B. 跨境电商　　C. 国内电商　　D. C2C 电商

8.（单选题）（　　）的营销模式是指以消费者为核心的全域营销。数据打通消费者认知、兴趣，购买、忠诚以及分享反馈的全链条。

A. 跨境零售　　B. 区域零售　　C. 传统零售　　D. 新零售

9.（多选题）电商的发展经历了（　　）。

A. 融合期（2019 年至今）　　B. 迸发期（2015—2019 年）

C. 成长期（2005—2015 年）　　D. 萌芽期（1999－2005 年）

10.（多选题）电商的概念模型是对现实世界中电商活动的一般抽象描述，它由交易主体、电子市场、交易事务、（　　）、（　　）、（　　）等基本要素构成。

A. 物资流　　B. 资金流　　C. 信息流　　D. 现金流

11.（多选题）针对 B2B 电商模式，中小微企业运营者需着重注意的是（　　）。

A. 注意标题与产品的匹配度　　B. 精准发布产品

C. 不断更新款式　　D. 渠道多元化地推广品牌

12.（多选题）C2B 模式对于中小微企业的优势是（　　）。

A. 增加企业运营成本　　B. 减缓企业数字化转型

C. 加快企业数字化转型　　D. 降低企业运营成本

# 模块二 认知用户画像

情景设计

当下正是利用数字化转型高峰期，部分中小微企业改变运营策略，为大企业提供上中下游产业链的服务。一方面，中小微企业急需利用微博、微信、抖音的全网数字化营销思想，利用微博推广扩大企业和品牌的知名度；另一方面，利用社交性、互动性高的微信等社交电商平台，建立社群营销模式来增加企业的用户黏性。此外，企业还需用抖音、淘宝的直播或短视频新型电商功能，为目标客户现场讲授产品功能，提高用户的感性认知，从而增加用户的体验感。然而，要实现这一切功能让企业盈利，都离不开用户画像。接下来就一起来学习跟用户画像的相关知识和应用。

## 项目一　用户画像基础

### 一、营销新闭环

#### （一）市场营销观念演变

市场营销观念的演变主要划分为 5 个阶段：

第一个阶段是推销观念阶段。这一阶段以生产者为中心，自己生产什么就向消费者推销什么。典型的例子是福特，无论消费者需要什么颜色的汽车，公司都只生产黑色的汽车。

第二个阶段是消费观念阶段。这一阶段以消费者为中心，顾客需要什么，企业生产并销售什么。

第三个阶段是社会营销观念阶段。这一阶段以消费需要为中心，是消费至上的营销观念。

第四个阶段是产品定位观念阶段。这一阶段以消费者心理需求的鲜明个性为中心。

第五个阶段是“4C”观念阶段。这一阶段以与消费者进行双向沟通为中心，以消费者为导向。

### （二）营销新闭环——从用户出发

市场营销理念从以生产者为中心到以产品为中心，然后以消费者为中心。但是在市场经济的今天，仍然有很多企业在使用生产者思维或是产品思维，很多企业将产品生产出来之后，再想办法铺设线上线下的销售渠道，搞营销活动，试图用广告和促销手段来扩大销量。但是站在新零售的角度，人、货、场在发生时间和空间的巨大转变。新型的营销观念和营销闭环已然不是从产品出发，而是从需求出发，从挖掘用户数据、描述用户画像出发，再指向产品设计和后续的营销活动。用户画像的本质就是一种数据思维，从海量的用户特征和行为中提炼出通向营销目的的捷径，从而帮助品牌做出有效的营销决策并提升转化。

## 二、用户画像的 4 个核心

用户画像的核心就是让我们比用户本身更了解用户，为用户提供更好的服务。用户画像的 4 个核心点包括什么是用户画像、用户画像有什么作用、如何使用用户画像、相关注意事项。（见图 2-1）

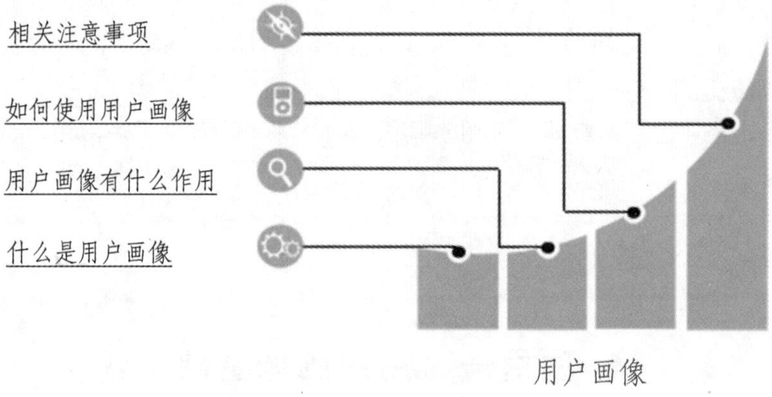


图 2-1 用户画像的核心

### （一）用户及用户画像的定义

用户，原本是指使用电脑或网络服务的人，通常拥有一个用户账号，并以用户名识别。现在将其等同又区别于客户，A 企业的用户是 A 企业的客户，同时也是 B 企业的客户，所以我们把这部分人叫作用户。

针对中小微企业的目标客户，具体是指客户经理通过市场细分后所确定的重点营销对象，使各个行业的企业能够满足其现实或潜在需求并从服务中获得盈利和发展的客户群。客户群体正在出现分化，市场上很少有一种产品和一种服务可以满足所有用户的需求。所以电商的产品与服务也需要进行细化，为不同客户提供不同产品。

最早明确定义用户画像的是交互设计之父 Alan Cooper，他认为用户画像是真实用户的虚拟代表，是建立在一系列真实数据之上的目标用户模型。

互联网大数据时代，消费者的一切行为都是可视化的，企业可以通过大数据观察到消费者如何搜索、消费、购买、分享，企业聚焦于怎样利用大数据来精准营销，挖掘用户潜在的商业价值，用户画像的概念因此应运而生。用户画像就是将用户信息标签化，根据用户的社会属性、生活习惯以及消费行为等特征，抽象出来的标签化用户模型。

### （二）用户画像的作用

1. 了解用户

商业行为瞄准的是需求，想要了解用户的需求，先要了解用户。用户是谁，用户需要什么，喜欢什么，用户在哪里，有什么样的特征等。只有了解了这些，产品设计者和营销者才能生产出解决用户需求的产品，而不是草率地代表用户，从而促成了企业对用户认知的原动力。

2. 专注用户

市场很大，消费者众多，需求更是各异。并非所有人都是企业的目标客户，企业也不能奢望为所有人提供产品或服务，必须要有所聚焦和专注，只有深入地了解用户，专注于用户的需求，产品和营销才能箭无虚发。

3. 提高效率

用户画像可以帮助企业提高决策效率，在产品设计过程中，产品方案之间的分歧难以避免，这个时候不是由企业层级说了算，也不是少数服从多数，毕竟企业不是要生产自己喜欢的产品，而是生产用户需要的产品，通过用户画像来明确目标用户可以判断出更符合用户需求的产品方案以及营销思路。

4. 精准营销

用户画像可以勾勒出用户的行为轮廓，企业可以根据这些行为特征，找到用户与企业的接触点，在用户偏好的渠道上与其交流，交互促成购买，实现精准运营和营销。

数字化转型
中小企业如何闯关

### （三）如何使用用户画像[①]

在广义的电商概念下，中小微企业面临数字化转型的新形势，以及在数字化转型背景下的企业应对策略与战略，因而企业的产品或服务的更新迭代都离不开用户画像。用于描述用户的消费偏好、内心的想法和需求，这些信息具有实时性高、转化率高的特点。例如客户询问上海哪里好玩？成都市的交通？房屋贷款哪家优惠多？哪个理财产品好？这些信息都代表客户的需求，如果企业可以及时了解到，将有助于产品或服务的推广。

据 Alan Cooper 分析，用户画像有 4 个核心作用（见图 2-2）

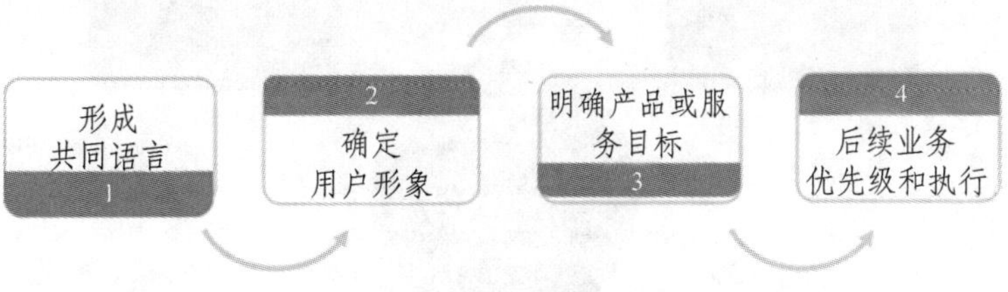


图 2-2　用户画像的核心作用

① 微信公众号猴子数据分析：《4 个问题带你了解用户画像 》，2020 年 10 月 27 日。

（1）企业研发的产品或服务与消费者产生共同语言。

（2）让用户形象不再多变且没有定论。

（3）让产品有明确的目标导向，而不是为每个人设计。

（4）停止团队成员对产品内容优先级和执行顺序的争论。

对于一个中小微企业的新项目而言，用户画像理应从最初的产品规划阶段就开始构建。因为合理的用户画像能让团队成员有更明确的目标，减少分歧，后续工作内容也有更清晰的优先顺序。

结合中小微企业的运营特点，企业一般会从产品最初规划、功能设定和优化、产品具体设计、营销推广等4个方面来运作。接下来浅析这4个阶段与用户画像的作用。

1. 产品规划阶段（见图2-3）

产品规划是指通过研究市场情况、消费者需求、竞品情况、内外部技术等综合信息，制定产品定位及发展策略。

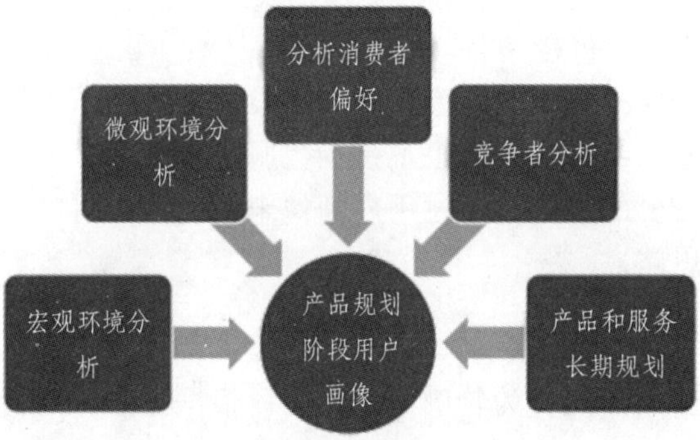


图2-3　产品规划的阶段划分

2. 功能确定与优化阶段（见图2-4）

产品规划之后，需要确定和落实产品的具体功能；产品运行过程中，也需要根据用户需求更新和优化产品。

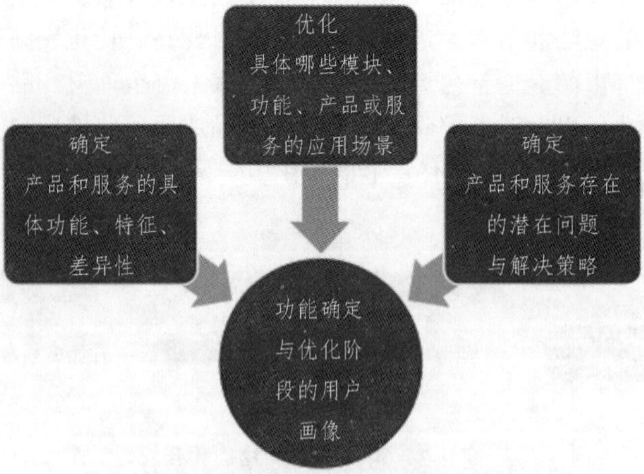


图2-4　产品功能确定与优化阶段

产品功能确定阶段，产品还没有实际用户，用户画像是相对简单的标签，如“时尚男性”。例如，现在一些男性比较喜欢护肤和保养，一般需要用刮胡刀，使用完刮胡刀后会使用相关护肤产品，所以围绕该精准客户群设置的特定需求展开调研，才能保证产品不偏离规划。后续运营阶段（产品优化阶段）有了更丰富的用户数据，提取了更多标签，如“用户观看美妆类直播”“国产优质产品或进口产品的采购率较高”等，可以考虑丰富产品板块的设置。

3. 产品设计阶段

广义的产品设计包含产品功能设计、产品内容设计、产品视觉设计等。这里的阶段指狭义的产品设计，也就是产品视觉设计（包含界面风格、字体、颜色运用等）。

我们换一个业务情景，看广告业务的用户画像。针对新锐商务领袖这一主要用户群体，其画像标签包含“理性”“30～40 岁”“热爱健身”等，因此广告设计风格不能明显与之相悖，可以适当增加用户喜欢的视觉因素。（见图 2-5）

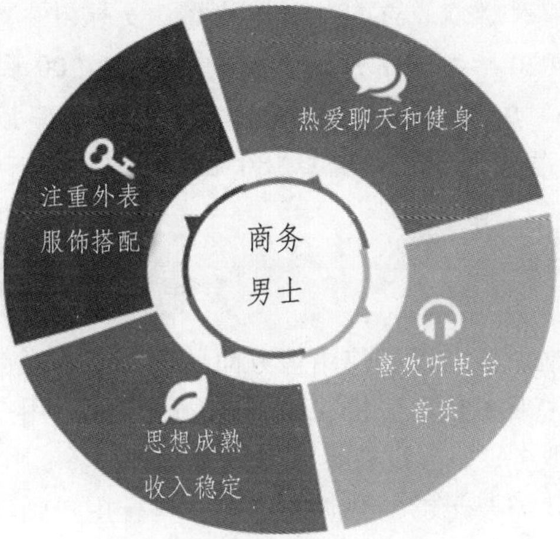


图 2-5　商务男士的用户画像

4. 产品营销推广阶段（见图 2-6）

营销推广本身范畴很大，包含产品的营销策略、市场活动和广告传播等，由于接下来继续使用广告用户画像的例子，因此后续分析也重点放在广告推广方面。

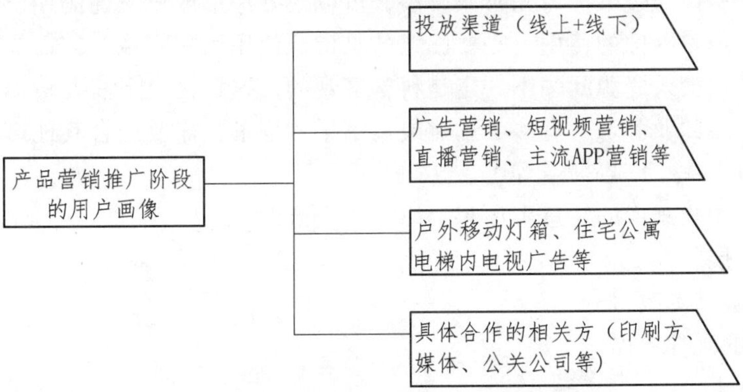


图 2-6　产品营销推广阶段的用户画像

广告推广需要考虑投放对象、投放内容和投放渠道，大部分情况下，广告预算是有限的，因此需要重点覆盖核心用户，选择特定的渠道。

市场营销推广的内容和渠道选择很具象化。用户画像在一定程度上能直接决定投放内容和渠道的选择。以确定投放内容为例，我们需要回溯到用户画像前的数据分析阶段。

**拓展案例**

巨量数据发布的《2020年抖音用户画像报告》通过大量数据形象展示了数据分析过程，为我们提供与分析了不同时代的用户群体的消费偏好特征。

数据显示：抖音DAU超4亿，较2019年同期的2.5亿增长了60%。

抖音与头条的重合度为32.1%，重合用户占抖音的42.2%；抖音与西瓜的重合度为24.6%，重合用户占抖音的29.5%；抖音用户偏好视频类型，演绎、生活、美食类视频播放量较高，观看情感、文化、影视类视频增长较快。

其中，男性用户对军事、游戏、汽车偏好度较高，女性用户对美妆、母婴、穿搭偏好度高。据巨量数据发布的《2020年抖音用户画像报告》可知，“00后”用户对游戏、电子产品、时尚穿搭类视频偏好度高；“95后”用户对游戏、电子产品、穿搭类视频偏好度高；“90后”用户对影视、母婴、美食类视频偏好度高；“80后”用户对汽车、母婴、美食类视频偏好度高。

### （四）相关注意事项

用户画像涉及创建、维护发展以及使用等方面，这3个方面都有相应的注意事项。

首先，据微信公众号“猴子数据分析”的调研，一方面，用户画像要避免太过抽象：用户画像的最终意义是指导业务，如果没有具有实践意义的标签，用户画像的价值就成了空谈；另一方面，用户画像的创建需要足够的数据和内容：抖音用户画像报告是基于大量抖音用户的信息数据分析而成的，因此具有客观性和指导性。根据Alan Cooper的“临时用户模型”，如果没有足够的数据和调研量，仅靠市场和行业研究经验确定，结果可能会有偏差。

其次，用户画像一旦形成，并非不能更改。第二个方面主要是为了维护和发展。任何一个企业的新产品与服务的创立，都是通过大量的数据调研、实战问卷调查、现场调研与用户访谈等多种形式来形成的一个“用户画像”。如果调查数据不完善、样本差异化明显等都对用户画像有影响。所以通过维护与完善及发展，可以很好地形成科学性的用户画像。

最后，关于用户画像的使用，需要注意的是辩证使用用户画像。前面提到用户画像由于数据量问题、公司投入资源问题不一定是科学客观的，这种情况下需要审慎使用。结合其他影响因素使用：不同业务环节有多个影响决策结果的变量，需要结合其他影响因素使用（如设计环节的广告主体、广告渠道等）。

总结得出，用户画像的注意事项包括以下3个方面：

（1）维护发展：

① 适当调整与更改；

② 挖掘新的画像数据。

（2）使用：

① 辩证使用；

② 审慎使用。

（3）创建：

① 避免太抽象；

② 创建足够的数据和内容。

# 项目二　用户画像的构建及应用

## 一、如何构建用户画像

1. 数据挖掘

用户画像必须建立在真实的数据之上，并不是揣测也不是几次访谈就可以解决的。当今社会并非缺乏数据，恰恰相反，是数据繁杂的大数据时代，为了不迷失在数据的海洋，必须要有针对性地去挖掘和定位数据。网站常见的做法是，预先设定好想要获取的事件，让程序员把“事件”埋到相应的页面上，用于追踪和记录用户的行为，并把实时数据传送到后台数据库或者客户端。对于没有能力自己建设网站的企业，要提前对这些事件具有预见性，并且委托第三方或者使用其他平台数据。

以电商企业为例，为了抓取用户的人口属性和行为轨迹，需要先预设用户购物时的可能行为，这些事件或所需要埋的点有：访问首页、注册登录、搜索商品、浏览商品、价格对比、加入购物车、收藏商品、提交订单、支付订单、使用优惠券、查看订单详情、取消订单商品、评价等。

2. 确定标签

用户画像就是给不同的用户特征贴上合适的标签，这些标签的选择和维度决定了用户画像的准确度。所以打标签是用户画像最核心的部分。常见的标签分为两类：相对静止的用户标签（静态标签）以及变化中的用户标签（动态标签）。

（1）静态标签。

静态标签包括人口学特征、行为特征以及用户的偏好习惯 3 个方面。从用户的基本信息进行用户的划分，静态属性是用户画像建立的基础，是最基本的用户信息记录，如性别、年龄、学历、社会角色、收入、地域、婚姻状况、性格等。

（2）动态标签。

动态标签是用户根据购买类别和场景发生变化的动作或行为。信息时代，用户的吃喝玩乐都离不开互联网，动态标签能更好地记录用户日常的出行轨迹、工作内容、休闲方式、娱乐消费、上网偏好等。常见的行为包括搜索、浏览、注册、评论，点赞、收藏打分、加入购物车、购买，使用优惠券等。企业通过捕捉用户的行为数据可以对用户进行购买力、购买行为等深层次的归类和定义标签。再比如，我们要判断个人社交网络行为的参与度，可以参考的动态数据包括：① 基本的访问行为，包括搜索、注册、登录；② 社交行为，包括邀请、添加、取关好友、加入群、新建群；③ 信息发布行为，包括添加、发布、删除、留言、分享、收藏等。综上所述，由静态标签搭建形成的画像就是 2D 用户画像，由静态标签加动态标签构建出来的即是 3D 用户画像。

标签还呈现出两个重要特征：一是语义化，即每个人都能很方便地理解标签的含义，没有歧义。二是短文本，即简洁明了，本身无须再做过多的文本分析等预处理工作，利用计算机提取标准化信息更加便利。

3. 基础数据建模

音频：用户画像之基础数据

数据集市中的业务功能流程分为基础数据、汇总衍生数据和分析数据。针对以上几个部分，可以从基础数据、数据建模常用信息模型和数据挖掘 3 个维度来了解。

（1）基础数据对于一家中小微企业运营团队而言有哪些呢？

电商平台中建设的运营与客户经理管理的工作数字化平台，不仅能促进客户名单制精准营销，还能基于电商平台所销售产品的特征进行交叉销售等高级业务应用。

其中，精准营销是客户经理工作平台的重要内容，包括客户的基础数据、客户统一视图、客户群管理、客户名单筛选、客户营销及跟踪等内容。因此基础数据具体可以分为以下类型。

第一，客户基本信息如客户的性别、年龄、地址、职业、购买产品类型等。

第二，客户产品信息是描述客户所购买的产品信息。

第三，客户服务信息指在客户服务过程中收集的管理信息、客户反馈信息等。

第四，客户交易信息主要描述客户在电商平台中的交易事件信息、支付方式等。

（2）数据建模常用信息模型。

数据建模是指对现实世界各类数据的抽象组织，确定数据库需管辖的范围、数据的组织形式等直至转化成现实的数据库。将经过系统分析后抽象出来的概念模型转化为物理模型后，利用 Visio 或 Erwin 等工具建立数据库实体以及各实体之间关系的过程。

数据建模就是针对用户的行为分析提取关键数据，并将这些数据赋予权重，以一定的数据模型呈现出来。如果不利用数据建模，我们看到的用户信息很可能是离散的，甚至是矛盾的。

① 数据用户的行为常用 4W 表示。

Who 译为“谁”：定义用户，明确我们的研究对象，主要是用于做用户分类，划分用户群体。网络上的用户识别，包括但不仅限于用户注册的 ID、昵称、手机号、邮箱、身份证、微信、微博号等。

When 译为“什么时候”：这里的时间包含时间跨度和时间长度两个方面，越早发生的行为标签权重越小，越近的权重越大，这就是时间的衰减因子。

举个例子，比如时间长度，在同一个软件上投入 8 个小时和投入 1 个小时，其资深度肯定是不一样的，而时间跨度 5 年前使用过和最近一周使用过，这对于企业的意义也是不同的。

Where 译为“在哪里”：在哪里就是指用户发生行为的接触点里面包含有内容加网址，内容指用户作用的对象标签、行为的目标。

What 译为“什么”：做了什么就是指用户发生了怎样的行为，根据行为的深入程度来添加权重。

② 数据权重。

标签需要按产品和业务划分不同的产品，同种产品的不同类型，其重要度和代表性也不尽相同。比如，购买力标签在电商产品、教育产品、纯工具产品的用户画像中的重要程度就不相同，在电商产品中，它是除人口特征之外最重要的指标，教育类产品要根据其年龄和需求重新排列重要性，在纯工具产品中这个标签的重要程度就很低。

举个例子：如打算买一个小米手机，网址则指用户行为发生的具体地点，如小米官方网站。而权重是加在网址标签上的，如在小米官网买权重设计为 1，在京东商城买权重设计为 0.8，在淘宝买权重设计为 0.7。将购买的权重设计为 1，用户收藏了设计为 0.85，用户仅仅是浏览了设计为 0.7。

当单个标签权重确定之后，就可以利用标签权重公式计算总的用户标签权重。

标签权重 = 时间衰减因子 × 行为权重 × 网址权重

**拓展案例**

A 用户今天在小米官网购买了小米手机，B 用户 7 天前在京东浏览了小米手机，具体数据权重如表 2-1 所示。

表 2-1 数据权重

| 用户 | 标签权重 | | | 总的用户标签权重 | 结论 |
|---|---|---|---|---|---|
| A | 今天（1） | 在官网（1） | 购买（1） | 1×1×1＝1 | 忠实米粉 |
| B | 7 天前（0.7） | 在京东（0.8） | 浏览（0.7） | 0.7×0.8×0.7＝0.392 | 一般用户 |

案例分析结论：由此得出单个用户的标签权重，标记为“是否忠诚”的标签。

通过对多个用户进行样本的数据建模，然后按照企业的数据结果，将总权重达到 0.9 以上的归类为忠实客户，便于企业更加精准地进行营销推广，提供个性化的服务。

（3）数据挖掘。

数据挖掘是指从大量的、不完全的、有噪声的、模糊的、随机的实际应用数据中提取隐藏在其中但又有潜在价值的信息和知识的过程。

数据挖掘的类型一共可以分为两大类：指导学习或监督学习，无指导学习或非监督学习。

数据挖掘的常用方法有以下几种类型：

① 分类是一种监督学习，如在邮件系统中区分出垃圾邮件，在贷款客户中判断出有风险客户。

② 聚类分析，是一种无监督学习，用于客户细分、文本归类、结构分组、行为跟踪等问题。

③ 关联分析，又称购物篮分析，目的是发现交易数据中不同商品之间的联系规则，让营销商制定更好的营销。

④ 趋势与演化分析。

## 二、用户成像步骤

1. 明确画像目的

确认画像目的是非常基础且关键的一步。要了解构建用户画像期望达到什么样的运营或营销效果，从而在标签体系构建时对数据深度、广度及时效性方面做出规划，确保底层设计科学合理。

2. 数据采集

只有建立在客观真实的数据基础上，生成的画像才有效。采集数据时，需要考虑多种维度，如行业数据、全用户总体数据、用户属性数据、用户行为数据、用户成长数据等，并通过行业调研、用户访谈、用户信息填写及问卷，收集平台前后台数据等方式获得。

3. 数据清洗

就自身采集到的数据而言，可能存在非目标数据、无效数据及虚假数据，因而需要过滤原始数据。

4. 特征工程

特征工程能够将原始数据转化为特征，是一些转化与结构化的工作。在这个步骤中，需要剔除数据中的异常值（如电商 APP 中，用户可能用秒杀的手段以几分钱的价格获得一部手机，但用户日常购物货单价都在千元以上），并将数据标准化（如消费者购物所使用的货币包括人民币与美元，需要将货币统一）、判断的标签标准化。

画像构建中用到的技术有数据统计、机器学习和自然语言处理技术（NLP）等，如图 2-7 所示。

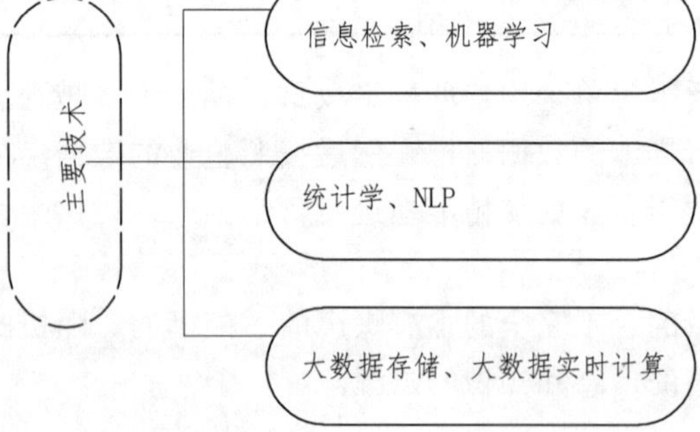


图 2-7　主要技术

**拓展案例**

**分布分析场景**①

运营分析人员从平台上筛选出一批高活跃用户，对这批用户“加入购物车”行为事件的

① 赵宏田，大数据 DT（ID：hzdashuju）：《用户画像有什么用？怎样用？6 个场景案例给你讲明白》，2020 年 5 月 14 日。

分布情况进行分析，从图 2-8 中可以看出大部分用户加购 1～3 次，仅有少量的用户加购 5～10 次。如果进一步深挖的话，可以把这些加购了 5～10 次的用户单独拎出来进行定向营销，通过发放红包、优惠券等方式促进下单。

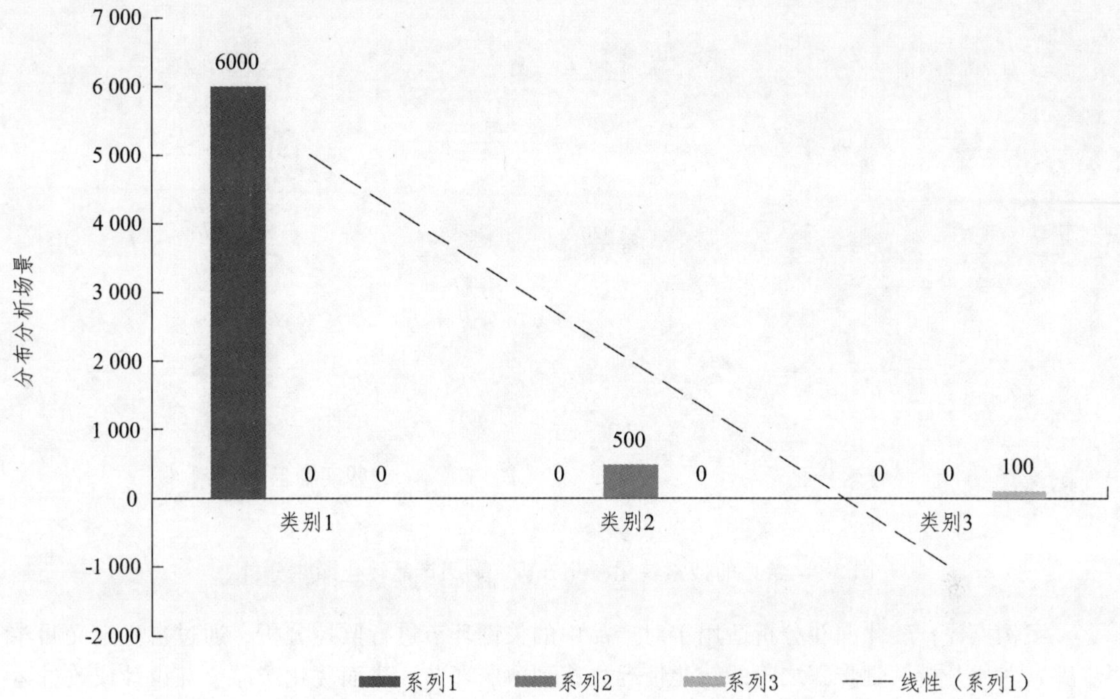


图 2-8　分布分析场景（2020.04.28—2020.05.04）

案例点评：分布分析法根据用户行为维度指标，将用户进行区间分类统计数量，进而得到用户在各功能模块中的黏性的分布情况。从分析维度来看，主要包括按行为次数的分布分析，以及按行为时间的分布分析，通过直方图或折线图的形式展现分析结果。

对用户行为事件的分析不仅有统计数量这种观察指标，还可以对该事件在不同维度中的分布来进行观察，从而了解该行为事件的更多维度信息。

**拓展案例**[①]

为分析业务流程的关键节点事件转化效果，如电商行业，可对启动 APP、浏览页面、浏览商品详情页、加入购物车、提交订单几个节点进行具体分析。

发现问题的过程往往需要对变量进行多次拆分，可以进一步在每个节点设置事件的属性筛选维度（包括省份/城市/页面 URL/设备型号等），完成多重维度的交叉分析。

例如，针对从浏览页面→商品详情页→加入购物车→提交订单→支付成功，这一转化路径可以根据手机型号 iOS 和 Android 分别创建两个转化漏斗来对比不同手机型号间的转化情况。

根据业务场景需要，设定 1～7 天的转化有效期，如果转化事件超过该有效期的为无效转化；最后根据设定的条件查看各节点间的转化情况，如图 2-9 所示。

① 赵宏田，大数据 DT（ID：hzdashuju）：《用户画像有什么用？怎样用？6 个场景案例给你讲明白》，2020 年 5 月 14 日。

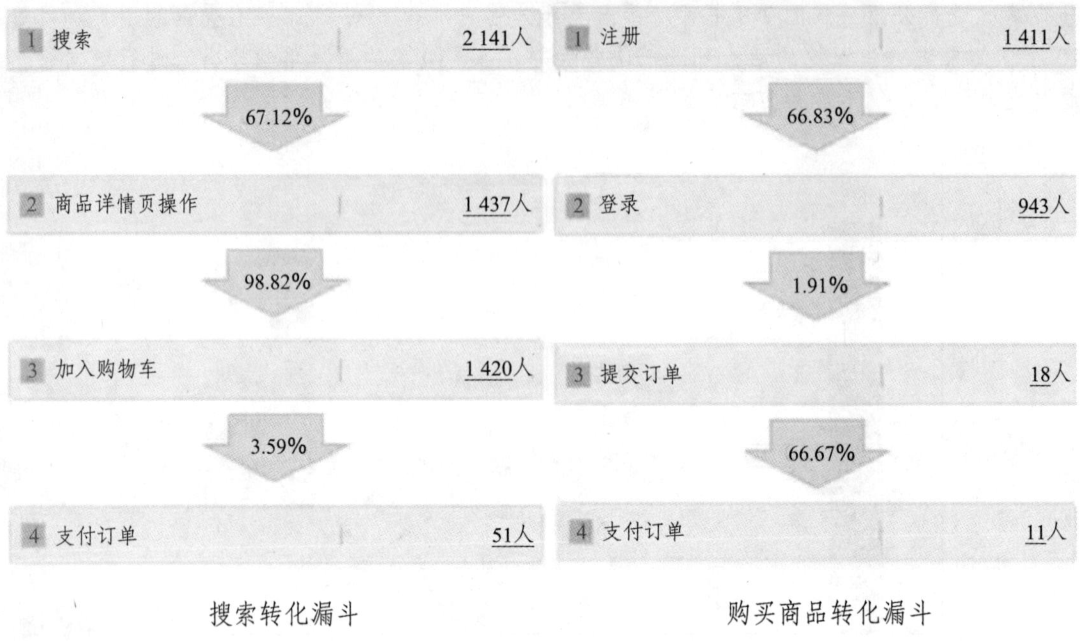


图 2-9 常见的搜索转化漏斗分析、购买产品转化漏斗分析

案例点评：转化漏斗分析适用于对产品中的关键环节进行监控分析，通过自主定义漏斗步骤，对比分析关键步骤之间的转化情况，找到薄弱环节，进而优化产品交互设计或改进运营策略，最终达到提升转化、减少流失的目的。

**拓展案例**①

用户进入电商类网站或 APP 的一个典型流程包括：进入首页后搜索关键词、点击商品板块或点击推荐商品进入详情页，在详情页浏览点击加购后退出该页面搜索其他商品继续浏览，最后进入订单页进行支付，或浏览途中退出 APP。（见图 2-10）这一系列行为就是用户的行为轨迹，对于用户这样的连续访问会话，又称 Session。

图 2-10 Session 分析案例

① 赵宏田，大数据 DT（ID：hzdashuju）:《用户画像有什么用？怎样用？6 个场景案例给你讲明白》，2020 年 5 月 14 日。

案例点评：通过这个案例应用场景，我们不难发现用户画像在电商实务中的实战应用。尤其是对于中小微企业而言，可以通过每天的 Session 访问次数及人均访问次数，分析产品对用户的黏性。Session 中记录了用户在什么时间点、通过什么样的行为、浏览了什么页面/商品。

一般 Session 的分割为固定时长，如定义 APP 端 Session 的切割时长为 5 分钟时，即用户每次访问行为如果距离上一次访问行为在 5 分钟之内，则记为同一次访问，如果距离上次访问大于 5 分钟则记为两次不同的访问。通过 Session_id 可用来标识用户的访问。同一次连续访问的 Session_id 相同，否则不同。

基于 Session 对用户进行分析具有非常重要的作用，可以从用户的访问来源、访问着陆页、退出页、访问次数、访问路径、访问商品品类等多个维度分析用户特征。

**拓展案例**①

**留存分析场景案例**

公司产品上线某一新功能模块，运营分析人员想看用户的留存情况如何，可设定初始事件“访问过该功能的任意版块”，及后续事件“访问过该功能的任意版块”，来分析浏览过该功能的用户后续 7 日、14 日或 30 日的回访情况。

例如依据数字营销数据分析后台综合观察看出，用户的回访率很低，次日留存和 7 日留存都在 2%左右，也可以判断出留存下的用户都是对该功能感兴趣的用户。

案例点评：对于中小微企业而言，当新的产品或服务进入产品投入的成熟期时，用户的留存率是非常重要的一个参数。需要注意的是，留存分析用来衡量用户的参与情况与活跃程度，分析在触发初始事件的用户中有多少用户还有后续的回访行为，该部分回访的用户占初始用户的比例。在产品使用上可以通过定义初始事件和回访行为事件，计算出用户的留存率，可按日、按周、按月来查看留存情况。

留存率是判断产品价值的一个重要参考指标，可以分析出由初始的新人用户转化为活跃用户、忠诚用户、高价值用户的好坏情况。尤其值得中小微企业的运营人员注意的是案例中提到的留存率。

## 三、用户画像原则

1. 数据真实、有价值

用户画像是根据数据挖掘和建模得来的，所以数据的真实性和有价值性成为用户画像的首要原则。数据的真实性是指每一份用户画像的样本数据都可以追溯到源头，都是真实的。用户数据的有价值性是指对广大用户有代表性，对企业有应用价值。

此外，是不是所有用户都应纳入构建用户画像之内呢？并非如此，比如理财产品注册用户有很多是僵尸用户，不怎么投资和使用，这个时候做用户画像就要把这部分人群去掉。

① 赵宏田，大数据 DT（ID：hzdashuju）：《用户画像有什么用？怎样用？6 个场景案例给你讲明白》，2020 年 5 月 14 日。

2. 画像交叉率低

用户画像聚合的时候，一定要注意低交叉率原则，即确保绘制的用户画像的完整性和独立性。完整性保证囊括尽可能多的用户群体独立性，又保证囊括的群体没有重叠。这个重叠并不是指标签的不重叠，而是指用户画像的非重叠性。

举个例子，同一组产品有两组画像，除了教育程度和年龄，其余标签几乎一致，那就可以初步理解为在目标用户中对产品的需求是一致的,除了教育程度不同或者说年龄跨度不同，所以可以将两者合并为一个画像，同时也提示企业弱化教育程度和年龄的差异。

3. 画像有优先级

一个产品的用户画像并不是越多越好，最好是 3 ~ 5 个。当有多个用户画像时需要考虑优先级，企业要首先满足首要用户画像，在不充足的情况下满足次要用户画像。当一个产品非常复杂，在设计和营销的时候，也要根据企业的综合实力和经营策略进行分阶段开发。

4. 画像动态调整

用户画像并非一成不变的，是一个闭环的循环（见图 2-11）。刚开始做产品，可能会揣测目标用户是什么人群，慢慢地可能有点偏差，常常发现有无心插柳的时候，这就需要进行修正。

一共经历 5 个阶段：收集数据、建模、用户画像、验证、修正。第一步，进行数据的收集，标签提取，以及权重分配；第二步，建模，根据前面的信息进行数据建模和分析，并且根据样本总量来确定结果；第三步，形成用户画像，并利用用户画像的结果指导生产和经营活动；第四步，紧接着在营销推广中验证用户画像的准确度和复制性；第五步是修正阶段，并将问题转入下一步骤用户画像的调整。

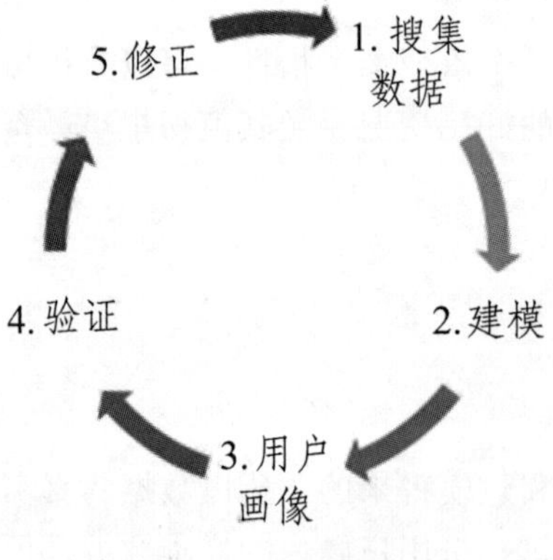


图 2-11　画像动态调整的 5 个阶段

总体来说，本模块探讨了针对中小微企业利用用户画像在不同应用场景的运用及维护与发展，到实施等不同阶段的实际操作。总结如下：

第一，辨别用户画像的应用场景与价值。企业运营环节的使用频率较高，不同企业对于用户画像有着不同的理解和需求。举个例子，电商行业和汽车行业对于用户画像需求的信息完全不一样，信息纬度也不同，对画像结果的要求也不同。每个行业都有一套适合自己行业的用户画像方法，但是其核心都是为客户服务，为业务场景服务。

从商业角度出发的用户画像对企业具有很大的价值，用户画像的目的有两个：一个是从业务场景出发，寻找目标客户；另一个是参考用户画像的信息，为用户设计产品或开展营销活动。

第二，客户画像产生的原因。消费者需求出现细分化，需要寻找目标客户消费习惯的改变，企业无法接触到客户，无法了解客户需求；客户需求的分化，企业需要细分客户，为目标客户开发设计产品。企业需要借助用户画像了解客户，找到目标客户，触达客户。

事实上，用户画像涉及数据的纬度需要与业务场景结合，既要简单干练又要和业务强相关，既要筛选便捷又要方便进一步操作。用户画像需要坚持3个原则：以人口属性和信用信息为主、以强相关信息为主、以定性数据为主。

**拓展案例**

### 民生银行的阿拉丁平台——基于大数据的客户关系管理体系[①]

大数据时代，商业银行的传统经营模式正在经受着巨大的冲击。随着大数据的理念逐渐深入人心，各大商业银行都启动了大数据项目，进行大数据在商业银行各个领域的应用实践。中国民生银行早在2004年就成立了以数据价值发现为主要职能的信息管理部，在大数据的应用方面积累了丰富的经验，特别在大数据云平台、数据标准化、智能化客户关系管理、数据产品移动化探索等方面进行了一系列的创新。其中最突出的是大数据云平台阿拉丁，以及基于大数据的客户关系管理体系“蒲公英”。

阿拉丁云平台是中国民生银行信息管理部从 2013 年开始建设的一个开放的企业级大数据云服务平台，目标是通过阿拉丁实现数据分析师多年的愿望，随时获取需要的数据，自由地挖掘大数据宝藏，从而调动全行的积极性，充分挖掘数据价值，让阿拉丁成为民生银行数据科学家诞生的摇篮、数据工程师成长的沃土、金融分析师表演的舞台，形成充满活力的大数据分析应用生态圈，增强民生银行的核心竞争力。为了达成这个目标，阿拉丁项目在理念、平台、工具和团队等4个方面进行了全面创新。

（1）理念：开放共享，解放大数据生产力。

阿拉丁（ALD）的核心理念是：Analysis、Liberty、Data，即分析、自由、数据。在阿拉丁大数据云服务平台上，民生银行的每一位员工都能够获得所在机构的数据，进行数据分析，并可以将分析结果进行共享。开放共享理念的创新，彻底抛弃了在数据应用上层层审批的严苛管理，打破了横亘在数据和数据使用者之间的那堵厚厚的墙，开放了数据作为银行资产产生巨大价值的可能性，也直接造就了民生银行数据分析成果的繁荣。

---

① 微信公众号金融大数据:《民生银行的阿拉丁平台——基于大数据的客户关系管理体系》，2016年1月27日。

（2）平台：海纳百川，繁荣大数据生态圈。

在平台创新上，阿拉丁拥有全行 200 多个行内系统的数据，开放了外部数据的引入机制，并基于多年的数据整合和服务积累，从当事人等 10 大主题维度对这些数据进行了整合，有效处理了多数据源带来的众多问题，保证了整合后数据的完整性、准确性和及时性，为全行规模的大数据应用提供了坚实的基础。同时，通过对全行各类系统的数据互联互通、双向数据流动，为全行提供大数据云服务，阿拉丁也成为民生银行大数据应用的枢纽和核心平台，构建起了以阿拉丁云平台为核心的繁荣的数据生态圈。

（3）工具：分类服务，实现全民大数据分析。

阿拉丁云平台根据用户能力的差异，提供了相匹配的分析工具。对大众用户提供了 Tableau、Smartbi 等通过简单操作即可进行数据分析的可视化工具，对具有一定技术基础的用户提供了访问数据库进行数据分析的数据快查等技术工具，对数据科学家等数据建模人员提供了 SAS、R 等数据挖掘专业工具，从而满足了不同类别的数据使用人员的需要，形成了立体化的数据工具服务体系，实现了全民进行大数据分析的梦想。

（4）团队：万人计划，大数据引领业务变革。

在团队建设上，阿拉丁云平台通过开放的数据、丰富的工具和有效的组织，已经形成了数据科学家、数据工程师、金融分析师为主体的庞大的数据团队，总人数已经超过 1 000 人。阿拉丁云平台下一步计划培养一万名数据分析人员，让大数据应用渗透到每一个民生人的血液中，用大数据引领正在到来的业务变革。阿拉丁云平台经过两年来的建设，应用成效硕果累累，如某分行数据分析人员根据阿拉丁平台客户行为轨迹数据，利用平台分析工具进行大数据挖掘，找到具有特征的潜力客户，进行点对点名单制销售。由于潜力客户名单准确性超过 90%，目标客户营销的成功率较高，为该分行短期内增加金融资产超过 6 亿元。这样的案例每天都在增加，目前已经产出 5 000 多个优秀分析案例成果，并且通过阿拉丁平台共享到全行各级机构和用户。通过开放的理念、广阔的平台、丰富的工具和强大的团队，阿拉丁云平台以庞大的数据团队、海量的数据应用以及繁荣的数据生态体系，为民生银行贡献了难以计算的巨大价值，阿拉丁的数据魔法也逐步成为现实，阿拉丁这盏云端的大数据神灯已经成为民生银行转型发展的新引擎。

## 模块二　课后习题

1.（判断题）用户画像的核心就是让我们比用户本身更了解用户，为用户提供更好的服务。（　　）

2.（判断题）新型的营销观念和营销闭环仍然是从产品出发，并不是从实际需求出发，也不是从挖掘用户数据、描述用户画像出发。（　　）

3.（判断题）针对中小微企业的目标客户，具体是指客户经理通过市场细分后所确定的重点营销对象，是各个行业的企业能够满足其现实或潜在需求并从服务中获得盈利和发展的客户群。(　　)

4.（判断题）最早明确定义用户画像的是交互设计之父凯恩斯，他认为 Persona（用户画像）是真实用户的虚拟代表，是建立在一系列真实数据之上的目标用户模型。(　　)

5.（判断题）聚类分析，是一种监督学习，用于客户细分、文本归类、结构分组、行为跟踪等问题。(　　)

6.（判断题）关联分析又称购物篮分析，目的是发现交易数据中不同商品之间的联系规则，让营销商制定更好的营销。(　　)

7.（多选题）用户成像的步骤包括（　　）。

A. 明确画像目的　　B. 数据采集

C. 数据清洗　　D. 特征工程

8.（多选题）数据挖掘的类型一共可以分为两大类，分别是（　　）和（　　）。

A. 指导学习或监督学习　　B. 无指导学习或非监督学习

C. 人工学习　　D. 模拟学习

9.（多选题）以下属于用户画像作用的是（　　）。

A. 了解用户　　B. 专注用户

C. 提高效率　　D. 精准营销

10.（多选题）针对中小微企业的运营特点，企业一般会从产品最初规划等 4 个方面来运作。以下属于这一阶段的任务的是（　　）。

A. 研究市场情况　　B. 研究消费者需求、竞品情况

C. 制定产品定位及发展策略　　D. 根据用户需求更新和优化产品

11.（多选题）用户画像的 4 个核心是（　　）。

A. 用户画像有什么作用　　B. 什么是用户画像

C. 如何使用用户画像　　D. 相关注意事项

# 模块三 网络创业与电商模式

情景设计

**模块情景：实战电商模式的选择**

中小微企业的团队已经开始规划电商方案，企业应该如何进行电商运作呢？首先实施网络创业必须选择合适的电商模式。电商模式是指在网络环境中基于一定技术基础的商务运作方式和营利模式。随着其应用领域的不断扩大和信息服务方式的不断创新，电商运作模式也层出不穷。在网络创业中，充分研究和了解电商模式的不同分类，有助于开创新的电商模式。对企业来说，运用不同的电商模式，以此制定不同的电商策略和实施步骤，同时急需对电商模式的分类进行深刻理解。

电商模式的分类框架可以从多个角度建立，按照参与主体的身份来分类是最常见的一种形式，可以分为 B2B、B2C 和 C2C 等模式。

## 项目一 网络创业者常用的 C2C 电商模式

### 一、认识 C2C 电商模式

C2C（Consumer to Consumer）电商模式是指消费者与消费者之间的网上交易行为，其特点类似于现实商务世界中的跳蚤市场。

情景视频：多元化的电商模式和网络创业

### 二、C2C 电商模式的发展

受限于个人消费者的资源和能力，C2C 必须通过电商交易平台来连接买卖双方。1995 年 9 月 4 日皮埃尔·奥米迪亚（Pierre Omidyar）在美国创立了 eBay，这是全球最早的 C2C 电商平台。1999 年 8 月，邵亦波和谭海音在上海创立了易趣网（2003 年被 eBay 全资控股），标志着我国 C2C 电商诞生。目前国内市场份额最大的 C2C 平台是由阿里巴巴于 2003 年 5 月 10 日投资成立的淘宝网，占据着国内 90%以上的 C2C 电商市场份额。（见图 3-1）

图 3-1　淘宝网

## 三、淘宝网对中小微企业的扶持

### （一）淘宝网的“免费开店”承诺

淘宝网从 2003 年成功推出之时，就以 3 年“免费”牌迅速打开中国 C2C 市场，并在短短 3 年时间内，替代 eBay 易趣登上中国 C2C“老大”的交椅。2005 年 10 月 19 日，阿里巴巴宣布“淘宝网将再继续免费 3 年”。2008 年 10 月 8 日，淘宝在新闻发布会上宣布继续免费。免费开店体现出淘宝网对中小微企业和个人卖家的扶持。（见图 3-2）

图 3-2　淘宝网免费开店入口

### （二）淘宝大学的“一站式服务”

在坚持“免费开店”承诺的同时，阿里旗下淘宝大学针对中小微企业和个人卖家提高电商运营技能的需求，为商家们提供了“一站式服务”。其学员涵盖了企业级网商高中基层、传统企业转型电商负责人、高校电商专业教师及学生、创业型网商，并且大部分课程都是实打实的“实战”内容，能切实有效地提升学员的电商综合能力。已逐步形成了覆盖各网商群体的完善培训课程，包括针对中小卖家的“点亮淘宝路”活动，针对电商中层的“网商特训营”，针对电商基层专业人才的“电商精英”“企业内训师”项目，以及针对网商核心高层的“传统企业进驻电商总裁班”和“网商 MBA”培训课程，有效地提升了学员的电商综合能力。

## 四、淘宝网的生态体系

2016 年 3 月 29 日，在杭州召开 2016 年度卖家大会，阿里巴巴集团 CEO 张勇在会上明确了淘宝的未来战略：社区化、内容化和本地生活化是三大方向。

淘宝充分赋予大数据个性化、粉丝工具、视频、社区等工具，搭台让卖家唱戏。利用优酷、微博、阿里妈妈、阿里影业等阿里生态圈的内容平台，紧密打造从内容生产到内容传播、内容消费的生态体系。

# 项目二　新零售背景下的 O2O 电商模式

## 一、认识 O2O 电商模式

O2O（Online to Offline）是指将线下商务的机会与互联网结合在一起，让互联网成为线下交易的前台。O2O 模式可以将线上的消费者引到线下，消费者可以到线上来筛选服务，成交后在线结算，然后再到实体店消费或送货上门。

## 二、O2O 电商模式的发展与新零售

什么是 O2O？这个概念起源于美国，只要产业链中既涉及线上又涉及线下环节，就可通称为 O2O。O2O 在 2013 年得到高速发展，开始了本地化及移动设备的整合，出现了 O2O 模式的本地化分支：O2P（Online to Place）商业模式，即利用移动终端，将网上商城“植入”门店，并且将经销商、厂家和门店串联起来，形成一个巨大的销售网络，每个门店都是该网络中的一个“配送终端”。O2O 模式在团购网站兴起时就已经开始出现，但消费者更熟悉团购的概念。O2O 与团购的区别是，团购商品是临时性促销，在 O2O 网站上，只要网站与商家持续合作，商家的商品就会一直“促销”下去；O2O 的商家都拥有线下实体店，而团购模式中的商家则不一定。O2O 电商模式需具备 4 大要素：独立网上商城、国家级权威行业可信网站认证、在线网络广告营销推广、全面社交媒体与客户在线互动。

O2O 快速发展的原因，主要是其市场巨大。2014 年 3 月 4 日国内电商研究机构中国电商研究中心发布了《2013 年度中国网络零售市场数据监测报告》。报告显示，2013 年中国网络零售市场交易规模达到 18 851 亿元，较 2012 年的 13 205 亿元同比增长 42.8%。我国电商交易每年都以较快的速度发展，但目前网络零售总额只占到社会消费品零售总额的 8.04%。90% 以上的交易仍然在线下。商家们正是看到了巨大的线下市场，所以纷纷把业务从线上拓展到线下，当然传统型企业也利用互联网把部分业务从线下延伸到线上。

O2O 电商模式与“新零售”有着密切的联系。“新零售”这一互联网新名词是在 2016 年 10 月的阿里云栖大会上，由马云第一次提出的。百度百科对新零售的解释是：“新零售，企业以互联网为依托，通过运用大数据、人工智能等先进技术手段，通过商品的生产、流通与销售过程进行升级改造，进而重塑业态结构与生态圈，并对线上服务线下体验，以及现代物流进行深度融合的新零售模式。”“新零售”模式使线上和线下从原来的相对独立、相互冲突逐渐转化为相互促进，彼此融合。O2O 电商运作模式与新零售理念异曲同工，能更好地解决线下实体店铺地理位置受限、高额的房租、门店装修、员工招募、产品更新、同行竞争、营业时间受限等问题，也能解决线上零售流量红利见顶的问题。O2O 模式如果能良好运行，将会达成“三赢”的效果：

（1）对本地商家来说，O2O 模式要求消费者通过平台支付，使线下商家增加了了解消费者消费信息的渠道，使商家对消费者购买数据的搜集变得更容易，由此能更好地实施精准营销，更好地开拓和维护客户。线上引入的顾客并不会导致商家的成本大量增加，反而会带来更多利润。此外，O2O 模式在一定程度上降低了商家对店铺地理位置的依赖，减少了租金方面的支出。

（2）对消费者而言，O2O 提供全面、丰富、及时的商家促销信息，能够快速筛选并订购合适的商品或服务，且价格优惠，消费者能从中得到真正的实惠。

（3）对 O2O 电商平台来说，O2O 模式可带来大量高黏性的消费者，使平台能争取到更多的商家资源。同时，庞大的消费者数据资源优势，使本地化程度较高的 O2O 垂直网站具备为商家提供其他增值服务的能力。

目前，O2O 电商平台有美团、大众点评网、京东到家、饿了么等。其中做得最好的 O2O 平台是美团，覆盖了本地生活的各个层面，如餐饮、商超宅配、电影、教育、美容美护、婚庆、休闲娱乐、家政等业务。

## 三、O2O 电商模式下的消费流程

在 O2O 平台商业模式中，整个消费过程包括线上和线下两部分，这与消费者在本地商家直接消费的传统模式不同。线上平台为消费者提供消费指南、优惠信息、便利服务（预订、在线支付、地图等）和分享平台，而线下商家则专注于提供服务。在 O2O 模式中，消费者的消费流程可以分解为以下 5 个阶段。

第一阶段：引流。

O2O 平台作为线下消费决策的入口，能聚集大量有消费需求的消费者，或者激发消费者的线下消费需求。常见的 O2O 平台引流入口包括：消费点评类网站，如大众点评；电子地图，如高德地图、腾讯地图；社交类应用，如微信等。

第二阶段：转化。

O2O 平台向消费者提供商家的详细信息、优惠（如团购、优惠券）、便利服务，方便消费者搜索、对比，消费者在 O2O 平台上做出消费决策，选择线下商户下单成交并在线支付，如美团网。（见图 3-3）

第三阶段：消费。

消费者利用线上获得的信息到线下商户接受服务、完成消费。

第四阶段：反馈。

通过 O2O 平台的分享功能，消费者将自己的消费体验反馈到互联网上，作为其他消费者消费决策的参考。O2O 平台通过梳理和分析消费者的反馈，形成更加完整的本地商铺信息库，可以吸引更多的消费者使用在线平台。

第五阶段：存留。

O2O 平台为消费者和本地商户建立沟通渠道，可以帮助本地商户维护消费者关系，使消费者重复消费，成为商家的回头客。

图 3-3 美团

# 项目三 B2B 电商模式

B2B 电子商务蓬勃发展
覆盖优势产业集群

## 一、认识 B2B 电商模式

B2B（Business to Business）电商模式是指进行电商交易的供需双方都是商家（或企业、公司），它们利用 Internet 技术或各种商务网络平台完成整个商务交易的过程。

通过 B2B 电商模式，企业买卖双方可以在网上完成从建立最初印象，到货比三家，再到商务磋商、下订单和运输交货，最后到售后服务的整个业务流程。

B2B 电商模式是当前电商模式中份额最大、最具操作性、最易成功的模式之一。

## 二、B2B 电商模式的主要类型

B2B 电商模式可以分为面向中间交易市场的 B2B，面向制造业或面向商业的垂直 B2B，以及企业自营 B2B 等 3 种类型。

### （一）面向中间市场的 B2B 电商模式

面向中间交易市场的 B2B 电商模式，是指利用电商平台将买方和卖方集中到一个场所上来进行信息发布、广告推广、拍卖竞标、商品交易等商业活动。这种交易模式也被称为综合 B2B 或者水平 B2B，其特点是发挥了互联网沟通交流迅速的特点，帮助企业寻找到合适的商机。B2B 能消除地域和时间限制，使企业交易效率得到极大提高。1688 阿里巴巴采购批发网、慧聪网、环球资源网、中国制造网等都是较为成熟的 B2B 电商平台，其业务都是为传统企业提供网上中介服务，撮合企业交易的达成。

面向中间市场的 B2B 电商模式之所以称为水平的 B2B 电商模式，是因为其应用广泛，有来自不同行业的众多企业利用这种模式。一个水平 B2B 电商平台，聚集的企业越多，平台价值越大，而且还会吸引更多的企业前来落户。在此电商平台上，各种参与交易的企业组成一个商业生态系统。1688 阿里巴巴采购批发网是其中的佼佼者。（见图 3-4）

图 3-4　1688 阿里巴巴采购批发网

### （二）面向制造业或面向商业的垂直 B2B 电商模式

面向制造业或面向商业的 B2B 也叫垂直 B2B 电商模式，是指专注于某一领域、专业程度深的电商运作模式。垂直 B2B 电商模式可以分为两个方向，即上游和下游。生产商或商业零售商可以与上游的供应商形成商品的供应关系，生产商也可以与下游的经销商形成商品销售关系。

垂直 B2B 电商根据行业类别可分为钢铁、化塑、电子元器件、农业、旅游、服纺、汽车、医疗、快消等具体赛道，中国化工网、中国玻璃网、欧浦智网（见图 3-5）、五金网等是具有代表性的垂直 B2B 电商平台。

与综合 B2B 相比，垂直 B2B 电商模式具有服务更专业、信息更可靠、传播更精准、操作更便利等特点。由于只涉及某一行业，因此对信息的监管较综合 B2B 更加方便。垂直 B2B 交易平台进行专业网站设计，前后台完全按照行业产品分类设计，提供更加精准、更符合行业特征的商品描述，以及符合行业化商品特征的专业搜索引擎，让更多企业或商家习惯用搜索模式来做生意圈、找客户。垂直 B2B 运营成本相对较低，因为垂直 B2B 面对的是某一个行业内的从业者，客户比较集中而且有限，缺点是有可能面临着细分程度太高的问题。

图 3-5　欧普智网

### （三）企业自营 B2B 电商模式

企业自营 B2B，一般指传统企业为实现自己与供应商或客户的网上商务贸易活动而建立的电商网站。如戴尔公司通过这种方式与上游的芯片和主板制造商进行合作，思科公司与自己的分销商形成网上销货关系等。

## 三、B2B 电商的交易模式

B2B 电商按市场战略的不同，又可以分为 3 种交易，即卖方控制型、买方控制型以及中介控制型。

音频：B2B

### （一）卖方控制型市场战略

卖方控制型市场战略是指由某一卖方独立建立，用于寻求众多的买家，旨在建立或维持其在交易中的市场势力的市场战略。这种交易模式主要是一些大中型企业利用电商网站面向众多的经销商、代理商等开展销售业务。

### （二）买方控制型市场战略

买方控制型市场战略是由一个或多个购买者建立，旨在把市场势力和价值转移到买方的市场战略。买方控制型市场战略除了由一个购买者直接建立的电子市场之外，还包括买方代理型和买方合作型两种买方控制型市场战略。

### （三）中介控制型市场战略

中介控制型市场战略是由买卖双方之外的第三方建立，通过第三方平台为买卖双方搭建一个集产品展示、广告促销、交易磋商、电子支付、物流配送等业务的市场战略。中介控制型市场能广泛地聚集闲散的资源、优化资源配置，为买卖双方搭建一个广阔的、一站式的交易平台；同时，由于中介控制型市场包括广泛的行业，因此，平台的交易体量、社会品牌及影响力都比较大。

## 四、B2B 电商平台的盈利模式

### （一）会员费

会员费是 B2B 电商平台最主要的盈利模式之一。企业通过第三方电商平台参与电商交易，最好注册成 B2B 网站的会员，每年要缴纳一定的会员费，享受网站提供的各种服务。比如阿里巴巴网站收取实力商家、诚信通两种会员费，实力商家会员费为每年 36 800 元，诚信通的会员费为每年 6 688 元。诚信通会员的主要权益有：每天提供 60 多万条最新供求信息；提供第三方权威机构资质认证，并在阿里巴巴网上大市场获得全网优先推荐；阿里巴巴帮助商家建立集顶级域名、无限展示空间、20G 企业邮局、企业在线于一体的网站；享受全套网商培训，以及千余名技术人员随时提供服务；有机会获得阿里贷款、有机会报名参加每周举办的大买家采购等。

### （二）广告费

网络广告是 B2B 电商平台网站的主要盈利来源之一。阿里巴巴网站根据广告在首页不同位置及广告类型来收费。中国化工网有旗帜广告、弹跳广告、漂浮广告、文字链接广告等多种不同表现形式的广告供用户选择。

### （三）竞价排名

B2B 电商平台给企业提供供求信息的检索服务，企业为了促进产品的销售，都希望在 B2B 网站的信息搜索中将自己的排名靠前。而电商平台网站在确保信息准确无误的基础上，根据会员交费的不同对排名顺序做出相应的调整。阿里巴巴的竞价排名是诚信通会员专享的搜索排名服务，当买家在阿里巴巴搜索供应信息时，竞价企业的信息将排在搜索结果的前三位，会被买家第一时间找到。中国化工网的化工搜索是建立在全球最大的化工网站上的化工专业搜索平台，对全球近 20 万个化工及化工相关网站进行搜索，搜录的网页总数达 5 000 万，同时采用搜索竞价排名方式，确定企业排名顺序。

### （四）增值服务

B2B 电商平台网站为企业提供企业认证、独立域名、行业数据分析报告、搜索引擎优化等特殊增值服务。现货认证就是针对电子行业提供的一项独具特色的增值服务，因为通常电子采购商比较重视库存。此外，如国际贸易网针对电子型号提供的谷歌排名推广服务（搜索引擎优化的一种），很多企业对此有浓厚兴趣。B2B 电商平台网站可以根据行业的特殊性去深挖客户的需求，然后提供具有针对性的增值服务，由此建立平台的特色。

### （五）线下服务

B2B 电商平台网站提供的线下服务主要包括展览会、期刊、研讨会等。期刊主要是关于行业资讯等信息，期刊内也可以植入广告。通过展览会，供应商和采购商可以进行面对面的交流，中小企业一般比较青睐这种方式。2019 年阿里 1688 网携手中国国际工业博览会，打造线上线下一体化智能展会就是典型例子：阿里旗下 1688 网带领工业品牌平台的西门子、施耐德电气、巴斯夫、公牛、甘肃电气等数十家知名品牌和多家生态合作伙伴参展，工业品牌平台为参展商家推出独特数字化服务，包括潜客获取、客户管理及触达、在线交易、展会数据看板等功能服务，从而提高了参展效率。

### （六）商务合作

商务合作包括广告联盟、政府、行业协会合作、传统媒体的合作等。广告联盟一般是指网络广告联盟。亚马逊是网络广告联盟的先行者，通过这种方式取得了不错的成效，国内做得比较成熟的广告联盟有百度联盟、阿里妈妈等。

# 项目四　B2C 电商模式

微课：多元化的电商模式和网络创业

## 一、认知 B2C 电商模式

B2C（Business to Consumer）是企业对个人的缩写，是指商家/企业通过网络销售产品或服务给个人消费者。这种形式的电商一般以网络零售业为主，即企业通过互联网为消费者提供一个新型的购物环境——网上商店，消费者通过互联网实施网络购物和在线支付。

## 二、B2C 电商模式的分类

### （一）综合型 B2C 电商模式

综合型 B2C 电商模式是指经营范围广、覆盖多个行业、经营业务众多的一种网络零售模式。亚马逊公司（Amazon），是美国最大的一家 B2C 电商公司，位于华盛顿州的西雅图。亚马逊成立于 1995 年，是最早开始经营电商的公司之一，起初只经营网络的书籍销售业务，现在则扩及了范围相当广的其他产品，已成为全球商品品种众多的网上零售商。亚马逊为客户提供数百万种商品，如图书、影视、音乐和游戏、3C 产品、家居园艺用品、婴幼儿用品、食品、服饰、鞋类和珠宝、健康用品、体育及户外用品等。

开展 B2C 电商会受到很多因素的制约，特别是中小企业在人力、物力、财力都有限的情况下。第三方交易平台型 B2C 是专门为中小企业搭建网络销售平台的一种经营策略，其平台本身并不参与商品的买卖，而是为买卖双方提供集信息发布、交易磋商、交易、支付、物流服务等于一体的综合性第三方平台。这类平台的影响力比较大，能有效地吸引中小企业甚至大型企业入驻。其典型的代表有天猫（tmall.com）（见图 3-6）、京东（jd.com）等。

图 3-6　天猫

## （二）垂直型 B2C 电商模式

垂直型 B2C 电商模式和综合性 B2C 是相对的，其主要区别在于经营范围大小的不同。垂直型 B2C 电商主要专注于某一细分领域做大做强，形成其核心竞争力，如专注于美妆领域的聚美优品网、专注于母婴市场的红孩子（redbaby.sunnig.com）（见图 3-7），以及早期专注于图书领域的当当（Dangdang.com）等。

由于垂直型 B2C 电商经营对象的限制，客户群一般比较稳定，但受众范围与综合型 B2C 电商有较大差距。在目前的电商经济中，流量是制胜的法宝，所以部分垂直型 B2C 电商发展到一定阶段会选择向综合型 B2C 电商转型，以扩大规模和竞争力。这并不是说垂直型 B2C 电商模式不如综合型 B2C 电商模式，而是投资者、经营管理者对于市场博弈的需要。

传统生产企业自建的官方销售型网站一般也属于垂直型 B2C 电商模式。

电商的发展不断影响企业的经营思路和管理决策。对于传统型的生产企业而言，电商是不得不面对的机遇和挑战。一方面，电商巨大的市场空间吸引着传统的企业；另一方面，互联网大量的不确定因素以及传统经营理念与互联网思维的矛盾又使企业犹豫不决。

图 3-7　苏宁红孩子母婴商城

传统生产企业要利用互联网开展商务活动，首先要从战略管理层面明确这种模式未来的定位、发展与目标。对企业原有的线下渠道与电商渠道进行全面协调，平衡其利益。如实行差异化的销售策略，网上渠道与传统线下渠道在销售产品上有所区别，网上销售所有产品系列，线下渠道销售具有区域特色的产品系列，以及线下渠道为线上产品提供完善的售后服务等。在产品设计方面，要着重考虑消费者的需求。同时，培养网络营销精英和电商运作团队，建立和完善电商网站。典型的代表有戴尔（dell.com）、海尔（haier.com）、海澜之家（hlamall.cn）（见图 3-8）等，都拥有自己的垂直型 B2C 电商网站。

图 3-8　海澜之家官网

# 项目五　进出口新政下的跨境电商模式

## 一、认知跨境电商模式

跨境电商模式是指分属不同关境的交易主体，通过电商平台达成交易、进行电子支付结算，并通过跨境电商物流及异地仓储送达商品，从而完成交易的一种国际商业活动。

## 二、跨境电商的优势

跨境电商具有非常重要的战略意义：全球经济一体化离不开跨境电商的发展，跨境电商平台搭建起了各国之间的交易桥梁。跨境电商使国际贸易走向无国界贸易，并引起世界经济贸易的巨大变革。跨境电商构建的开放、多维、立体的多边经贸合作模式，极大地拓宽了企业进入国际市场的路径，大大促进了多边资源的优化配置与企业间的互利共赢；同时，跨境电商使消费者更容易获得其他国家商品的信息并买到物美价廉的商品。

跨境电商的快速发展得益于其所具有的独特优势：

（1）顺应国际贸易的发展新趋势。美国金融危机后，消费者收入增长放缓，直接通过网络购买国外价廉物美的商品成为较迫切的需求。同时，部分海外进口商为了缓解资金压力和控制财务风险，更愿意将大额采购转变为中小额采购、长期采购变为短期采购，单笔订单的金额明显缩减，大部分不超过 3 万美金，传统“集装箱”式的大额贸易正逐渐被小批量、多批次的“碎片化”进出口贸易取代。

（2）产品价格的有效降低带来竞争优势。与传统国际贸易相比，跨境电商简化了交易环节，商品仅需经过工厂、在线平台、海外商人即可到达消费者；外贸链条甚至简化到产品从工厂经过跨境电商平台直接送到国外消费者手中，节约的中间交易成本一部分变成生产商的利润，一部分成为跨境电商平台的佣金，剩下的则成为消费者获得的价格优惠。如果跨境电商企业能采用集中采购备货模式，那相比单笔邮寄，还能大大降低商品采购和物流成本。

（3）上下游多属现代服务业。与跨境电商相关联的物流配送、电子支付、电子认证、IT 服务、网络营销等，都属于现代服务业的内容。即使是最为传统的快递、物流配送，也建立在信息技术业务系统之上，商品本身已经基于二维码、条形码进行了物品编码，可以在电商平台实时查询、跟踪商品流通过程，并通过网银或第三方电子支付平台进行支付。

（4）以消费者为主导。消费者通过跨境电商平台能购买到在国内买不到的东西，是贸易增量。来自全球的同类产品在跨境电商平台上同台展示，消费者做出购买决策时着重考虑性价比因素。这种以消费者为导向、强调个性化的交易方式，使消费者拥有更大的选择自由，不受地域限制。以“订单投票”，已成为跨境电商的重要特征。

## 三、政策力挺下的中国跨境电商发展趋势

对外开放：外汇新
措施利好中小微企业
跨境电商

2020 年，52.8%的高速增长成为我国跨境电商逆势增长的新标注。

市场的集中爆发离不开国家政策的支持。2020 年以来，我国推出了多重举措推进跨境电商发展，从跨境电商综试区扩围到海关监管新规出台，从外贸创新发展实施意见到 RCEP 签署等。《经济参考报》记者获悉，目前相关部门以及跨境电商综试区正在就推进上述利好落地研究具体举措，其中跨境支付、电商平台、物流公司等多个产业链有望获得更多利好，逆势高速增长、万亿级市场空间可期。

在全球外贸整体遭受严重冲击的情况下，2020 年前三季度通过海关跨境电商管理平台的进出口额逆势增长 52.8%，达到 1 873.9 亿元，成为我国稳外贸的重要力量。

市场分析同时指出，在统计口径之外，我国跨境电商市场规模早已超过万亿水平。不只中国市场高速增长，全球范围内的跨境电商空间也迅速打开。eMarketer 监测显示，到 2023 年，全球网络零售额将达到 6.5 万亿美元，在全球消费品零售总额中占比达到 22%。艾瑞咨询数据显示，到 2023 年我国跨境电商交易规模有望达到 9.1 万亿元，今后仍将维持高速增长。

分析认为，跨境电商已经成为连接中国制造与全球消费的重要方式，发展还在起步阶段，还有巨大的市场空间待挖掘。

复旦大学特聘教授、中国金融四十人论坛学术顾问黄奇帆表示，尽管增长迅速，但总量还很小。截至 2019 年年底，全部的跨境电商 B2C 交易量达 1 700 亿人民币，加在一起算约 250 亿美元，只占我国进出口贸易 4 万多亿美元总量的 1%不到。

“从这个角度看，跨境电商的潜力还没完全释放。”黄奇帆预判，到 2035 年 50%的外贸额有望通过跨境电商来完成。

## 四、跨境电商模式的分类

首届世界海关跨境电商大会：
模式创新 中小微企业贸易
便利按下快进键

### （一）以交易主体类型分类

#### 1. B2B 跨境电商或平台

跨境 B2B（Business to Business）贸易是指分属不同关境的企业对企业，通过电商平台达成交易、进行支付结算，并通过跨境物流送达商品、完成交易的一种国际商业活动，现已纳入海关一般贸易统计。

B2B 跨境电商或平台以企业或集团客户为最终用户，为其提供企业、产品、供求信息等相关服务。目前，B2B 跨境电商市场交易在中国跨境电商市场交易规模中占总交易规模的 90%以上。在跨境电商市场中，企业级市场始终处于主导地位。代表企业有敦煌网、中国制造、阿里巴巴国际站、环球资源网等。

阿里巴巴国际站成立于 1999 年，是阿里巴巴集团的第一个业务板块，现已成为全球领先的跨境 B2B 电商平台。阿里巴巴国际站累计服务 200 余个国家和地区超过 2 600 万活跃企业

买家，致力于让所有的中小企业成为跨国公司。买卖双方通过此平台可以在线高效地找到适合的合作方，快速安心地达成交易。同时，阿里巴巴外贸综合服务平台提供的一站式通关、退税、物流等服务，让外贸企业在出口流通环节中也变得更加便利和顺畅。企业基于全球领先的企业间电商网站阿里巴巴国际站贸易平台，通过向海外买家展示、推广供应商的企业和品，进而获得贸易商机和订单，是出口企业拓展国际贸易的首选网络平台。（见图 3-9）

图 3-9　阿里巴巴国际站

2. B2C 跨境电商或平台

跨境 B2C 电商是指分属不同关境的企业直接面向消费者个人开展在线销售产品和服务，通过电商平台达成交易、进行支付结算，并通过跨境物流送达商品、完成交易的一种国际商业活动。

B2C 跨境电商模式下，我国企业可直接面对国外消费者销售个人和家庭消费品，物流方面主要采用邮政物流、商业快递、专业快递及海外仓储等方式，其报关主体是邮政或快递公司，目前大多还未纳入海关登记。

代表企业有全球速卖通、亚马逊（Amazon）、兰亭集势、米兰网、大龙网等。

全球速卖通是阿里巴巴面向国际市场的 B2C 在线交易平台，成立于 2010 年，客户买家范围已经遍及 220 多个国家和地区，覆盖服装服饰、3C、家居、饰品等共 30 个一级行业类目。全球速卖通面向海外买家客户，通过支付宝国际账户进行担保交易，并使用国际物流渠道运输发货。速卖通平台适合体积较小、附加值较高的产品，如首饰、数码产品、电脑硬件、手机及配件、服饰、化妆品、工艺品、体育与旅游用品等相关产品。2019 年 3 月，全球速卖通在俄罗斯推出在线售车服务。俄罗斯消费者可以直接在速卖通上一键下单，支付预付款，到指定线下门店支付尾款即可提车。

3. C2C 跨境电商或平台

跨境 C2C 即 Customer（Consumer）to Customer（Consumer），是指分属不同关境的个人卖方对个人买方开展在线销售产品和服务，由个人卖家通过第三方电商平台发布产品和服务售卖产品信息、价格等内容，个人买方进行筛选，最终通过电商平台达成交易、进行支付结算，并通过跨境物流送达商品、完成交易的一种国际商业活动。

C2C 跨境电商所面对的最终客户为个人消费者，商家也是个人卖方。由个人卖家发布售卖的产品和服务的信息、价格等内容，个人买方进行筛选，最终通过电商平台达成交易、进行支付结算，并通过跨境物流送达商品、完成交易。代表企业有 eBay 等。（见图 3-10）

图 3-10　ebay 官网

## （二）以服务类型分类

1. 信息服务平台

信息服务平台主要是为境内外会员商户提供网络营销平台，传递供应商或采购商等商家的商品或服务信息，促成双方完成交易。代表企业有阿里巴巴国际站、环球资源网、中国制造网等。

2. 在线交易平台

在线交易平台不仅提供企业、产品、服务等多方面信息展示，并且可以通过平台线上完成搜索、咨询、对比下单、支付、物流、评价等全购物链环节。在线交易平台模式正逐渐成为跨境电商中的主流模式。代表企业有敦煌网、全球速卖通（见图 3-11）、米兰网、大龙网、Wish、Shopee 等。

图 3-11　速卖通官网

# 项目六　直播电商

**拓展案例**

**直播带货助力疫情下企业复工复产**

2020年新冠肺炎疫情暴发以来，受交通不便和实体消费下滑，农产品滞销严重，为此各大电商平台利用自身优势，通过集中采购，直播销售等措施，帮助农户解决卖难问题，减少农户亏损，如今在各大平台上各类农产品正在优惠促销，从事海鲜生意的谢×和其他86家海鲜商户参加了一场直播卖货活动，通过这种模式进行产品销售，将危机转为商机，当晚整体销售额突破了百万元。不仅是农产品，如今直播已经成为实体零售行业，开拓销路，弥补损失的重要选项，直播越来越成为商家卖货的标配。①

## 一、认识直播电商

### （一）直播电商的概念

近年来，直播电商作为一种新兴的网络零售形式，以持续增长的用户数量和迅速扩大的市场规模，为电商产业的持续发展和传统产业的电商化转型带来了新的机遇。中国消费者协

---

① http：//tv.cctv.com/2020/04/22/VIDEqgghBb1Ep9QHiaVE19uN200422.shtml。

会 2020 年 3 月发布的《直播电商购物消费者满意度在线调查报告》指出，2019 年直播电商市场规模达 4 338 亿元，预计 2020 年行业总规模将继续扩大。

为了更好地参与直播电商，首先要从概念上对直播电商有所认识。直播电商是指运用直播平台对产品或服务进行直播展示的一种营销行为。直播电商的形式很多，既包括直播者利用直播推销产品或服务，也包括在娱乐型社交直播平台上通过直播向其他平台的电商企业引流等。本模块主要介绍直播者通过直播推销产品或服务的技能，也就是电商直播带货技能。

### （二）直播电商的发展现状

近年来，直播电商走过了流量变现、探索商业模式的发展期，已在平台、用户、主播、供应链、品牌方、服务支持之间形成交易运作的一体化闭环，在零售电商市场愈发饱和的当下，发展出新的流量汇聚形式。以明星、“网红”、草根大 V 等 KOL（Key Opinion Leader，关键意见领袖）为代表的直播电商“主力军”，掀起了一股强劲的以内容经济、粉丝经济为发展基础的“带货风潮”，并通过最具真实感的现场直播，迅速赢得消费者的青睐。

2020 年第一季度，受到新冠肺炎疫情影响，“宅经济”成为市场热点。商务部大数据监测显示，2020 年第一季度我国直播电商超过 400 万场，其中家居用品、厨具、健身器材等产品的销量同比增长超过 40%，笔记本电脑、打印机、键盘等居家办公用品的销量也出现了超过 10%的增长。直播电商的独特优势进一步凸显。

一是开启了“云逛街”的网络购物模式。消费者足不出户宅在家里就能逛遍心仪的街市店铺。由于不再和店家面对面接触，消费者能够获得更轻松的消费购物体验。此外，直播电商还提供了秒杀、抽奖、送红包等丰富的优惠形式，大大提升了消费者的购物乐趣。

二是实现了所见即所得的线上购物体验。与传统电商购物只能通过照片和视频了解产品不同，在电商直播过程中，消费者不仅可以通过主播的演示了解更多的商品细节，还能通过直播走进生产基地，看到产品生产过程，与主播即时互动等，大大提升了线上购物的真实感和信任感。

三是全面激活粉丝经济。所谓粉丝经济，就是一种通过提升消费者黏性以口碑营销形式获取经济利益与社会效益的商业运作模式。当下围绕在明星、“网红”等 KOL 周边的粉丝群体能够通过直播电商平台聚集起来，即时营销，极大地提升了粉丝经济变现的便利性，从而全面激活粉丝经济。此外，相比传统的电视购物，直播电商主要凭借移动智能终端，让主播与观看者的距离更近，更强调主播与受众的交互和共情，符合互联网时代用户的社交习惯。

### （三）直播电商的发展趋势

随着 5G 时代的到来，网速越来越快，流量越来越便宜，除了给直播电商的发展提供技术保障外，也将深刻影响其他产业的电商化发展转型。

一是实体店的线上线下销售渠道将被进一步打通，商家需要通过直播平台的大数据、VR（Virtual Reality，虚拟现实技术）、AR（Augmented Reality，增强现实技术）等新技术手段打造消费场景，实现全渠道销售；同时还需要掌握过硬的线上营销技巧，培养自己的直播主播。

二是几乎所有的消费场所和生产场地都可以“变身”成为直播间，如商场、批发市场、工厂、体育场、电影院、蔬菜大棚、海鲜市场、菜市场等，依托直播平台开展线上销售。

三是直播市场的不断扩大将进一步倒逼生产企业进行供应链改造。生产企业需要建立快速、超柔性的生产线，即非现货的商品在直播间成交后，能够即时将信息反馈给生产商，生产商以最快的速度完成生产后将商品送达消费者手中。

在可以预见的未来，直播电商对消费市场乃至社会生活都将产生巨大影响，直播电商无疑将成为大部分企业的标配，成为一种主流营销模式，而直播电商技能也将成为商家必备的职业技能。

## 二、直播平台的选择

电商直播平台，既包括在传统的电商平台开发直播功能进行直播，如京东直播、淘宝直播、拼多多直播等，也包括抖音直播、快手直播、虎牙 TV、斗鱼直播等娱乐型社交直播平台。

相关法律人士表示，直播电商在法律上属于商业广告活动，主播根据具体行为还须承担“广告代言人”“广告发布者”或“广告主”的责任。如果消费者买到假货，应首先联系销售者即商家承担法律责任，同时主播和直播电商平台也要承担相应的连带责任。根据国家广播电视总局 2019 年发布的《关于加强“双十一”期间网络视听电商直播节目和广告节目管理的通知》，网络视听电商直播节目和广告节目是网络视听节目服务的重要组成部分，节目内容既要遵守广告管理相关法律法规，也要符合网络视听节目管理相关规定。

### （一）淘宝直播

1. 淘宝直播简介

在 2016 年直播元年，大部分人只知道花椒、映客平台，很少人知道淘宝也上线了直播板块。那时，淘宝直播板块的位置还在手机淘宝 APP 的第四屏，即打开手机淘宝后，要用手往下划 4 下才能看到入口。那时淘宝直播机构也很少，一批仅有 30 家。到 2017 年年底，机构数量被严格控制，基本上维持在 170 家左右。

2018 年 3 月 30 日之后，淘宝直播板块的位置移到了淘宝 APP 第一屏的位置，流量一下子从百万级上升到了千万级，较早入驻的机构纷纷获益。同时，机构和商家直播都被放开了限制，只要商家有 MCN 模式运营经验，都可以申请开通淘宝直播。据统计，2018 年，淘宝直播在淘宝站内引导成交量达到 1 000 亿元。

2020 年 2 月 17 日，淘宝发布了两份《淘宝经济暖报》。这两份暖报的上线预示着：疫情期间，企业复工不是梦！根据相关数据统计，2 月以来，大约有 3 万人首次在淘宝开店，新开店数量前三名的省份为广东、浙江和江苏。

“街上没人，不代表没人逛街。”数据显示，淘宝直播“云卖方”已吸引 200 万人观看；明星开淘宝“云演唱会”，接近 400 万人一起“嗨”；各类汽车品牌开启淘宝“云试驾”，引发众多“汽车发烧友”的追捧。

2020 年 2 月以来，新增的淘宝直播间数量已翻了一番，开播场次也上涨了 110%。由此可见，对于电商而言，淘宝可以算是直播平台里流量最大、品类最多的带货渠道，是众多商家促进销售、发展品牌的首选。

### 2. 淘宝直播的特点

各直播个人和商家纷纷入驻淘宝直播平台，使该平台的竞争非常激烈。那么，淘宝直播平台到底具有怎样的优势与魅力，才能受到这么多人的青睐呢？

首先，淘宝直播是商家售卖产品的辅助工具，它的目的是为平台带来额外流量，从而提升商家的产品销量。

（1）即时性。

淘宝直播的信息传达是面对面的，因此，只要主播引导得当，那么对直播期间获得的流量转化的效果就非常明显。

（2）超强互动性。

淘宝里的主播相当于线下导购的角色，主播可以通过淘宝直播平台解答用户的各类疑问，从而提升线下门店的转化率。

（3）获取渠道多。

只要有无线网，智能手机、平板电脑、台式电脑都能在线收看淘宝直播。

（4）直播品类多，受众广泛。

在淘宝直播中，商品种类很多，既有服装饰品，又有家用百货，可谓是“应有尽有”，因此，淘宝直播的受众非常广泛。

## （二）抖音直播

### 1. 抖音直播简介

2017 年，抖音正式开通直播功能，抖音上就出现了很多“抖商”。这些“抖商”通过自己的精心运营，获得了巨大的收益。何为“抖商”？抖音作为一个短视频平台，很多商家在开始直播前，大部分会通过短视频这种内容营销的方式对产品或服务进行推广，如薄饼锅、手表遥控、奶油拍脸机、小猪佩奇三件套、俄罗斯套娃等一大批网红商品在抖音的带动下，掀起了用户的购买热潮。2018 年，随着抖音购物车功能的正式开通和抖音购物联盟的强势推出，用户在抖音平台购物变得更为简单、便捷，抖音电商功能也更加完善。

2020 年 2 月 11 日，抖音发起了“线上不打烊”的活动，在抖音 3 亿流量的扶持下，不少线下商城、普通门店、销售人员纷纷加入抖音直播平台。比如南京弘阳商业广场与株洲王府井百货先后在抖音上进行直播带货，通过抖音平台，南京弘阳商业广场的两场直播的销售额分别为 8 万元和 75 万元，而株洲王府井百货更是在抖音直播取得了 240 万元的销售成绩。如今，大多数品牌商纷纷在抖音这个巨大的流量池中开通了“电商”功能。这也预示着，抖音直播电商时代已经到来。

如今，各行各业在抖音直播间里展现出蓬勃的生命力：直播带货成为疫情下商家自救的重要手段，各地政府工作人员也纷纷化身“主播”，直播推介当地农产品；直播成为疫情期间在家学习的新方式，北京大学、清华大学等国内著名高校先后在抖音开播，为用户带去优质课程；文化娱乐方面，“云赏樱”“云健身”等直播活动更是丰富了大家的精神文化生活。可见，直播已成为重要的信息传播方式，抖音相关负责人也表示：“抖音将持续结合产品和技术优势，构建多元内容生态，为创作者带来更多价值，也让更多用户在抖音直播里发现美好。”

2. 抖音直播的特点

（1）投入成本较低。

商家或个人在抖音平台上直播带货的门槛较低，无须投入大量资金。只要其开通带货权限后，就可以在直播间里添加商品。这个功能和淘宝直播相同，用户只需要点击直播间的购物袋，就可以查看抖音主播带货的商品。

（2）流量大，长尾效应大。

与传统的直播相比，抖音直播并没有采取某些运作“套路”，如支持主播依靠用户刷礼物来上榜的模式，抖音认为：这会使“主播”和用户都很疲惫，失去直播互动原本的意义。在传统的直播模式下，主播只会和付费观众互动，其他用户会失去存在感。

抖音直播带货的模式是建立起用户对主播魅力的认可，从而进行带货，因此，抖音直播带货是在内容之上衍生出来的购物需求，既有商业化性质也有社交化性质。这种模式对于用户而言，是一种相对对等的沟通方式；对于利用抖音直播带货的商家而言，直播的长尾效应也会更大。

（3）发展空间较大。

抖音作为一个短视频平台，虽然不具备如淘宝等专业电商平台的电商运营经验，但其巨大的流量推动也在直播电商领域不断优化。比如，知名自媒体“老爸测评”就已经开始在抖音上做直播电商，每期直播的互动率都很高，结合短视频整合运营，后续将形成长尾效应。2020 年 3 月，抖音的语音直播功能也已经上线，意味着主播可自行选择语音直播，无须另外申请直播权限，为商家和个人开展直播提供更多样的形式。

抖音作为一个原生流量平台，不管是产品量级还是平台调性都非常不错，“抖音直播 + 电商”的营销模式不仅给抖音达人们提供了一种全新的变现渠道，同时也给广大的抖音用户提供了一种全新的购物体验。

## （三）快手直播

1. 快手直播简介

依靠短视频发展起来的快手，在拥有了大量的用户群体后，又找了新的发展方向：将互联网电商和互联网直播两个行业聚合到一起，通过不断优化，慢慢走上了直播电商之路。

快手直播早在 2017 年年初就开始发展。在快手做直播，流程较为简单，如果想做垂直内容的直播，就可以通过养号，将粉丝数量累积到 5 000 人，接着开直播，开通“快手小店”，销售低客单价的产品，然后再通过一些引流手段引导用户关注微信个人号，再进一步转化。

快手短视频平台的用户更侧重于下沉市场——以乡镇为主。观看快手直播内容，会发现以农村题材、乡镇生活题材等内容居多。2019 年，快手大数据研究院发布了《2019 年快手内容生态报告》。该报告显示：截至 2019 年 6 月，快手的日活跃人数达到 2 亿，月活跃人数达到 4 亿。

从直播带货数据来看，在与淘宝、京东合作后，2019 年快手直播平台有接近 1 600 万个主播直播带货并从中获利，如“散打哥”在快手直播时，同时在线人数突破 100 万，3 小时成交 5 000 万元的销售额，一天带货 1.6 亿。

2. 快手直播的特点

（1）巨大的日活用户数量。

据《2019 快手内容生态报告》显示，截至 2019 年 6 月，快手的日活跃人数达到 2 亿，DAU（日活跃用户数量）较 2017 年相比，上涨了 1 亿。在快手平台上，用户购买较多的产品类目是美妆、农副产品、男女服饰、健身用品等。2018 年，丑苹果在快手上的销售额为 3 亿元，柿饼的销售额为 2.7 亿元，软籽石榴的销售额为 3.3 亿元。

由此可见，快手直播平台上巨大的日货用户数量，可以为商家或个人提供流量支持，帮助商家或个人有效触达目标用户。

（2）带有社交性质的“老铁经济”。

在一段时间内，快手平台短视频中“老铁”这样的用语得到广泛传播，由此很多人将快手电商火爆的原因归结于“老铁经济”，如 “胡颜雪学姐优选”，她做快手内容的主要方法就是“用真心换真心”，为了卖自己公司的美妆产品，她采取“日更 + 直播”的方式，每天与自己的用户互动聊天，如果要去外地出差，也会采购一些纪念品回馈给用户。再如“保定府磊哥”，为了在快手上卖出自己产的瓜子和零食，通过在快手上直播向用户讲述自己创业的艰辛历程，拉近与用户的距离，引发用户的同理和共鸣。

快手平台是一个能将陌生人转变为老朋友的直播平台，主播们基于这种“老铁经济”与用户建立信任关系，从而使带货的转化率提高。

3. 快手平台的电商配置

2018 年 6 月，快手联合淘宝和有赞，推出“快手小店”和“电商服务市场”，这意味着快手上的每个主播都可以凭借身份证明申请“快手小店”的开通资格。店铺开通后，商家可以直接将淘宝或有赞店铺中的产品放到“快手小店”里，然后通过发布视频或做直播，引导用户购买。

2019 年 3 月，快手电商发布了《快手小店经营违规管理规则》《快手小店商品推广管理规则》《快手小店售后服务管理规则》《快手小店发货管理规则》等 4 项店铺运营规则，使快手电商市场秩序得到规范。

用户打开快手后，首先看到的就是快手的直播界面，由此可见，快手对于直播平台的配置与打造十分重视。快手作为目前带货转化率较高的平台，相信拥有相同价值观与需求的商家或个人，通过快手，都能实现自身价值并获得相应的回报。

## （四）微信直播

1. 微信直播的发展历程

在直播大趋势下，腾讯也开始发展直播功能。2019 年 4 月，腾讯直播开始进行小范围公测，微信公众号“女神进化论”和“Alex 大叔”就在 4 月 21 日首次进行了电商直播，用户可以通过微信小程序观看直播，并进入小程序商城点击链接购买商品。2019 年 5 月 29 日，腾讯直播公告开通电商功能，所有的微信公众号都可以进行直播带货。

与其他直播平台相比，微信的用户群体更加广泛，截至 2020 年第一季度，微信及 WeChat 的合并月活跃账户数达 12.025 亿。任何使用微信的人都有可能成为直播的观看用户，如关注微信公众号的用户、浏览微信小程序的用户、微信朋友圈“发烧友”等。但由于每个直播间的内容与定位都趋向垂直化，因此，在微信上观看直播的用户群体也是垂直化的。

2. 微信直播平台的特点

（1）覆盖面广。

在国内，只要使用智能手机，微信的安装率几乎是100%。根据《2019年微信年度数据报告》显示，微信月活跃账户数达到115.1亿，比2018年同期增长6%。这为腾讯布局直播提供了庞大的流量支持。2019年4月，微信公众号“女神进化论”在腾讯直播发起内侧直播，在1小时的直播中被4 212人订阅，同时观看人数达1 363人，完整观看人数占总人数的28%，小程序店铺的下单转化率达到了48.5%。

由此可见，微信的直播功能对于众多商家来说，也是一个开展电商的好机会。

（2）用户体验感较好。

用户在微信上观看直播时，只需要用微信扫描一下二维码或者直接点击直播链接，就能即时收看直播，不需要下载任何APP。另外，微信的直播功能可以提升用户的参与感，主播可以全方位向用户展示和讲解产品，用户还可以通过一键式分享给直播间带来更多的流量。

（3）实现了营销闭环。

用户在微信小程序直播中的所有访问、互动及交易行为均在商家自有的微信小程序内完成，无须跳转到其他APP以及微信小程序，实现了营销闭环。相应地，由直播所带来的所有流量，也都会沉淀在商家自有的微信小程序中，这对于品牌和商家的长期运营具有积极的促进作用。

3. 微信直播带货的方式

微信直播带货主要有两种方式：腾讯看点直播和微信小程序直播。

（1）腾讯看点直播。

腾讯看点直播是由“腾讯直播APP＋看点直播小程序”组成的直播平台。其中，腾讯直播APP是开播端，看点直播小程序则是微信内部的观看端。当需要直播的时候，主播点开腾讯直播APP，就会生成一个小程序码，主播将这个小程序码推送给相关的微信用户后，用户就可通过该小程序码进入直播间观看直播，与主播进行互动。

开通腾讯看点直播，一个身份证最多只可绑定两个直播账号，此外，在申请腾讯看点直播权限时，还需要支付599元/半年的技术费用。

腾讯看点直播的优点主要体现在以下4个方面：

① 支持从直播间直接跳转到商家自己的微信小程序、微店和京东店铺3种方式；

② 开播前，可创建附带微信小程序二维码的直播预告海报，发送到微信群、微信朋友圈等渠道进行预热和宣传，用户扫码即可订阅该直播活动；

③ 可以为用户推送开播提醒，通过点击提醒消息，用户可直接进入主播的直播间观看；

④ 直播过程中，用户可转发直播链接或海报进行二次传播。

总之，腾讯看点直播能够在腾讯的平台进行推广，在帮助主播获得私域外的流量方面具有积极意义。但其最大的缺点在于，用户在腾讯看点直播购物时需要跳转到其他平台，这样的操作对用户来说不太方便。此外，开通腾讯看点直播还需要支付一定的费用。

（2）微信小程序直播。

微信小程序直播是微信在 2020 年 2 月 28 日推出的直播方式，也是微信官方提供的商家经营工具和原生直播平台。商家通过直播组建，可以在微信小程序中实现直播带货，微信用户则可以在小程序内观看直播。

目前，微信小程序直播支持多种接入模式：

对商家：可自行开发或找服务商。

对服务商：开发者可快速了解直播能力，增加直播权限。

对公众号、MCN 机构及各类“达人”：可与品牌合作，或自行搭建小程序直播。

微信小程序直播的优势主要有以下几点：

① 用户在微信小程序直播中的所有访问、互动及交易行为均在商家自有的微信小程序内完成，无须跳转到其他 APP 以及微信小程序，实现了营销闭环。相应地，由直播带来的所有流量，也都会沉淀在商家自有的微信小程序中，对于品牌和商家的长期运营具有积极的促进作用。

② 低门槛，快运营。微信小程序直播的门槛较低，品牌和商家可以在自身搭建的公众号内申请开通小程序，就可以使用小程序直播组件自带的一系列功能进行直播。

③ 互动性强，转化率高。微信小程序直播支持展示商品、点赞、评论、抽奖、发送优惠券、购买、数据展示、分享好友等多项功能，并最大化地融入微信本身的社交和内容特性。

当然，和腾讯看点直播一样，微信小程序直播也有不足之处：腾讯直播工具与插件的定位以及微信生态的去中心化特性，决定了商家需要更多地依靠自身的流量。

## 三、直播前的准备

微课：直播电商

### （一）熟悉直播平台的规则

2016 年 11 月，国家网信办出台《互联网直播服务管理规定》，加大了对各大直播平台法律上的监管力度。除了相关法律规定，各大直播平台也制定了内部规范。2019 年，今日头条、抖音短视频、西瓜短视频和火山小视频 4 大平台联合发布了《2019 年平台直播自律白皮书》。该白皮书对直播平台中出现的涉黄、涉暴以及违反社会公序良俗的内容提出了相关的自律机制。

总之，无论选择在哪个平台开展直播带货，第一步就是要熟悉了解各个平台的规则，了解禁售商品信息、主播规范等。目前，电商直播中较为常见的通用性规则主要涉及信息发布、主播和直播间环境 3 个方面：

1. 信息发布

（1）不得发布危害信息，包括但不限于敏感信息、淫秽色情信息；

（2）不得发布不实信息，包括但不限于捏造细节、夸大事实、不实宣传、虚假中奖信息、所推广商品信息与实际不一致；

（3）不得发布垃圾广告。

2. 主 播

（1）着装得体，穿着不能过于暴露；

（2）言论严谨，不能发表违反国家法律法规的言论，不能说脏话；

（3）行为端正，严禁直播违法乱纪事件，严禁展示危险事件，严禁穿着过于暴露进行舞蹈，严禁表演高危舞种、低速诱惑性舞蹈等。

3. 直播间环境

（1）严禁在敏感时期、敏感场景中或反党反动的环境中进行直播；

（2）严禁在私密环境下进行直播表演；

（3）严禁在涉黄、涉赌场所进行直播表演。

除上述通用性规则外,各直播平台还依据自身的定位和特点制定了相应的平台操作细则。比如在淘宝平台直播，就可以在淘宝论坛、淘宝主播 APP 上浏览官方发布的帖子内容，直播规范；在抖音或快手平台直播，可以关注各自的公众号、抖音创作学院以及在 APP 内直播入口尝试开通，了解开通直播的权限和具体规则。

## （二）搭建直播场景

1. 规划直播间的大小和背景

对于直播间面积，要做好前期规划，要提前思考场地的具体使用安排，避免后期出现场地过大或过小的问题，导致效果不佳。

直播背景包括房间软装、货品陈列、灯光布置、开播背景布置等，都需要贴合直播主题。软装一般根据直播间场地大小决定，由于白色主色调会引起反光，不建议选用。直播时前景的产品陈列要整齐，尽量靠近主播的活动区。直播灯光在直播时重点打亮产品和主播的区域，可根据展示产品需要的环境氛围、主播的个人气质等因素进行选择。直播背景板也需要根据不同的直播主题进行更换，营造直播氛围，突出直播主题。

2. 确保稳定的网络环境

稳定的网络环境是直播必不可少的条件。2020 年 4 月 24 日，董明珠盛装出席在抖音直播间，首次直播带货，尽管抖音给予了大量的流量支持，但是直播销售额只有 22.53 万元，究其原因居然是直播间太卡了。一场精心准备且备受关注的直播首秀，短短一个小时，因为直播故障导致画面极度卡顿，网友直呼直播翻车。因而，为了确保直播不卡顿，最好采用独享宽带，避免使用共享宽带。

3. 选择适宜的直播设备

设备的性能对于直播效果有直接影响，商家和个人主播采购设备时应本着实用、够用的原则，在力所能及的范围内购买合乎预期直播水准的设备，以达到较好的直播效果。一般而言，需采购的设备主要包括摄像头、麦克风、独立声卡、麦克风支架、LED 环形补光灯等。如果资金有限，也可以考虑直接使用手机进行直播，这也是当下网红主播、部分商家采用的直播方式。因为当下市场中主流手机摄像头清晰度较高，而且自动对焦、内置麦克风等直播常用功能也一应俱全，能够满足基本的直播需要。对于品牌商家或资金比较充足，对直播效果要求比较高的，则可以采用更专业的设备。

## （三）设计直播脚本

1. 直播脚本的定义

直播脚本是指使用特定的描述性语言，针对特定的某一场直播编写的规划方案，以保证直播有序且高效进行，并能达到预期的目标。一场好的直播离不开一个设计严谨的脚本。直播脚本可以最大限度地帮助主播把控直播节奏，规范直播流程，有效避免不必要的意外发生，如场控意外、长时间尬场等。一份详细的直播脚本甚至在主播话术上都有技术性的提示，能够保证主播语言上的吸引力以及对直播间与粉丝互动的把控能力。

2. 直播脚本的作用

（1）把控直播节奏。

节奏是调动群体情绪及建立情感联系的一条策划主线，主播要根据直播时长完成预热、爆发、收尾 3 个阶段节奏点的衔接。即时性是互动式直播受欢迎的根本，直播互动节奏的紧凑性会直接影响单场直播所产生的营业额。有了直播脚本，就可以为主播每一分钟的行为和话术提供指导，对主播的直播表现发挥重要作用。

（2）规范直播流程。

直播脚本通常由主播团队根据品牌方的需求，结合使用感受、优惠活动方案进行编写。整个直播过程按照脚本流程开展，最大限度地减少尬聊、卡壳等现象。毕竟互联网时代，只要宣传引流到位，在直播观看人数较多的情况下，流程规范更突显直播的专业性，让直播有条不紊地推进。

（3）便于复盘。

直播脚本不是一成不变的，需要不断完善和优化。一场直播在按脚本执行的过程中，可以分时间段记录下各种数据和问题，结束后进行复盘分析，对不同时间段里的优缺点进行总结、优化和改进，不断调整脚本，摸索出制定直播脚本的策略和方法。

3. 直播脚本的内容

一份严谨专业的直播脚本需要具体到分钟，如 8:00 开播，前 10 分钟进行直播预热并向观众打招呼。在直播脚本中要规划好单品的介绍时间、互动时间、抽奖送礼的时间等，根据直播时长合理安排直播流程。脚本的主要内容包括：

（1）直播开场介绍，包括主播自我介绍、引导用户关注等内容，在整个直播活动中起到气氛调节升级的作用，奠定直播基调和氛围。

（2）产品讲解。产品讲解是直播的核心内容，要遵循从外到内、从宏观到微观的原则，加以真实生动的试用、试吃体验，全方位、客观分析产品的优缺点，不可夸夸而谈。

（3）抽奖送券等优惠互动。当下，线上线下商家纷纷入局直播，直播带货越来越成为营销的标配，这也使竞争更加激烈，需要在直播间为消费者赠送直播专属福利，如截屏抽奖送产品、免单、送优惠券等福利，吸引用户观看，增强客户留存。这样也能更好地调动直播间的气氛，引导客户消费。

## 四、直播中的营销

一场成功的直播卖货活动离不开一个优秀的主播，可以说，主播与观看者之间的交流互动能力很大程度上影响直播的效果。一名合格优秀的主播不仅要对产品进行生动细致的讲解，而且要善用多种话术引起用户的兴趣，让用户乐意留在直播间，从而提高下单率。

### （一）主播话术

音频：直播电商

1. 欢迎话术

欢迎话术经常出现在直播刚开始和直播中，旨在增强与用户的互动，让观众知道其进入直播间后，有被关注、被尊重的感觉，从而提升用户的参与感。常见的欢迎话术包括：

“大家晚上好，欢迎大家来到×××的直播间。”

“进入直播的朋友越来越多了，欢迎新进入直播间的宝宝们，记得点关注，有更多直播好货带给大家。”

当然，欢迎的话语也不宜过于机械化，可根据直播当天的实际情况进行优化，让直播开始的氛围更加轻松有趣。

2. 互动话术

在直播过程中，主播不仅要充满激情地对产品进行介绍，也要及时应对粉丝可能会提到的各种各样的问题。互动话术的关键在于细致耐心地与观看者进行互动，让每个问题都能及时得到回复，即使是重复的问题，也要耐心进行解答。针对产品问题，类似于“身高不高能穿吗？体重太胖能穿吗”“敏感肌肤可以用吗”“哺乳期妈妈可以用吗”等问题，就需要及时有针对性地回答用户问题，引导用户购买产品。

观众进入直播间后，会有打赏、关注或者购买主播推荐的产品，也要及时给予真诚的感谢来反馈。

3. 结束话术

每一场直播都要有始有终，临近下播的时候，也要对直播做一个好的收尾，第一就是要感谢，第二可以做直播的预告或者对今天还没有卖完的产品再做一个整体的介绍，说明哪些产品有特别优惠补贴的价格，促使大家再次下单。

### （二）产品讲解

产品介绍是直播电商的核心内容，直接关系到直播销售量。需要依照以下环节进行准备，而后依次展开。

1. 需求引导

通过产品定位，了解产品所针对的营销人群，进行用户分析，确定用户群体的情感方式。针对理性用户，可着重展示产品优势，也要明确说明产品的不足之处，让理性消费群体产生信任感；针对感性用户，更要抓住用户痛点，分析产品在使用过程中的感受。也要锁定摇摆人群，以市场需求和其他用户使用后产生的效果来引导，打消消费者心中的疑惑，促进产品成交。

2. 产品介绍

产品介绍是直播带货流程中最重要的环节，可以从产品的规格、成分、材质、色彩、触感、使用体验等多方面对产品进行总体介绍，也需要对产品的品牌做一些介绍，让消费者了解产品品牌，建立对品牌的认知和信任。除此之外，也要突出产品核心卖点，着重选取几个核心优势，用生动的语言进行描述，加深观众对产品的印象和认知，提升产品下单率。在直播过程中呈现用户对产品的评价有助于提高用户的忠实度和黏性。

## 五、直播后的分析

一场直播结束后，还需要通过直播的复盘即直播数据的分析来了解直播的情况，发现问题，弥补不足，积累经验，为下一场直播的优化做好准备。直播复盘通常涉及以下数据的分析（见表 3-1）：

表 3-1　直播复盘的数据分析

| 直播间基础数据 | 含　义 | 意　义 |
| --- | --- | --- |
| PV | PV 即 Page View，是指直播间浏览量，常称为流量。直播间每被浏览一次，就产生一次 PV 流量。但 PV 并不直接决定直播间的访客数量，PV 高也不一定代表访问直播间的客户数量就多。一个客户（一个独立的 IP）通过不断刷新页面也可以制造出非常高的 PV。因为每刷新一次页面，就会产生 1 次 PV，刷新 100 次页面，PV 记录就是 100 次 | PV 之于电视节目，就像点击率之于收视率。一个电视节目的收视率越高，一定程度上代表该节目的价值越大，相应地，直播间 PV 值越高，则表明主播间热度较高，关注度高。PV 是计算其他许多重要数据的基础 |
| UV | UV 即 Unique Visitor，指独立访客数，也就是单次直播活动中通过各种途径访问直播间的客户数量。与 PV 不同的是，一个客户（一个独立的 IP）访问直播间只产生一次 UV，无论刷新多少次页面，反复进入多少次该次直播活动，UV 记录都是 1 | UV 与 PV 的不同在于，PV 是点击率，而 UV 是观看人数。UV 越高，表明直播间的人气越高，可能是主播人气高或者产品受关注度高，也可能是直播前期引流宣传做得好。UV 也是计算其他许多重要数据的基础 |
| 驻留时长 | 驻留时长可以从侧面反映直播间热度、粉丝活跃度及内容专业度。驻留时长的计算方法为：（直播总时长/总 UV）×平均在线人数 | 直播间驻留时长越长，说明直播越能吸引和留住客户，相应直播间下单转化率也会比较高 |
| 粉丝回访次数 | 粉丝回访次数即直播活动中粉丝进出直播间观看直播的次数 | 粉丝回访次数在一定程度上可以反映出直播活动及内容的吸引力，也影响直播间的复购率、转化率等 |
| 粉丝画像 | 粉丝画像即根据粉丝年龄特征、性别特征、职业属性、粉丝习惯、粉丝偏好、粉丝行为等信息而抽象描述出来的标签化粉丝模型。例如，淘宝粉丝画像以三四线城市宝妈、学生、女性人群为主 | 粉丝画像是主播设计有效营销活动、开展针对性营销的重要依据 |

续表

| 直播间基础数据 | 含义 | 意义 |
|---|---|---|
| 流量数据来源 | 流量数据来源反映的是进入直播间的客户通过何种方式进入直播间，主播应予以关注。不同的直播平台流量来源会稍有不同，例如，抖音直播平台的流量来源主要有同城推荐、直播推荐、视频推荐、关注等 | 流量数据来源是影响直播间实时流量的重要指标，主播必须充分利用现有的资源，使每个来源渠道的流量最大化。如果主播发现某一渠道的流量不高，就可以集中精力对该渠道进行优化，增加该渠道的活跃度，实现为直播导流的目的 |

不同平台所提供的直播数据有差异，但整体上大致都有上述数据。对比以前的直播数据，可以发现并解决直播运营中出现的问题，测试新方案对直播效果的提升；也可以进行直播竞品数据分析，跟其他直播者进行对比，找出造成差异的原因，推动直播业务创新和增长。

# 项目七　农村电商

## 拓展案例

### 实战直播带货，助力农村经济

新冠肺炎疫情对中小微企业冲击较大，在一些偏远山区的个体商户、农户损失严重，电商让我们这些中小微企业、个体商户、农户看到了一丝商机。各大电商企业为这些中小微企业、商户、农户敞开怀抱，提供平台支撑、技术支持、营销策划等帮助，不仅在关键时刻让这些企业、个体商户、农户存活下来，同时加快了农村电商的发展步伐，助力发展农村经济。

## 案例导入

### 农村电商味儿不“农”①

（思政课堂）网络打破城乡局限 电商唤醒农村市场

2017 年《焦点访谈》某期节目中说起的农村电商，是这两年很热的一个词，各地政府都在大力发展农村电商。简单来说农村电商主要做两件事：一是让工业品走进农村市场，也就是通常所说的工业品下行；二是把农产品卖到城里去，也就是农产品上行。对于相对落后的地区来说，地方政府更看重的是农产品上行，因为只有这样才能促进当地群众增收，促进

① 焦点访谈：《农村电商调查（一） 农村电商味儿不“农”》，央视网，http://tv.cctv.com/2017/04/10/VIDER9PNjBOxjUJMOiAU1d5N170410.shtml。

地方经济发展。那么，农村电商究竟发展得怎样？什么人在做？有什么困难呢？

仅仅半个多小时，钟燕海的服务站就来了两拨顾客。他们是来购买商品的，不过这里没有实物，而是在网上请钟燕海帮助下单代购。

2014 年 10 月，国内某知名电商平台实施农村战略，启动“千县万村计划”，要在未来 3 到 5 年内建立 1 000 个县级服务中心和 10 万个村级服务站。福建长汀的钟燕海就是村级服务站合伙人中的佼佼者，被誉为王牌合伙人。

按照钟燕海月收入过万来计算，至少每月会帮助周围村民从网上购买几十万元的商品。在钟燕海服务站的墙上，悬挂着可以为村民提供的各项服务，如帮助留守儿童与外出打工父母亲情视频、帮助村民代交各种费用、给广场舞大妈提供音响、小额贷款等。总之，村民有什么需要，都可以来服务站帮助解决。

何勋是湖南祁东县的一名村级服务站合伙人，为了聚拢人气，他还为村民准备了牌桌和麻将桌。

要实现更多的代购数额，就要让村民信任自己，有个好人缘，所以各服务站合伙人也是想尽了办法。时至今日，这家电商平台村级合伙人仍在招募，目的是实现网货下乡和农产品进城，也就是说，帮助村民在网上销售农产品是合伙人的重要任务之一。

没有大平台的扶持，靠自身努力真的很难做吗？华茜是贵州铜仁万山区人，她的村级服务站是记者见到的为数不多的做农产品销售的服务站点。服务站是 2015 年建立的，之前华茜一直跟丈夫在浙江温州开网店，做服装鞋帽生意。

网上卖任何产品竞争都很激烈，电商平台众多的网店中，只有排名靠前才能吸引消费者关注。先低价引流，提高自己店铺的排名，再逐步涨价，赚取利润，这是很多网店吸引消费者最基本的方式。

如果靠低价引流不能让自己排名靠前，还可以在首页做展示，但只要有人点击，就要给电商平台付钱，相当于做广告。几年中，华茜经营服装网店驾轻就熟，生意也不错。两年前因为生孩子，和丈夫一起回到了家乡。华茜希望继续发挥自己做网店的特长，她看中了自己家乡的土特农产品。

贵州山高路远、经济欠发达，农村电商也才刚起步，要想通过销售量大幅度降低物流成本还只是一厢情愿。不要说跟人家价格竞争，就是自己的成本都比人家促销价要高很多。经过几次失败的尝试，华茜跟丈夫商量重新选择了几款产品，准备像过去做服装一样，花钱在网店同类商品主页上去做推广。

9.8 元一包薯片还包邮费，卖了 100 多包，推广费花了 3 000，相当于每包的推广费就要十几元，连本钱都赔进去了。虽然受到一些消费者关注，可是销售量零零散散，也不集中，还是不赚钱。夫妻两人总结了几次失败的教训。

服装鞋帽可以有百分之百甚至更高的利润，降价也不会伤到筋骨，农产品本身利润就很低，花钱去做推广，连本钱都很难赚回来。可是农产品那么多，想找一款利润高又有竞争力的产品太难。在没有找到合适的产品之前，两人决定先把主要精力放在线下的生意上。

别人在网上卖辣椒面，他们就做批发，当供应商，一样赚钱。

这两年，农村电商一下子变成一个很受关注的热词，总有人觉得开了网店就能赚钱，华茜的网店也受到当地很多人的关注。

转换了思路，华茜夫妻两人开发了一款米酒，选择当地特产朱砂，建立了销售渠道，生意反而做得越来越好。可她还是放不下心中的理想，为自己注册了“黔乡百味”的商标，她仍然在找寻那个利润高且有影响力的产品，希望有一天把网店再风风火火地做起来。

在电商平台上随便搜索一种农产品，就会有成百上千家网店扑面而来，竞争激烈不说，还鱼龙混杂，想让本地的特色农产品在网上脱颖而出很不易。且不说成为金牌网店，就连获利生存都成问题。为了帮助农民，很多县市都跟大的电商平台签署了战略协议，什么淘宝县、京东县比比皆是，这些合作有没有成效呢？

记者看到了两份某知名电商平台与地方县级政府签署的合作协议。宗旨是“解决农村买难卖难问题，提高农民收入”，推动当地农资、特色农产品产业的电商化发展。合作的条件是，两地地方政府都为该电商平台免费提供了5年不少于1 000平方米的运营中心场所，每个村级站点不少于50平方米，此外地方政府还要支付一笔不少的培训费、广告费。

记者先后走访了福建、江西、湖南、贵州很多知名电商平台与各县市合作的县级运营中心，在仓储区，每天早上都可以见到繁忙的工作场景。大量的外地邮包在这里分发装车，被运往各乡镇农村。而为了推广本地农特产品，每个县也都在运营中心设置了地方农特产品的O2O线下体验店，可这里却大都无人问津。

中西部地区大多都是农业县，工业欠发达，虽然农特产品物产丰富，可是不少优质农产品不仅卖不上好价钱，甚至连卖出去都很难。发展农村电商，各县市最大的愿望是助力农产品销售，实现农民增收致富。

虽然村级服务站的合伙人能帮助村民买到更物美价廉的商品，方便群众，可是只花钱不赚钱，最后还谈什么脱贫致富呢？

对于相对偏远落后地区来说，本地电商发展态势是否良好，有一项指标最直观，那就是快递业务量进出口邮件数量的比值。以黔东南州为例，2014年1到11月，快递业务量出口与进口比为1∶5.78，也就是说，本地区每出去一个包裹会进来5.78个包裹。2015年，很多县市与几大电商平台开展了战略合作，设立了众多的村级服务站点，而就在这一年，每出去一个包裹会进来6.35个包裹。进口包裹增加，说明本地电商业务量相对在萎缩。2016年同期1∶5.54，仍然也没有明显好转。

要让农民具有持续的消费能力，从农村电商角度来说，就应该做到工业品下行与农产品上行的相对平衡。

各大电商平台不约而同都看中了农村市场，都在跑马圈地。相比而言，对于工业品下乡，大家都做得风生水起，争先恐后，而对于如何实现农产品上行，似乎办法不多，热情也不高。这是什么原因？做农产品上行，究竟有哪些困难？

通过以上案例，我们可以看到很多人面对农村电商时，不时发出质疑和困惑的声音，农村电商真的能挣钱，真的能帮助农民致富吗？农村电商味儿不“农”原因有很多，我们将通过以下内容的学习来了解农村电商。

## 一、认识农村电商

农村电商指通过网络平台嫁接各种服务于农村的资源，拓展农村信息服务业务、服务领域，使之兼而成为遍布县、镇、村的三农信息服务站。农村电商存在的意义：通过农村电商平台进行农产品销售，使农产品有更多、更广泛的销售渠道，提供更多的就业机会，使农民有更多的收益。

### （一）农村电商的发展现状

2015—2020 年我国颁布了多项助力发展农村电商的政策文件（见表 3-2），从政策的导向性而言政府鼓励各地优先采取以奖代补、贷款贴息、政策扶植、税收优惠等方式支持发展农村电商。通过文件我们可以发现，国家扶持农村电商发展的思路和目标越来越明确。在这样的政策背景下，全国大力开展农村电商业务，不仅是这些政策导向、行业环境的变化，也让我们看到了农村电商的发展前景。

表 3-2 农村电商的政策文件

| 年 限 | 政策文件 |
|---|---|
| 2015 年 2 月 | 《关于加大改革创新力度加快农业现代化建设的若干意见》 |
| 2015 年 9 月 | 《推进农业电商发展行动计划》 |
| 2016 年 1 月 | 《关于落实发展新理念加快农业现代化 实现全面小康目标的若干意见》 |
| 2016 年 5 月 | 《“互联网＋”现代农业三年行动实施方案》 |
| 2016 年 11 月 | 《关于促进电商精准扶贫的指导意见》 |
| 2017 年 2 月 | 《关于深入推进农业供给侧结构性改革 加快培育农业农村发展新动能的若干意见》 |
| 2017 年 8 月 | 《关于深化农商协作大力发展农产品电商的通知》 |
| 2017 年 12 月 | 《关于深入实施贫困村“一村一品”产业推进行动的意见》 |
| 2018 年 1 月 | 《中共中央国务院关于实施乡村振兴战略的意见》 |
| 2018 年 3 月 | 《关于组织推荐金融支持旅游扶贫重点项目的通知》 |
| 2018 年 5 月 | 《关于开展 2018 年电商进农村综合示范工作的通知》 |
| 2018 年 6 月 | 《关于推进网络扶贫的实施方案》 |
| 2019 年 1 月 | 《关于深入开展消费扶贫助力打赢脱贫攻坚战的指导意见》 |
| 2019 年 2 月 | 《关于促进小农户和现代农业发展有机衔接的意见》 |
| 2019 年 5 月 | 《关于建立健全城乡融合发展体制机制和政策体系的意见》 |
| 2020 年 1 月 | 《数字农业农村发展规划》 |
| 2020 年 4 月 | 《关于做好 2020 年农业生产发展等项目实施工作的通知》 |
| 2020 年 5 月 | 《“互联网＋”农产品出村进城工程试点工作方案》 |
| 2020 年 6 月 | 《关于做好 2020 年电商进农村综合示范工作的通知》 |

面向农村开展电商有以下优势：

（1）互联网接入、智能手机普及。为拓宽业务，引领行业发展，三大运营商也逐渐将视野瞄准农村，实现农村互联网接入，运营商对流量资费做出相应调整。各大智能手机制造企业在通信行业的带动下在农村找到了智能手机的新市场。

（2）各项服务到位。首先是快递业服务优化。随着电商这类购物模式的成熟，农村的购买力增强，订单量也在逐渐增加，各大快递企业为占领市场逐步优化自身快递服务，解决最后一公里，拓宽线下代理合作商。快递服务是农村电商中的重要环节，物流通道不畅通则谈不上发展农村电商。其次是农村人自己学会了致富。现在农村为发展经济，修路、开发旅游资源、打造特色农夫产品、建立自己的加工企业、主动寻找电商平台合作等都能得到政府的支持，政府为农村经济发展提供服务。

（3）农村资源丰富，潜力巨大。我国部分农村区域有自己的特色农副产品，能够实现经济效益，只是在农村发展农副产品上行的过程中我们并没有充分挖掘这些资源。如果规模起来了，农村的资源就可以得到充分利用，发展潜力无限。

（4）农村消费意识跟上潮流。随着互联网、智能手机市场在农村的拓宽，农村消费生力军异军突起，加上物流服务的完善，农村人口在网上购物已经不再稀奇。网上购物逐渐成为农村地区人们购物的常态化选择，农村人口的消费意识也发生了很大转变。

面向农村开展电商也有以下劣势：

（1）偏远农村运输条件受限。偏远的农村有品质非常好的纯天然农作物，但是由于当地的交通运输条件差、基础设施落后或者天气恶劣等原因，很多快递公司没有在这些乡镇以下的地区开展业务。加之偏远地区人口少，业务订单量少，对于快递公司来讲运营成本过高，没有盈利空间，因而这些地区电商发展一直落后。

（2）农产品上行困难。农户地里的瓜、果、蔬菜、纯天然的蜂蜜、山里采摘的菌类等产物需要保存、统一规格、包装、加工等条件，搬到平台上卖还需要得到相关部门产品质量的监管。农户面对现成的平台和产品，却苦于产品标准化程度低、技术操作难的问题打开不了销路，卖不到城市去。

（3）农副产品网络支付遇阻。乡镇农村大部分人口没有形成网络支付结算的观念，这些大多受制于村民的文化水平。邮政、农村信用社是农村常见的支付选择，对于手机银行、网络银行、支付宝、微信等支付工具，大部分村民不会使用、对于账户安全问题还是持怀疑态度。

（4）乡村电商人才缺乏。乡村生活居住条件没有城市好，基础设施没有城市完善、娱乐设施满足不了年轻人的要求。虽然国家鼓励电商人才下乡帮助发展农村电商，但是高校毕业的大学生很多都留在了竞争激烈的大城市。乡村没有专业的电商人才，想做农村电商却苦于没有人才指导，走很多弯路，最终以失败告终，甚至从来就没有勇气迈出第一步。

可见，我国农村电商发展滞后，受地理位置、交通条件的影响较大，目前已经有农村电商成功的案例，政府也在大力开展电商示范点的工作。政府希望通过观摩学习少部分地区的成功案例，带动其他农村地区一起致富。虽然农村电商发展还有存在阻力，但是可以开发的空间巨大，发展前景广阔。

## （二）拼多多助力农村电商

拼多多成立于 2015 年 9 月，发展至今只有短短 5 年时间。教材中我们分析了 2015—2019 年国家对于发展农村电商颁布的政策，在这里我们发现拼多多的成立、发展时间和我国农村电商发展时间刚好吻合，所以拼多多是在这样的时代政策背景下成立的。

拼多多助力农村电商发展主要表现在以下几个方面：

（1）市场定位在三四线城市，走“农村包围城市”的路线。

淘宝、天猫、京东瓜分了大部分一、二线城市的订单，而且从发展历程来讲，淘宝成立于 2003 年、京东成立于 2004 年、拼多多成立于 2015 年，相继晚了十二三年的时间，所以对于起步较晚的拼多多而言，面对市场的饱和和激烈的竞争，如果强行进驻一、二线城市，只能拼得头破血流。此时拼多多不走寻常路，选择了三、四线城市开始推广，激发了三、四线城市、乡镇、农村的购买力。

（2）消费者定位精准，瞄准“价格敏感型用户”。

拼多多的产品定价低廉，性价比高。对于生活在三、四线城市、乡镇、农村的消费者而言，价格十分具有吸引力。对于价格敏感型用户来讲，拼多多确实是带来了福利。长期生活在三、四线城市、乡镇、农村的消费者为家庭购买的产品都非常有特点，主要包括日常生活类用品、农副产品，都是家庭消耗快的高频次商品，因而拼多多主打的爆款纸巾、鸡蛋、洗衣液等很受欢迎。分析其原因，无非拼多多提供的商品正好满足消费者的需求，并且价格优势明显，消费者确实买到了实惠。

（3）解决了中小微企业的生存问题。从淘宝到天猫，我们能看出平台对供应商的要求更高了，开店的条件越来越严格。在变化如此快的环境下，很多供应商（这里包括中小微企业、个体户）已经出现了生存危机。平台追求更高的品质与供应商制作的产品质量标准达不到消费者要求之间的矛盾明显，拼多多的出现正好解决了这个问题。很多地方的供应商企业具有生产能力，只是没有品牌、没有打广告，没有与大品牌竞争的实力，唯一的竞争优势就是接地气，他们能够接受拼多多平台的低价促销活动，无非是靠着平台订单集中的特点，使企业能够大批量生产，薄利多销。拼多多给供应商提供了更广阔的售货渠道，平台与供应商之间其实是双赢的。

# 二、农村电商的多种业态

案例导入

**山西省农业农村厅与拼多多合作：直播助农　推广农产品**[①]

2020 年 7 月 17 日，山西省农业农村厅与拼多多签署战略合作协议，未来 3 年，双方将持续在直播助农、农产品品牌孵化、新农商人才培养等领域，合力打造山西数字农业“新基建”。

---

① 山西省农业农村厅与拼多多合作：《直播助农 推广农产品》，中国新闻网，http: //www.chinanews.com/business/2020/07-17/9240992.shtml。

作为农耕文明的发祥地，山西具有独特的资源禀赋。据介绍，按照合作愿景，山西将动员下辖100多个县市的农产品进入拼多多，每月都将有市县长走进直播间，为地方农产品代言。拼多多也将持续推广山西“特”“优”农产品，帮助山西孵化一批特色农产品品牌。

“拼多多此前的市县长助农直播，有效缓解了疫情期间山西农产品滞销的问题。我们期待双方以此次合作协议为起点，不断落实，在农特产品推广、市县长直播等方面，加深合作，快速推进，做出成效。”山西省农业农村厅厅长表示。

据介绍，山西省农业龙头企业、专业合作社、家庭农场等新型经营主体，接下来将加速入驻拼多多平台，实现产销对接，加速一、二、三产融合创新发展，为农业企业科技赋能，推动山西农产品供应链转型升级。

药茶、水果、杂粮，“特”“优”农产品成为山西乡村振兴新抓手。

阳光洒在广袤的田野上，黄花到了盛花期，田间一片金黄，种植户们正忙着在田间采摘。作为中国黄花主产地之一，大同市拥有600年的黄花种植史。目前，大同的盛产期黄花达10万亩（66.67平方千米），带动1.5万多户贫困户脱贫，是名副其实的“致富花”。

据悉，作为特色农业大省，山西拥有黄河中游最古老的农区之一，农产品多样且优质，是全国知名的“杂粮之都”“优质粮果带”“中药材资源大省”“养羊经济带”。

如何基于独特的资源，把农业做“特”做“优”，成为山西农业探索的重点。

根据双方签订的合作协议，山西市县长助农直播今后将成为“新常态”，每年将有不少于12位山西省市、县一把手进入拼多多直播间助农直播。山西将以市、县长的率先垂范，培育数字农业新业态，提升“晋字号”农产品品牌含金量。

与此同时，拼多多还将持续针对水果、畜禽、五谷杂粮、药茶等特色农产品，帮助山西孵化一批特色农产品品牌。拼多多也将与山西各地农业农村局一起，探索农产品营销价格补贴机制，助力农产品出村进城。

这场合作还将从线上覆盖到线下。在山西省农村农业厅的指导和组织下，拼多多将调集“多多大学”优质师资力量展开线上线下电商培训，为山西培养本土农村电商人才。

通过以上案例的学习，我们发现在国家政策的指引下，拼多多更加积极地参与到乡村振兴经济建设与发展的队伍中，助力发展农村电商。

### （一）直播带货

随着直播平台的兴起，诸如淘宝直播、京东直播、拼多多直播、抖音、快手、西瓜视频等，最近几年出现的直播电商模式得到大力推广，就是我们俗称的直播带货。

接下来，我们来谈谈直播带货的优势：

1. 产品介绍更直观，增加了消费者的信任

传统的网店，在介绍商品时主要通过图片、详情页介绍等固定模版文字表述，而且在这个过程中网店主处于被动状态。但是直播带货不同，主持人通过对产品进行360°的展示，亲自试穿、品尝、涂抹部分产品，带给消费者视听上的刺激，增加消费者对产品的信任。

2. 供应商变被动为主动

供应商不再拘泥于消费者的被动搜索，可以选择随时随地开一个直播间，多地同时直播，甚至选择多个直播平台同时或者分时直播。供应商的选择空间很大，具备实力的供应商可以邀请“网红”直播带货。针对农村的特色农产品，供应商可以为自己代言。

3. 直播的受众广，提高销售量

直播的受众面广，基于微信和各种新媒体生态、线上互联网社交平台，可以无限制地传播；直播灵活性强，可以随时随地、不受空间时间限制进行直播；消费者也可以在空闲时打开直播间跟主播进行互动，在这个互动过程中增加了互动性和娱乐性；直播更易裂变，通过直播的方式很容易获取用户增量，降低客户成本，不仅可以留住老客户还能带来新客户，进而提高销售量。

## （二）传统 B2C 和 C2C 平台

淘宝在很多年前就提出了发展农村淘宝，直至今天我们也会在一些乡镇看到农村淘宝店的身影，农村的农户和商户可以入驻淘宝商城（C2C）、天猫商城、京东商城（B2C）。例如，用户通过淘宝网页搜索就可以搜索到很多在四川攀西等地当地农户开的淘宝网店，有攀枝花的杧果和凉山等地的苹果、脐橙、苦荞。这些水果作物受季节的影响很大，攀枝花的杧果每年 7 月份才成熟、凉山的苹果和脐橙集中上市的时间是秋冬季节。

但在解决方案上，农户已经有很大的进步：

（1）通过平台预售，信誉有所保障，解决农户销路问题（见图 3-12）。很多的店铺采取预售的方式，减轻成熟期销路紧张、竞争激烈的问题，通过前期参与平台的促销活动，带动销售，提前将货品和存量销售一空。比如在春季就开始预售 7 月才成熟的攀枝花杧果。很多商家为了加大销售力度，还采取相应的促销活动，如买一赠一、收藏网店即送礼品、返券、抽奖等。

（2）参与平台活动、打造 O2O 特色馆（见图 3-13）。针对自己的产品特色，可以参加平台的 618、双 11、双 12 等大型促销活动，提高点击率和转化率。甚至有些地方还有政策的扶持，通过和淘宝合作打造当地 O2O 线上线下特色馆，用户直接通过线上点击下单购买，也能到当地线下进行体验。

图 3-12　平台预售

图 3-13　淘宝特色馆

（3）选择的平台众多，合作机会大。政策先行，政府牵头打造农村电商，企业打造各类 O2O 平台。很多颇具规模的地区，政府牵头与平台合作，甚至政府和电商开发公司合作单独开发农产品电商平台。也有很多企业，诸如华荞网、天天果园、许鲜网、易果生鲜、盒马生鲜，都是以农产品为出发点建立自己的 O2O 电商平台。农村的生鲜水果都可以借助这些拓宽销售渠道，供农户选择的空间很大。

### （三）微信小程序电商平台

微信小程序是一种不需要下载安装即可使用的应用程序。

建立小程序的成本低于 APP 开发成本，而且开发的时长要短很多。因而规模较小的企业运营小程序可减少企业的运营成本，待后期规模起来了，再选择逐渐过渡到 APP 运营。

以微信小程序为依托建立电商平台该如何落地成为创业者最关心的问题。

（1）先建立微信小程序。作为独具特色的农副产品小程序，平台最大的功能是让消费者看到农产品的特点、价格优惠、操作路径简短、界面简洁、品类清晰，所以小程序不用做得太复杂，要讲究实用性。农村电商采取微信小程序的模式，完全可以砍去中间商环节，做团购、做直销。只要订单量大，农户就能形成规模效应，前期以薄利多销的方式快速赢得市场的好感，只要保证质量平台效益就会有所突破。

（2）前端销售推广，建立自己的推广队伍，可以以小区为单位定点宣传推广。农副产品供应链的终端可以到各家各户的餐桌上，平台只要能保证产品质量、物流时效、售后服务，不用担心没有销量。比如线下推广活动可以提供样品、宣传产地直销，更多的宣传平台能增加平台的用户使用量。

（3）寻求更多的产品，丰富平台。如果小程序上展示的产品种类少，产品单一，这样的平台是留不住消费者的，所以平台上的产品一年四季的都要有，并且要不断增加优质供应商，形成长期合作关系。比如，我们可以先挖掘四川省内乡镇地区的特色农产品，然后将目光转移到省外。在这个过程中，平台需要派驻人员到当地考察，确保产品质量。

依托微信开发的小程序电商平台建立起来后，为农村电商带来了哪些益处和挑战呢？

无论是依托网站、APP、微信小程序，对于发展农村电商而言无疑增加了农副产品上行的渠道。依托微信小程序建立起来的平台从运营方面看，成本更低、减少中间商走直销，带给农户的经济效益更大。

平台商品的更新频率、活跃度、点击量成为平台发展起来的关键因素。我们都知道建立平台后要做好后期维护，内容更新，这些都依靠平台和供应商的合作能力。如果平台没有找到优质的供应商，那么产品就得不到更新，导致用户的购买选择狭窄，体验感打折扣。因而需要平台拥有很大的资源整合能力，这正是农村电商发展的机会。

微信小程序电商平台更多的是依靠客户和供应商之间的信任，比如当用户通过平台购买商品时，如出现质量问题，客户的第一次购买体验感就很差，这样就会损失客户。所以对质量提出了很高的要求，因而对供应商产品质量的把关就成了至关重要的关键环节，也对农村电商提出了更高的要求。

## （四）社区团购

农村电商省掉了中间环节，能让消费者少花钱、农产品卖价更高，让农户得到实际利益。然而这样的理想状态并未达到，这正是农村电商正面临的发展瓶颈。

这里我们举个例子：四川凉山州盐源县的苹果，又被称为“糖心苹果”，类似凉山盐源县地区的气候就能种植出这类苹果。大部分情况是这样的，在果树成熟之前已经基本上被承包商承包了，还剩下少部分的农户开起了网店，自己做网络销售。（见图 3-14）

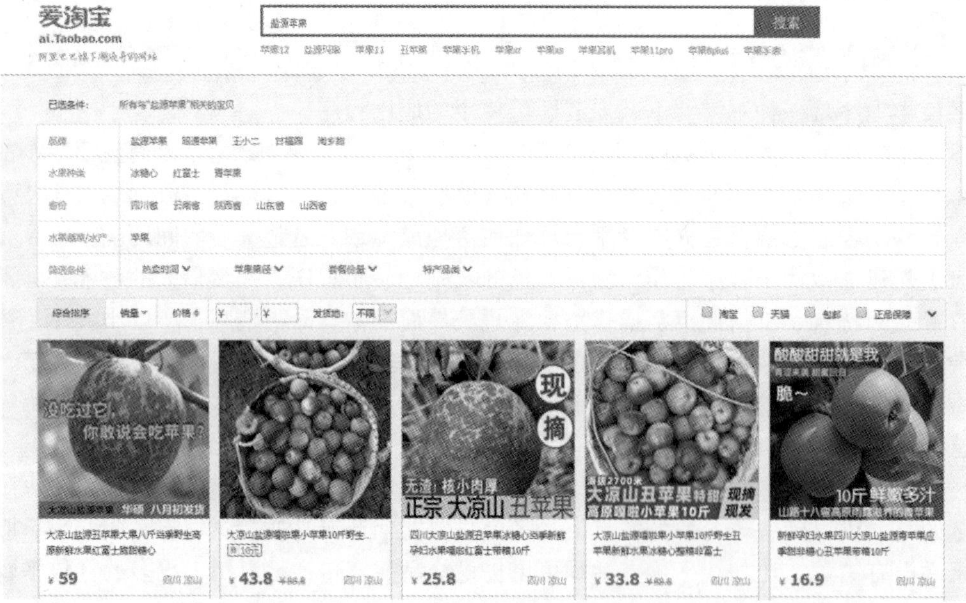


图 3-14　淘宝搜索盐源苹果截图

但是问题也出现了，类似这样的网店，淘宝上很多。网店一般的做法是低价引流，到后期才能盈利。比如成都的一位消费者通过网店购买了一箱苹果（10 kg）对于网店来讲以苹果成本价卖出（自己承担运费的情况下）根本不挣钱。但是通过网店购买苹果的如果是成都的一家水果店，还是以同样规格（10 kg）和成本价卖出，其实网店在此时充当了这家水果店的供应商。而这家水果店却做起了批发，成了中间商，获取了中间利益。网店商家看到这样的问题就会思考：既然不挣钱，那还不如承包出去。所以到最后农村电商不做了，大片的果园被承包出去。

为什么要举这样的例子？

因为在一些水果市场，消费者不明白为什么商店的卖 10 块，地摊的卖 3 块，农村地里的卖 5 毛。在这个过程中，消费者没有获得优惠，辛苦农作的农民也没有挣到钱。

这个问题出在哪儿呢？

问题出在 C 类客户量少，订单少，物流分散，物流成本高。购买的量少，快递费用是没有优惠的，以致网店承担的成本过高。前期的低价引流，又挣不到钱，除了运营自己的网店，还要花钱推广，简直是亏本生意。

那么怎么来解决这个问题？社区团购 + 农村电商就是一个思路（见图 3-15）。

图 3-15　社区团购

农村电商之所以未能为农户带来效益，主要原因还是物流成本太高。我们知道物流公司有规定，大批量的同一地址发货，物流公司是会提供优惠的。如果此时以社区为单位采取社区团购形式，只要数量达到，就能享受优惠运费。这样一来，从农户手里卖出的产品一出手就是几千箱，降低的运输成本可以在售价上有更多优惠。这样农户的销量大了，网店也能运营得更好，消费者也能得到实惠。

那么社区团购 + 农村电商该如何落地？在这个过程中，运营至关重要。本教材就几个关键点提一些问题：

（1）社区团购中，供应商如何建立与社区的联系呢？

（2）线下如何推广呢？

（3）面对大量的订单，农户的产品能保质保量吗？跟哪家物流企业合作呢？

（4）后期如何做业务拓展，从一个社区做到多个社区呢？

如果能很好地解决以上问题，农村电商将抛弃中间商，越做越大，帮助农民致富，真正助力农村经济。

# 模块三　课后习题

## 一、传统电商模式

1.（单选题）C2C（Consumer to Consumer）电商模式是指消费者与消费者之间的互动交易行为。这个说法是（　　）。

A. 正确的　　B. 不正确的

2.（单选题）国内市场份额最大的 C2C 平台是淘宝网。这个说法是（　　）。

A. 正确的　　B. 不正确的

3.（多选题）2016 年阿里巴巴集团对淘宝提出的未来战略是（　　）。

A. 社区化　　B. 内容化　　C. 本地生活化　　D. 其他

4.（单选题）将线下商务的机会与互联网结合在一起，让互联网成为线下交易的前台，这是（　　）电商模式。

A. B2B　　B. B2C　　C. O2O

5.（单选题）O2O 模式中，消费者的消费流程可以分解为以下 5 个阶段（　　）。

A. 引流—展现—转化—消费—存留　　B. 引流—转化—消费—反馈—存留

C. 展现—转化—消费—反馈—存留

6.（单选题）1688 阿里巴巴采购批发网和中国化工网分别属于（　　）电商模式。

A. 水平 B2B 和垂直 B2B　　B. 水平 B2B 和传统企业自营 B2B

C. 垂直 B2B 和传统企业自营 B2B

7.（多选题）B2B 电商的盈利模式主要包括（　　）。

A. 会员费　　B. 广告费　　C. 竞价排名　　D. 增值服务

8.（单选题）亚马逊属于垂直型 B2C 电商模式，这个说法是（　　）。

A. 正确的　　B. 不正确的

9.（简答题）跨境电商模式如何分类？

10.（思考题）网络创业中选择电商模式应考虑哪些因素？

## 二、直播电商

1.（单选题）直播电商是指运用直播平台对产品或服务进行直播展示的一种营销行为。这个说法是（　　）。

A. 正确的　　B. 不正确的

2.（单选题）KOL 指的是（　　）。

A. 关键意见领袖　　B. 关键线上领导者

C. 关键户外领导者　　D. 保持线上领导地位

3.（单选题）VR（Virtual Reality）作为一种虚拟现实技术有助于打造新的消费场景，实现全渠道销售。该种说法是（　　）。

A. 正确的　　B. 不正确的

4.（多选题）进行直播电商可选择的平台有（　　）。

A. 淘宝直播　　B. 京东直播

C. 拼多多直播　　D. 抖音直播

5.（多选题）淘宝直播平台的特点包括（　　）。

A. 即时性　　B. 超强互动性

C. 获取渠道多　　D. 品类多，受众广泛

6.（多选题）直播数据的分析包括（　　）。

A. PV　　B. UV

C. 驻留时长　　D. 粉丝回访次数

7.（简答题）简述直播脚本的定义。

8.（简答题）简述搭建直播间场景需要注意哪几个方面？

9.（简答题）简述 PV 的含义。

10.（简答题）简述直播脚本的内容。

11.（思考题）选择一家直播平台，说明其直播规范包含哪些方面？

12.（实操题）请选择一种产品作为直播营销对象，设计 15 分钟的直播脚本。

## 三、农村电商

1.（单选题）农村电商通过网络平台嫁接各种服务于农村的资源，拓展农村信息服务业务、服务领域，使之兼而成为遍布县、镇、村的三农信息服务站。这个说法是（　　）。

A. 正确的　　B. 不正确的

2.（单选题）2015—2019 年我国陆续出台了相关的电商政策，可以看出国家发展农村电商的决心，农村电商发展潜力巨大。这个说法是（　　）。

A. 正确的　　B. 不正确的

3.（单选题）农村电商在发展的过程中会遇到诸如物流的问题，主要原因是交通运输不便，这个说法是（　　）。

A. 正确的　　B. 不正确的

4.（单选题）拼多多成立于 2015 年，总部在上海，属于 B2B 电商模式。这个说法是（　　）。

A. 正确的　　B. 不正确的

5.（多选题）直播带货的优势包括（　　）。

A. 产品介绍更直观，增加了消费者的信任

B. 供应商变被动为主动

C. 直播的受众广，提高销售量

D. 直播电商不需要法律监管

6.（多选题）典型的直播平台有（　　）。

A. 淘宝直播　　B. 抖音

C. 快手　　D. 京东直播

7.（多选题）在天猫商城上开店，类型一般包括（　　）。

A. 天猫旗舰店　　B. 天猫直营店

C. 天猫专卖店　　D. 天猫专营店

8.（多选题）在面对农作物季节原因引起的农村电商销量问题，我们可以采取的解决方式包括（　　）。

A. 提前耕种　　B. 预售

C. 采取农作物二次加工成食品　　D. 放任，不作为

9.（多选题）网络营销可以按照其发挥作用，可划分为八大职能，它们是：（　　）、（　　）、信息发布、销售促进、网上销售、（　　）、客户关系和（　　）。

A. 网络品牌　　B. 网站推广

C. 客户服务　　D. 网上调研

10.（多选题）微信小程序的特点包括（　　）。

A. 不需要下载安装，直接使用　　B. 记忆功能

C. 搜索优先　　D. 与微信绑定，不需要登录

11.（多选题）社区团购与农村电商结合能够解决的问题有（　　）。

A. 物流成本问题　　B. 销量问题

C. 供应商问题　　D. 减少中间商

11.（简答题）简述国家为推动农村电商发展颁布了哪些重要政策？

12.（简答题）简述拼多多的市场定位？

13.（思考题）在农村电商中我们往往无法落地实施，遇到这类问题该怎么解决？

14.（思考题）如何将农村和城市社区联系起来发展农村电商？

15.（实操题）选择一定区域农村范围进行调研，完成一份调研报告。

# 模块四　网店开设与装修

情景视频：网店开店与运营管理

## 情景设计

**模块情景：寻找电商平台开设网店**

如今，随着移动互联网技术的快速发展，互联网经济也不断成熟，深刻影响着人们的消费和生活方式。对于大多数企业来说，发展电商经济，开展线上与线下相结合的商业模式已成为主流。但随着电商平台的成熟发展，平台内运营规则及玩法也相对比较复杂。对于没有经过培训学习的中小企业以及个体工商户来说，开设网店并进行运营具有一定难度。对于中小企业来说，为了更好地开展线上经济，首先要了解并选择好的电商平台，进行开设网店费用预估，思考网店定位并进行网店的注册搭建。

## 项目一　选择电商项目平台

### 案例导入

陕西某软香酥公司成立于1998年，是一家集食品研制开发、生产经营于一体的大型食品企业，其主要产品软香酥就是其自主研发的创新产品，国内独家生产，口感香酥，内陷甜糯，深受陕西本地消费者的喜爱。在陕西本地，该产品既是节日传统礼品，又是中秋时尚月饼，亦是美味特色早餐，曾被评为“中国名优产品”，被陕西省人民政府授予“陕西名牌”。而该香酥公司的运营人员，并没有因为企业目前的可喜成绩而骄傲自满，安于现状。相反他们不仅有敏锐的市场洞察力，且具有长远的眼光，在发觉到国内国外电商行业发展迅速，企业未来将面临日益严酷的经营形势时，他们决定提前进行风险控制，采取措施应对市场变化。为了制订科学合理具有可行的风险应对计划，首先要对电商市场进行调研，掌握行业电商现状，明确企业进行电商业务拓展的必要性；同时结合企业自身状况及电商平台特点确定电商业务发展平台，顺利开展电商业务。

## 一、电商平台的含义、特点及分类

1. 电商平台的含义及特点

电商平台是一个为企业或个人提供网上交易洽谈的虚拟场所，是建立在互联网基础上，进行商务活动的虚拟网络空间和保障商务顺利运营的管理环境，是协调、整合信息流、货物流、资金流有序、关联、高效流动的重要场所。商家可充分利用电商平台提供的网络基础设施、支付平台、安全平台、管理平台等共享资源有效地、低成本地开展自己的商业活动。

从平台经营主体来看，电商平台大体上可分为第三方电商平台与自建独立商城两种类型。本教材主要探讨第三方电商平台。第三方电商平台是指独立于产品或服务的提供者与需求者，通过网络服务平台，按照特定的交易与服务规范，为双方提供的包括认证、交易、支付、物流、信息增值业务等过程的服务。

第三方电商平台具有以下特点：

（1）中立性。第三方电商平台只提供交易服务，不参加交易，只是作为交易撮合的中介平台，买卖双方按照平台制定的规则进行交易，平台通过各类规则办法保障买卖双方的利益。

（2）开放性。第三方电商平台为企业或个人创造了更多的交易机会，每一方都可以借助统一的技术平台与交易标准，自由进入交易市场。

（3）服务性。第三方电商平台最基本的功能是为企业和消费者之间的网上交易提供交易平台、支付平台、物流服务、信用服务、交易信息服务、业务外包、信息技术外包等方面的全程服务。

（4）规模性。第三方电商平台将众多企业和个人聚集到平台上，买卖双方与平台集成，能够很好地形成平台的规模效益，为买卖双方展现了一个巨大的全球网上交易市场。

（5）公平性。第三方电商平台有效地解决了传统交易中“拿钱不给货”和“拿货不给钱”的两大难题；而对双方有争议的问题，也可以通过第三方交易平台介入处理，采用商业和法律手段有效约束。

2. 第三方电商平台的类型

（1）按服务行业范围划分，可分为第三方电商综合性（平行性）平台和第三方电商行业（垂直性）平台。前者指可服务于多个行业与领域的电商网站，如阿里巴巴、慧聪网、环球资源网、中国供应商等。后者指定位于某一特定专业领域的电商网站，如中国化工网、中国医药网、中国纺织网等。

（2）按服务对象划分，可分为 B2T2B 第三方电商平台和 C2T2C 第三方电商平台。前者的实质是指第三方为企业提供开展电商的公共平台，即网上交易市场；后者的实质是第三方为消费者（自然人）提供开展电商的公共平台。现实中，两种模式均可在同一平台上实现。

（3）按照服务内容划分，可分为第三方电商交易服务平台、业务服务平台和技术服务平台。交易服务平台是指平台直接服务于交易，包括围绕市场、采购、销售、信息增值等提供的交易服务。业务服务平台的范围广泛，如研发、生产制造、物流、供应销售、财务、人力资源、管理咨询、技能培训等，凡传统业务有的，都可以在网上找到相关服务。技术服务平台主要提供网络环境，提供各种技术支持，包括信息处理、数据托管、应用系统，也包括一部分的 IT 外包。

（4）按提供服务的层次划分，可分为第三方电商简单信息服务平台和第三方商务全方位服务平台。前者主要为买卖双方提供信息，通过平台使买卖双方可以在全球范围内选择成交对象，无法全面深入参与交易，提供的只是简单的信息服务。后者则不但提供信息服务，而且还提供全面配合交易的服务。第三方电商平台将众多企业和个人消费者聚集到一起，形成了第三方平台的规模效益，使交易活动突破了时间、空间的限制，大大提升了交易效率，促进了我国经济的高速发展。

## 二、电商平台的发展现状

2020 年我国全年网络零售额达到 11.8 万亿元，同比增长 10.9%。其中，实物商品网络零售额达到 9.76 万亿元，在全网网络零售额中的占比为 83.0%，占社会消费品零售总额的比重为 24.9%，相比 2019 年有 2.8 个百分点的提高。可见，网络零售在国民消费中的比重持续增加，国民消费习惯向线上转移趋势明显。

据网经社“电数宝”电商大数据库显示，2020 年国内 70 家电商上市公司营收总额达 26 015.28 亿元，其中，零售电商领域营收 20 719.92 亿元、生活服务电商领域营收 2 751.81 亿元、跨境电商领域营收 625.98 亿元、产业电商领域营收 1 917.57 亿元。在营收上，零售电商领域上市公司营收总额占电商上市公司营收总额的 79.64%，营收总额为 20 719.92 亿元，平均营收 668.38 亿元，占据绝大部分营收规模。营收百亿元以上为：京东 7 458.02 亿元、阿里巴巴 5 298.94 亿元、苏宁易购 2 523 亿元、小米集团 2 458.66 亿元、唯品会 1 019 亿元、拼多多 594.92 亿元、国美零售 441.19 亿元、乐信 116.5 亿元。

分结构来看，2021 年上半年中国 B2C 网络零售额为 46 155.41 亿元，占网上零售额的 75.5%；C2C 网络零售额为 14 977.58 亿元，占网上零售额的 24.5%。2021 年大量中小商家快速恢复活力，C2C 零售额增长业务保持更高速的增长。

据易观分析发布的《中国网络零售 B2C 市场季度监测报告 2021 年第 2 季度》数据显示，2021 年第 2 季度，中国网络零售 B2C 市场交易规模为 22 742.8 亿元，同比增长 16.3%。市场份额方面，2021 年第 2 季度，天猫成交总额较 2020 年同期增长 16.0%，占据市场份额的 63.6%，排名第一。京东成交总额较 2020 年同期增长 26.9%，其市场份额为 27.9%，排名第二。唯品会排名第三，其市场份额为 3.3%。苏宁易购和小米有品分别以 2.9%和 0.5%的市场份额位列第四和第五，如图 4-1 所示。

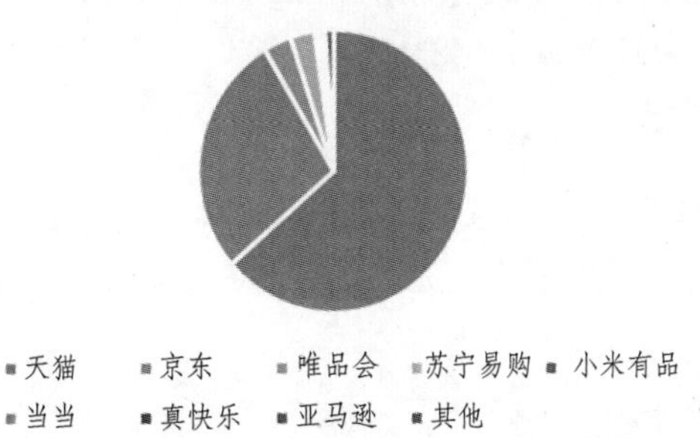


图 4-1　2021 第 2 季度中国网络零售 B2C 市场交易份额

2020 年中国零售电商上市公司市值排行榜中，阿里巴巴、拼多多、京东、小米集团、唯品会、逸仙电商、苏宁易购、达达、南极电商和中国有赞排名前 10（见表 4-1）。

表 4-1　2020 年中国零售电商上市公司市值排行榜 TOP10 统计①

| 排名 | 公司 | 领域 | 行业 | 市值/亿元 | 所在地 |
|---|---|---|---|---|---|
| 1 | 阿里巴巴 | 零售电商 | 综合电商 | 41 095.25 | 杭州 |
| 2 | 拼多多 | 零售电商 | 综合电商 | 14 216.24 | 上海 |
| 3 | 京东 | 零售电商 | 综合电商 | 8 890.05 | 北京 |
| 4 | 小米集团 | 零售电商 | 3C 电商 | 7 036.32 | 北京 |
| 5 | 唯品会 | 零售电商 | 综合电商 | 1 242.77 | 广州 |
| 6 | 逸仙电商 | 零售电商 | 美妆电商 | 737.89 | 广州 |
| 7 | 苏宁易购 | 零售电商 | 综合电商 | 717.8 | 南京 |
| 8 | 达达 | 零售电商 | 即时零售 | 556.57 | 上海 |
| 9 | 南极电商 | 零售电商 | 服装电商 | 335.8 | 上海 |
| 10 | 中国有赞 | 零售电商 | 电商服务商 | 335.26 | 杭州 |

## 三、各大电商平台的特点

当前，第三方电商平台按经营模式主要可分为传统电商、社交电商、短视频电商几类。其中传统电商平台包括淘宝、天猫、京东、唯品会、苏宁易购、亚马逊、聚美优品等；社交电商平台包括拼多多、小红书、蘑菇街等；短视频电商平台包括抖音商城、快手商城等。

微课：店铺开设（1）

### （一）传统电商平台

1. 淘宝、天猫

淘宝和天猫是同属于阿里巴巴旗下的电商平台，其中淘宝平台商品多而全，鞋帽服饰类目是传统优势，市场份额最大，是国内电商平台最早成立、非常成熟的电商平台。天猫平台属于 B2C 平台，一个综合性购物网站，商品种类多、规模大，平台卖家以品牌商家为主，而淘宝主要定位于 C2C 平台，个人不需要缴纳保证金也可以进行开店，这是两者的主要区别。从淘宝平台首页可以进入天猫首页。

2. 京　东

京东于 2004 年正式涉足电商领域，是一家专业的综合网上购物商城，凭借自营物流，以快速的配送速度赢得消费者的喜爱，尤其是在 3C 数码电子产品类目上，具有较大的市场份额。

① 网经社电子商务研究中心、智研咨询整理，https：//baijiahao.baidu.com/s?id = 1693204051583224093&wfr = spider&for = pc。

### 3. 唯品会

唯品会是广州唯品会信息科技有限公司的简称，成立于 2008 年 8 月，总部设在广州，旗下电商网站于同年 12 月 8 日上线。唯品会的主营业务为在线销售品牌折扣商品，涵盖名品服饰鞋包、美妆、母婴、居家等各大品牌。唯品会在中国开创了“名牌折扣 + 限时抢购 + 正品保障”的创新电商模式，又被称为“闪购”模式，并持续深化为“精选品牌 + 深度折扣 + 限时抢购”的正品特卖模式。

### 4. 苏宁易购

苏宁易购是苏宁电器集团旗下的新一代 B2C 网上商城，于 2009 年 8 月 18 日上线试运营。2010 年 1 月 25 日，苏宁电器在南京总部宣布，公司的 B2C 网购平台“苏宁易购”于 2 月 1 日正式上线，并采取自主采购、独立运营的经营模式，苏宁电器也由此正式出手电商 B2C 领域。与其他电商 B2C 电商平台不同的是，苏宁易购属于传统线下零售转型线上经营的企业，品牌信誉度高，有超强的供应链管理水平，在品牌、产品价格、物流配送等方面具有较强的实力，一成立便赢得消费者的青睐。

## （二）社交电商平台

### 1. 拼多多

拼多多创立于 2015 年 4 月，开创了社交拼团电商的新模式。拼多多以农产品零售平台起家，深耕农业，开创了以拼为特色的农产品零售的新模式，逐步发展成为以农副产品为鲜明特色的全品类综合性电商平台，是全球唯一具备规模的纯移动电商平台。作为新电商开创者，拼多多致力于以创新的消费者体验，将“多实惠”和“多乐趣”融合起来为最广大用户创造持久的价值。拼多多于 2018 年 7 月在美国纳斯达克上市（NASDAQ：PDD）。截至 2021 年 6 月，平台年度活跃用户数达到 8.499 亿，商家数达到 860 万，平均每日在途包裹数逾亿单，是中国大陆地区用户数最多的电商平台，更是全世界最大的农副产品线上零售平台。

### 2. 小红书

小红书属于社交电商平台，以“Inspire Lives 分享和发现世界的精彩”为使命，用户可以通过短视频、图文等形式记录生活点滴，分享生活方式，并基于兴趣形成互动。2014 年 12 月，小红书正式上线电商平台“福利社”，从社区升级电商，完成商业闭环。截至 2019 年 10 月，小红书月活跃用户数已经过亿，其中 70%的用户是“90 后”，并持续快速增长。

## （三）短视频电商平台

### 1. 抖音小店

抖音是由字节跳动孵化的一款音乐创意短视频社交软件。该软件于 2016 年 9 月 20 日上线，是一个面向全年龄的短视频社区平台。2020 年 6 月，字节跳动成立电商一级部门。该部门将作为一级业务部门，其电商业务作为战略方向起航。2020 年 8 月，抖音上线首个平台级的电商大促活动抖音奇妙好物节。活动期间，奇妙好物节获得了超 100 亿次的直播观看量，以支付口径统计的总成交额突破 80 亿元，实现人货场关系重构。抖音凭借巨大的流量，成为当前直播电商的主流平台。

2. 快手小店

快手是北京快手科技有限公司旗下的产品，前身叫“GIF 快手”。2012 年 11 月，快手从纯粹的工具应用转型为短视频社区，成为用户记录和分享生产、生活的平台。2019 年 11 月，快手短视频携手春晚正式签约“品牌强国工程”强国品牌服务项目。快手成为中央广播电视总台 2020 年《春节联欢晚会》独家互动合作伙伴，开展春晚红包互动。快手于 2018 年开始布局短视频 + 电商模式。当年 12 月 20 日，快手电商在北京发布“麦田计划”，推出升级改版后的“快手小店”和全新的“电商服务市场”，并以“新国货、新农商、新公益、新娱乐、新匠人、新课堂”6 大方向为发展重点，在电商能力的基础设施建设上前进了一大步。通过快手小店，用户可以边看直播边进行购买和订单查看等行为，减少了用户购买的步骤和等待的时间，也降低了那些不熟悉电商的用户的购物门槛。

综上是目前最主流的电商平台，每个平台都有其各自的特点和优势，想要开展线上销售业务的企业需结合自身产品的特点，选择合适的电商平台进行部署和选择。

# 项目二　制定网店开设预算

**案例导入**

小王的专业是电子商务，今年刚刚毕业。与已经找到工作的其他同学不同，小王一直有自主创业的愿望。小王想结合自己的专业知识，在淘宝平台上开一家个人网店，后续通过直播带货来拓展销售渠道。可是刚毕业的小王没有太多资金，为了说服父母为自己投资，小王制定了开设网店所需的预算。

无论是个人类型店铺还是企业类型店铺，无论在电脑端操作还是在无线端操作，大部分平台开设店铺均需要根据经营类目缴纳相应的保证金完成店铺的开设。目前，在淘宝集市开店都是免费的，但为保障消费者利益，开店成功后部分类目需缴纳一定额度的消费者保证金（保证金缴纳成功后也随时可申请解冻，保证金在后续不开店之后可以申请解冻。）本节将以开设淘宝 C2C 店铺为例，说明网店开设大致所需的费用项目及金额。

根据开设淘宝店铺的流程，可以梳理出开店所需的费用项目大致包括以下几项：

## 一、消费者保证金

消费者保证金是指商家根据消费者保障服务协议约定的条款和条件及淘宝网其他公示规则的规定，缴存作为金钱质押并用于担保卖家对于消费者保障服务承诺以及淘宝网相关规则规定的履行和遵守的资金。（见图 4-2）其中，基础消费者保障服务包括卖家发布商品信息并向买家出售商品时，应履行的商品如实描述义务、7 天无理由退货义务、其他保障义务等消费者保障服务义务；也包括但不限于发货时间承诺服务、品质承诺、破损补寄承诺、退货承诺、免费换新、指定快递等特色交易约定服务。

经营商品或服务的类目不同，消费者保证金的金额也不同。

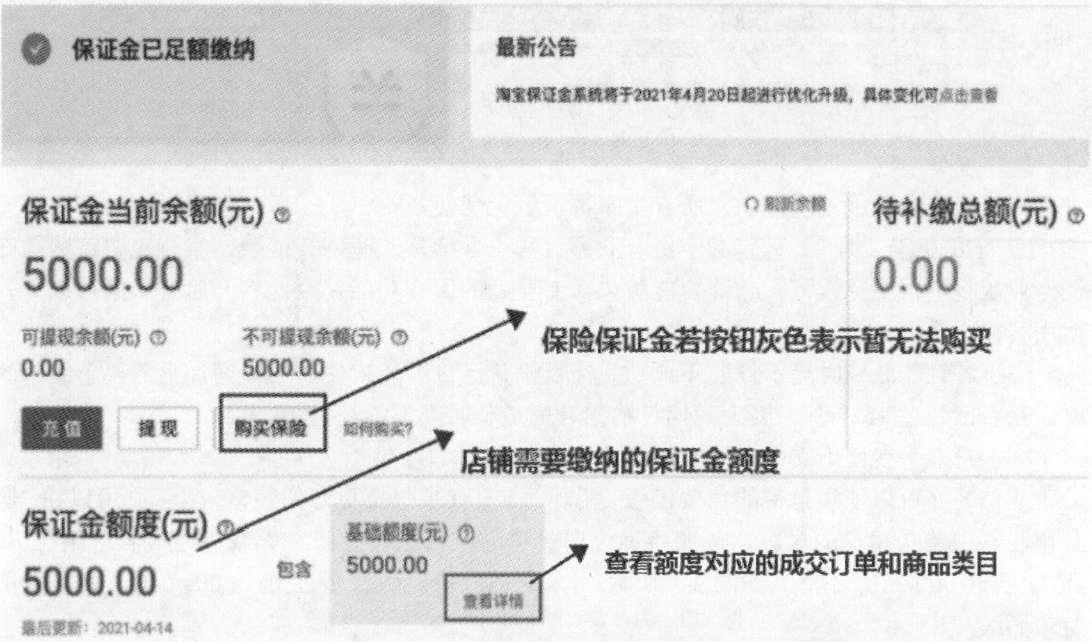


图 4-2　淘宝网保证金的缴纳①

保证金缴纳路径为："千牛卖家中心"—"淘宝服务"—"消费者保障服务"。

根据 2021 年 4 月 20 日新优化升级的淘宝保证金规则，新的保证金缴纳规则如下：

（1）当前保证金额度显示为 0：若保证金额度显示 0，暂无须缴纳（建议可充值保证金）；店铺成交订单后第二天，保证金额度将调整为店铺应缴纳的保证金额度，额度根据成交订单对应的商品类目额度取最高值。

（2）当前保证金额度显示不为 0：主要根据卖家上个自然月成交的订单对应的商品类目额度取最高值，及卖家违规带来的缴纳要求等作为基础保证金额度，若上个自然月无成交则以 1 000 元为保证金额度。

（3）当保证金余额不足时，店铺订单交易成功后资金冻结 15 天不可用，若消费者未维权，资金 15 天后解冻。当保证金足额补缴后，订单资金会陆续解冻。

## 二、店铺模版及装修费用

当前 PC 端店铺装修模版分为旺铺专业版、淘宝智能版、旺铺基础版、旺铺天猫版、天猫智能版几种类型。（见图 4-3）

① 发布商品需要缴纳的保证金金额，https：//helpcenter.taobao.com/servicehall/knowledge_detail?spm = service_hall.25034570.0.0.5e003f35mnUfih&knowledgeId = 13123494。

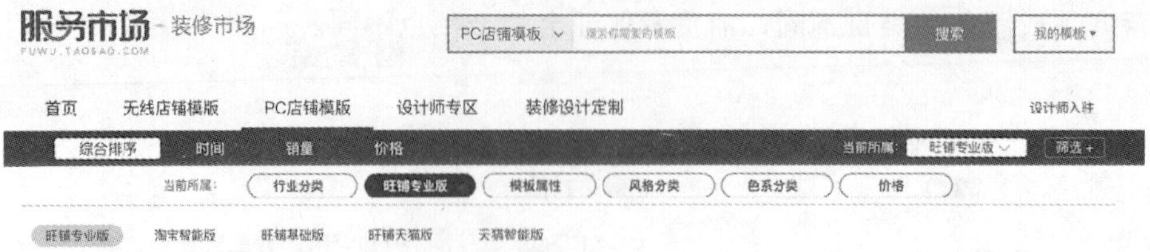


图 4-3　PC 店铺装修模版

（1）旺铺基础版无须订购，所有卖家都可以免费使用。

（2）2020 年 2 月 12 日起淘宝所有商家订购（含续费）旺铺智能版，实行免费订购。旺铺专业版将不再支持续订，旺铺智能版包含专业版的所有功能，因此新开店的卖家可以免费使用智能版旺铺。

（3）若订购旺铺时提示订购不成功，需要确认已订购还未使用的时间加上需要新续订的时间是否已超过 15 个月，因为旺铺订购累计的最长时间不能超过 15 个月。

（4）目前平台已不支持订购旺铺专业版。

店铺装修可以使用自带的免费模版，实现简装，如果想要更好的装修效果，则可以在“服务市场”中购买精美的模版，按照店铺想要打造的风格进行装修。无线店铺模版费用在 30 元/月至 30 000 元/月不等，如图 4-4 所示；PC 店铺收费模版在 7/月至 1 000 元/月不等，如图 4-5 所示。

图 4-4　无线店铺收费模版

图 4-5　PC 店铺收费模版

## 三、增值服务软件费用

店铺开设初期，通常需要一些增值服务软件协助店铺的运营，具体可分为商品管理、订单管理、客户服务类的服务软件。

（1）商品管理服务软件：超级店长（18 元/月）、爱用商品（18 元/月）、复制宝贝（15 元/月）、掌中宝商品（15 元/月）、普云商品（18 元/元）。（见图 4-6）

图 4-6　商品管理服务软件

（2）订单管理服务软件：快递助手（15 元/月）、爱用交易（15 元/月）、风火递交易（20 元/月）、我打打单（15 元/月）、普云交易（30 元/月）。（见图 4-7）

图 4-7　订单管理服务软件

（3）客户服务软件：刺猫 CRM（88 元/月）、评分好助手（88 元/月）、赤兔名品（88 元/月）、蚂蚁绩效（88 元/月）、绩效雷达（88 元/月）等。（见图 4-8）

图 4-8　客户服务软件

以上增值服务软件，卖家可根据具体需求及预算，参考产品功能来订购所需的服务软件。

## 四、营销推广费用

在开店运营过程中，必定要进行营销推广活动，获取尽可能多的用户流量，增加店铺销售额。淘宝平台上常见的付费营销推广方式包括：直通车、钻展、超级推荐、淘宝客以及其他营销推广服务工具。表 4-2 是主要推广渠道的扣费方式及其优劣势。

表 4-2　推广渠道的特点及其优劣势

| 推广渠道 | 扣费方式 | 优势 | 劣势 |
|---|---|---|---|
| 直通车 | 点击 | 引流精准 | 推广成本大 |
| 钻展 | 点击/展现 | 圈精准人群 | 门槛高 |
| 超级推荐 | 点击 | 触达人群 | 转化效果较差 |
| 淘宝客 | 成交 | 门槛低 | 人群不精准 |

1. 直通车

直通车是一种按点击付费的推广方式。一个点击从几毛钱到几元钱不等，取决于关键词出价的金额。例如，当产品客单价为 100 元，成本为 40 元，要推广的关键词出价为 2 元，10 个点击成交一笔，转化率就是 10%，即花费 20 元，成交了 100 元。除去产品成本 60 元，还有 40 元的利润。假设运费是 8 元，那么毛利就是 32 元。这样直通车的投入产出比 ROI = 成交金额/直通车花费 = 100/20 = 5。ROI 值越高，卖家获益越多。

2. 淘宝客

淘宝客付费推广是按成交支付推广佣金的一种推广方式。设置的佣金比例越高，成交的机会也就相对越大。对于刚开始开店的个人卖家来说，淘宝客在初期是一种简单、灵活的推广方式。例如，当产品价格为 50 元，推广佣金为 10 元，即 20%的佣金，则淘客帮助推广成交后，系统会自动支付给淘客 10 元。淘客也会给平台一部分服务费用，一般是佣金的 10%，也就是 1 元。卖家可根据要推广产品的金额，设置合适的佣金比例进行营销推广。

3. 超级推荐

超级推荐是一种将以促进成交为目标，偏向于拉新客的一种营销工具。淘宝客可以为卖家智能匹配人群和创意。超级推荐的出价产品的展现跟卖家的出价有关，出价和系统预估点击率决定产品的排名。一般来说，出价会参考市场平均价，出价金额必须大于等丁 0.05 元，小于等于 99.99 元。

4. 钻　展

淘宝平台中的超级钻展对于新卖家来说门槛较高，要求商家店铺信用等级四星级及以上；店铺每项 DSR 在 4.4 及以上，同时要符合相关主营类目的要求，如电脑、数码类产品不能参加钻展推广。因此，对于新开店的卖家来说，优先选择前 3 种营销推广工具。

总之，开设淘宝个人店铺时，在不考虑货源费用的情况下，初期费用投资较少，除了大部分类目都要缴纳最基础的 1 000 元消费者保证金之外，选择几个合适的增值服务软件进行店铺管理、简单的营销工具进行引流，再准备备用的流动资金，几千元即可完成初期店铺的开设及运营。

# 项目三　选择网店风格与创建网店

**案例导入**

商家王某于 2016 年入驻拼多多，店铺主要经营海鲜、禽类和红酒，2019 年销售额达到 1.3 亿，其中海鲜贡献了一半。包括优零叔叔、德盛利、彦伯在内，他创办了近 10 个生鲜品牌。2019 年双 12，店铺一天营业额破百万。全年销售额从几千万，一跃迈过亿元大关。

本节将以淘宝与拼多多为例，说明网店开设的流程。

## 一、淘宝开店规则及流程

### （一）了解淘宝网开店规则

1. 店铺入驻通用要求

淘宝网会员须同时满足以下条件，方可创建店铺：

（1）提供店铺负责人真实有效的信息，并通过淘宝网身份认证。自然人开店或自然人所登记的个体工商户开店的，该自然人即为店铺负责人；企业店铺的店铺负责人包含但不限于该企业的法定代表人、股东、店铺运营人，需要对该店铺的运营及管理全面负责。淘宝网身份认证须店铺负责人按系统要求提供本人真实有效的身份信息，包括但不限于身份信息、有效联系方式、真实地址。

（2）符合淘宝网对店铺负责人的年龄要求：个人店铺的负责人年龄须满 16 周岁；企业店铺的负责人年龄须满 18 周岁。参考民法相关规定："18 周岁以上的公民是成年人，具有完全民事行为能力，可以独立进行民事活动，是完全民事行为能力人。16 周岁以上不满 18 周岁的公民，以自己的劳动收入为主要生活来源的，视为完全民事行为能力人。"淘宝网开店可理解为"以自己的劳动收入为主要生活来源"的范畴，故自然人开店要求满足 16 周岁及以上。企业店铺要求必须持有效企业类型的营业执照，依据工商注册营业执照的年龄要求下限 18 周岁，故企业店铺负责人要求 18 周岁及以上。

（3）将其淘宝网账户与已通过实名认证、信息完善的支付宝账户绑定。

（4）经淘宝网排查认定，该账户实际控制人的其他阿里平台账户未被阿里平台处以特定严重违规行为处罚或发生过严重危及交易安全的情形。特定严重违规行为处罚，包括但不限于骗取他人财物、出售假冒商品/严重侵权等严重违规行为处罚；严重危及交易安全的情形，包括但不限于短期内因投诉量或店铺退款纠纷量过大且卖家未配合导致买家大量钱款损失的、卖家交付买家的商品存在大量劣质或货不对板情形。

（5）未因违规行为被限制创建店铺。

（6）根据淘宝网对会员风险的综合评估，部分会员须在开店前完成相应开店违规风险保证金的缴存。开店违规风险保证金是指：淘宝网根据会员风险综合评估，设置需要缴纳的不同金额，会员足额缴存开店违规风险保证金后，180 天内被处以特定严重违规行为处罚或发生严重危及交易安全的情形，开店违规风险保证金予以罚扣。缴存开店违规风险保证金后，满足以下 3 个条件的情况下开店违规风险保证金余额会被解冻：一是 7 天内未激活店铺予以解冻；二是 180 天内店铺彻底被释放予以解冻；三是 180 天内店铺未被处以特定严重违规行为处罚或发生严重危及交易安全的情形，180 天后予以解冻。

2. 个人及企业店铺入驻要求

（1）个人店铺入驻要求。

淘宝网个人店铺分为自然人店铺和自然人所登记的个体工商户店铺，须分别满足以下条件：

① 开店主体为自然人的，须基于其个人身份信息通过支付宝实名认证；

② 开店主体为个体工商户的，须基于个体工商户的营业执照信息通过支付宝实名认证。

（2）企业店铺入驻要求。

淘宝网企业店铺开店主体为除个体工商户以外的企业主体，包括独资企业、合伙企业、公司企业，须基于企业营业执照信息通过支付宝实名认证。

正常情况下，同一身份主体作为卖家仅能开设一个店铺，具备一定持续经营能力、满足一定经营条件的诚信卖家，可享有开设多店的权益。“同一身份主体作为卖家仅能开设一个店铺”是指卖家以自然人、个体工商户或其他企业身份开店时，一个身份证或营业执照名下仅能开设一家店铺。

## （二）淘宝开店流程

了解了开店规范后，就可以进行开店的基础操作，淘宝平台可以开设个人店铺和企业店铺。其中淘宝个人店铺分为登录/注册淘宝个人账号、支付宝实名认证、阿里实人认证、填写店铺基础信息 4 个部分。

1. 登录/注册淘宝个人账号

搜索进入淘宝官网页面，若已经有淘宝账号，可以直接选择密码登录，如图 4-9 所示。

图 4-9 登录淘宝账号

如果没有淘宝账号，则可以选择短信入驻—填写手机号码—输入验证码，来自动生成淘宝账号，如图 4-10 所示。

2. 支付宝实名认证

支付宝实名认证是由支付宝（中国）网络技术有限公司提供的一项身份识别服务。通过支付宝实名认证后相当于拥有了一张互联网身份证，可以在淘宝网等众多电商网站开店、出售商品；增加支付宝账户拥有者的信用度。

个人支付宝实名认证步骤是：支付宝 APP—我的—左上角头像—个人信息—身份认证。

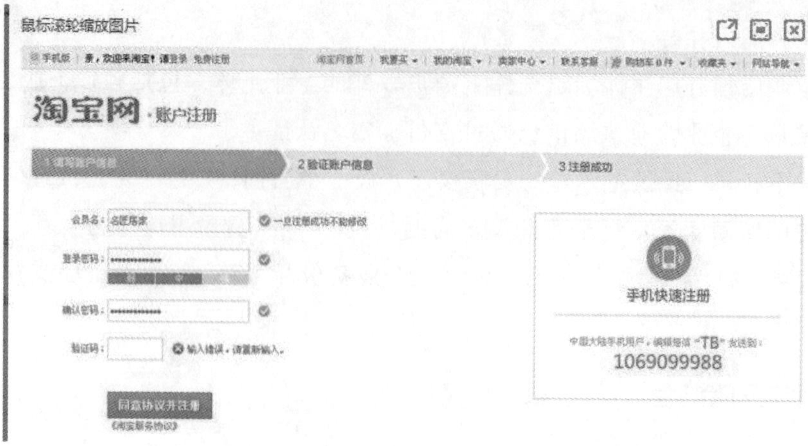


图 4-10　注册淘宝账号

3. 阿里实人认证

在千牛工作台页面，可按照提示完成实人认证。

4. 填写店铺基础信息

个人可以进入卖家中心—店铺管理—店铺基本设置进行编辑店铺基本信息，完善店铺信息。店铺基本信息包括：店铺名、店铺标志、经营地址、工商注册信息等。

## 二、拼多多开店流程

微课：店铺开设（2）

### （一）商家入驻

搜索拼多多官网，进入首页招商页面，浏览商家入驻流程，查看“入驻手册”或“常见问题”，了解拼多多入驻流程与店铺运营中常见的问题，输入手机号，通过收到的手机验证码和自己设置的密码登录招商平台。（见图 4-11）

图 4-11　拼多多商家入驻

### （二）选择入驻类型

用户成功登录后，进入入驻选择页面，商家根据自身需要选择入驻的类型。不同入口需要上传的资质不同，如图 4-12 所示。

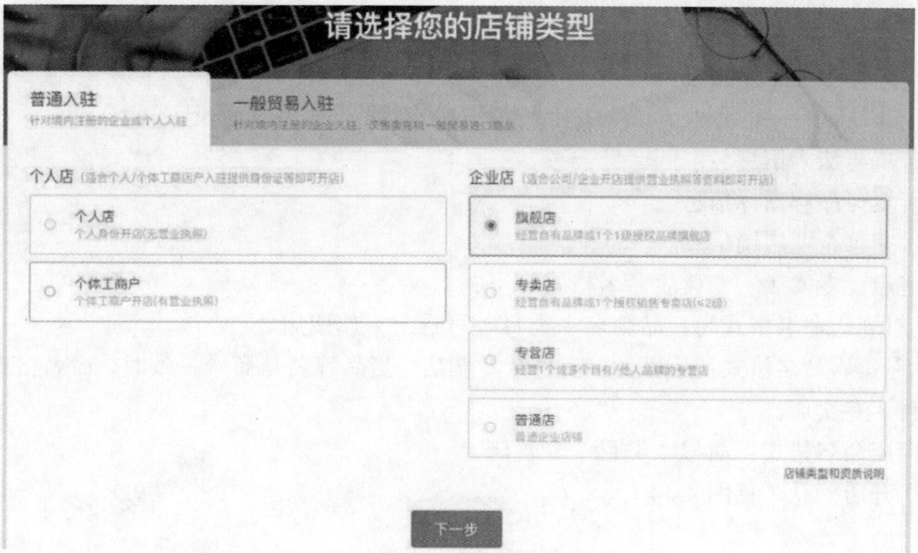


图 4-12　选择入驻类型

开设企业类型的店铺需要准备的资料，如图 4-13 所示。

| 序号 | 证件名称 | | 要求 |
|---|---|---|---|
| 1 | 营业执照 | | 1.确保申请入驻的企业不在《经营异常名录》中且所销售的商品在其经营范围内<br>2.距离有效期截止时间应大于 3 个月<br>3.证件清晰，图片不要倒置 |
| 2 | 税务登记证 | | 1.国税、地税均可<br>2.距离有效期截止时间应大于 3 个月<br>3.证件清晰，图片不要倒置 |
| 3 | 组织机构代码证 | | 1.距离有效期截止时间应大于 3 个月<br>2.证件清晰，图片不要倒置 |
| 4 | 法定代表人身份证 | | 1.距离有效期截止时间应大于 1 个月<br>2.证件清晰，图片不要倒置 |
| 5 | 店铺管理人身份证 | | 1.距离有效期截止时间应大于 1 个月<br>2.证件清晰，图片不要倒置 |
| 6 | 商标注册证或商标受理通知 | | 1. 已经注册的商标（R 状态）或正在受理注册中的商标（TM 状态，注册申请时间必须满六个月）<br>2.距离截止时间要大于 3 个月<br>3.证件清晰，图片不要倒置 |
| 7 | 商标注册证或受理书上的注册人/申请人是否为入驻主体 | 是 | 不需要提供授权书 |
| | | 否 | 1.旗舰店需要独占授权<br>2.专卖店授权级别需在三级以内<br>3.专营店授权级别需在五级以内 |

注：1）普通企业店铺不需要上传商标信息，如上传的资料为复印件，则须加盖企业鲜章。
　　2）三证合一的营业执照，不需要上传税务登记证和组织机构代码证。

图 4-13　开设企业类型店铺所需资料

## （三）填写资质和入驻信息

1. 个人入驻资质填写

（1）按照店铺售卖的商品选择相对应的主营类目。目前主营类目包括：普通商品、虚拟商品、医药健康。

（2）店铺入驻人基本信息填写。

2. 企业入驻资质填写

（1）选择企业主体信息。

对于非三证合一的企业，需一并上传组织机构代码证和税务登记证。

（2）填写法人信息。

（3）填写品牌商标信息。

（4）完善企业店铺信息。

旗舰店、专卖店、专营店命名格式如下：

① 旗舰店命名格式为：品牌名＋类目（可选）＋旗舰店。

② 专卖店命名格式：品牌名＋商号＋专卖店。当品牌名与商号一致时，命名格式：品牌名＋类目＋专卖店。

专营店命名格式：商号＋类目＋专营店。

（5）开店确认（见图 4-14）。

图 4-14　开店确认

## 三、店铺风格打造与装修

微课：网店装修

网店风格打造通常与经营的产品与服务相关，通过文字及色彩的组合来传达店铺品牌风格。本模块以淘宝网店的装修为例，说明网店装修的流程及方法。网店的装修可以分为手机店铺装修和 PC 店铺装修。按照淘宝当前的开店规则，新开设属于一钻以下的网店，可以免费启用淘宝旺铺智能版。在智能版旺铺模版中可以选择相应的模块进行装修。页面装修主要由 5 大功能组成：容器列表、装修预览、模块编辑、展现规则设置、预览发布，如图 4-15 所示。

图 4-15　页面装修 5 大功能

移动互联网的发展决定了消费者更多从手机端进行购物消费，使商家更加重视手机端店铺的装修。手机店铺装修界面，可以选择图文类、视频类、Livecard、宝贝类、营销互动类几个官方模块，放入到右侧编辑模块进行装修，如图 4-16 所示。

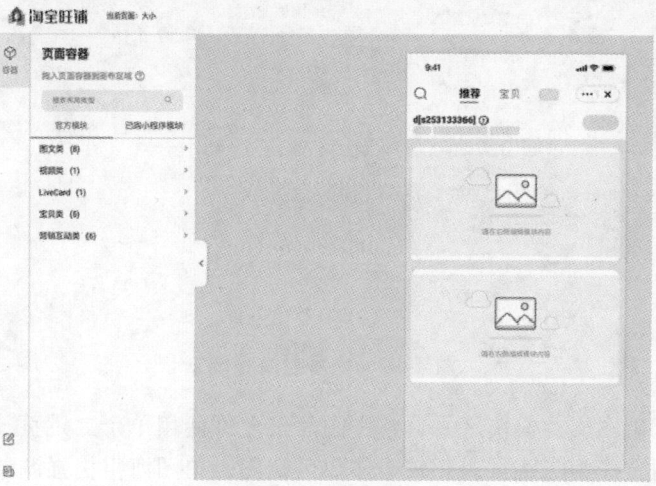


图 4-16　手机店铺装修界面

1. 图文类模块

图文类包含轮播图海报、单图海报、店铺热搜、文字标题、多热区切图、淘宝群聊入口、人群海报、免息专属票条等内容，如图 4-17 所示。

图 4-17　图文类模块内容

其中，轮播图海报要求上传宽度为 1 200 px、高度为 600 ~ 2 000 px 的图片，支持 jpg/png 格式，大小不超过 2 M。展示的所有图片尺寸需一致（即第一张上传的图片的尺寸），如需修改展示图片尺寸，需将当前图片都删除后才能进行重制，如图 4-18 所示。

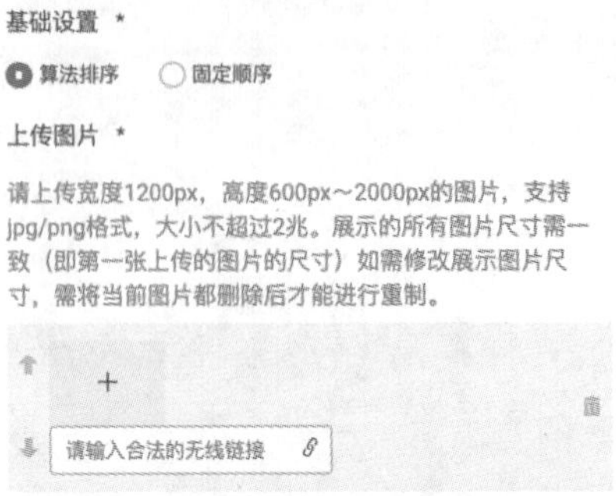


图 4-18　轮播图海报要求

单图海报是基础图文类模块之一，整张图片仅允许使用单个二跳页，并且支持圈选商品池自动生成微详情页作为二跳页；相较于多热区切图，单图海报更强调单张图片的表现力，信息的可读性比较好。

适用场景为：

（1）单商品引导成交：为推荐度最高的店铺商品进行表达强化和引导成交（直接使用商品详情页承接）；

（2）多商品引导成交：为店铺某类、某系列商品进行主题化表达和种草、引导成交（推荐使用微详情页承接）。

使用教程为：

（1）将“单图海报”从左侧容器列表拖拽至中间的页面装修预览区域；

（2）在右侧分别完成“模块名称”“选择图片”和二级承接方式选择；

（3）全部完成后，务必先点击下方“保存”按钮后再进行页面的发布。

具体如图 4-19 所示。

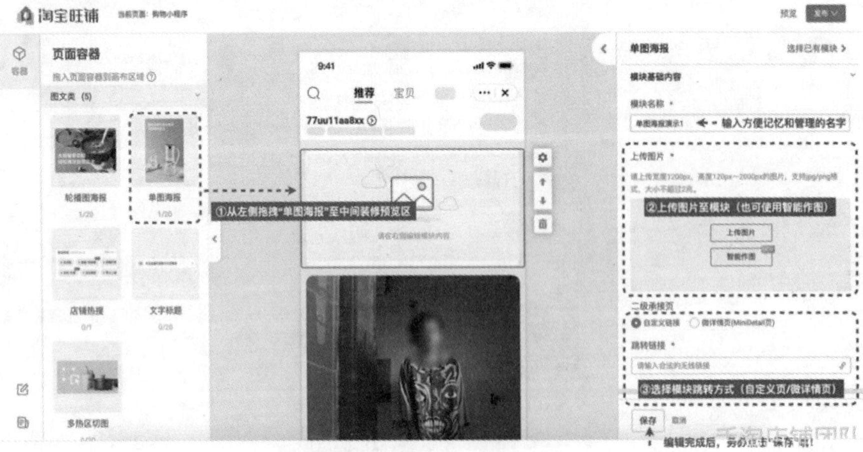


图 4-19　单图海报使用教程

2. 单图视频

单图视频支持 3 种封面图尺寸：9：16/3：4/16：9，推荐优先使用 9：16 竖版尺寸，视频流前台展示效果佳，消费者端沉浸式体验较好。视频时长为 10 秒 ~ 10 分钟，一般建议控制在 15 秒 ~ 2 分钟，节奏明快、不拖沓。视频封面支持两种封面图尺寸：9：16/3：4 的视频匹配 3：4 的视频封面，16：9 的视频匹配 16：9 的视频封面。画质要求 720 P 高清以上。视频大小在 300 M 以内。视频格式为 mp4 格式。

3. LiveCard

基于店铺模块开放形成的 LiveCard，重新定义了店铺体系开放的新标准和新形态，引领消费者体验从静态图文浏览到交互式、参与式逛店的全新体验。每一个 LiveCard 都可以是一个小部件/小部件 + 小程序，以 LiveCard 为店铺的窗口，深度建立与消费者连接，使店铺模块更具场景性、互动性。

店铺模块由“平面展示”升级为“LiveCard”后，以 LiveCard 为店铺的窗口，可深度建立与消费者更深度的连接，通过小程序轻互动、用户数据存储等高度开放定制能力，使店铺模块更具场景性、互动性，支持品牌个性化表达，吸引消费者主动互动，并基于消费者互动行为偏好匹配个性化内容推荐。LiveCard 的特点如下：

（1）可交互：可交互性强，通过趣味性方式与消费者“沟通”，给用户制造惊喜感，传达品牌文化；

（2）多状态：卡片内容可根据消费者行为进程动态变化，使店铺与“我”更相关，与消费者产生更多连接；

（3）高效率：更少跳转，提升转化效率；

（4）跨场景流通：可流转多个场景，如公域 MiniShop、每日好店等；

LiveCard 有别于普通店铺平面模块，其更具场景化、互动性，是品牌与消费者沟通的窗口。（见图 4-20）

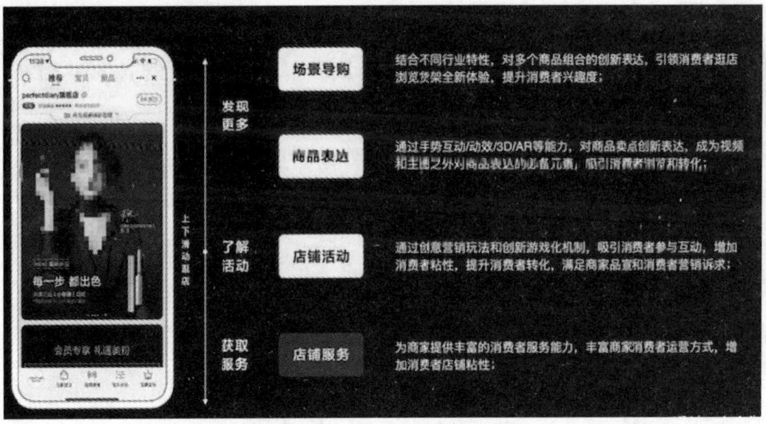


图 4-20　Live Card 的作用

4. 宝贝类模块

宝贝类模块包括排行榜、智能宝贝推荐、系列主题宝贝 、鹿班智能货架、免息商品智能货架。

5. 营销互动类模块

营销互动类模块包括店铺优惠券、裂变优惠券、购物金、芭芭农场、店铺会员模块、人群优惠券。其中，通过设置不同的分人群优惠券的店铺策略，达到对不同人群在店铺首页展示不同优惠券的运营目的，提升各细分人群的转化率。实际应用上如新客专享优惠、老客复购优惠、提客单优惠（即相对门槛优惠券配置）。通用店铺首页下实现分组人群的优惠券投放，能有效促进用户的不同购买场景下的高效转化。

店铺人群优惠的作用如下：

（1）支持多条人群策略，实现对不同的人展示差异化优惠券。

（2）针对单模块实现定向分流，无须对店铺页面整体二次设计，操作成本低。

## 模块四　课后习题

1.（判断题）消费者保证金是指商家根据消费者保障服务协议约定的条款和条件及淘宝网其他公示规则的规定，缴存作为金钱质押并用于担保卖家对于消费者保障服务承诺以及淘宝网相关规则规定的履行和遵守的资金。（　　）

2.（判断题）直通车是按成交支付推广佣金的一种推广方式。设置的佣金比例越高，成交的机会也就相对较大。（　　）

3.（判断题）淘宝客付费推广是一种按点击付费的推广方式，一个点击从几毛钱到几元钱不等，取决于关键词出价的金额。（　　）

4.（判断题）淘宝平台中的超级钻展对于新卖家来说门槛较高，要求商家店铺信用等级四星级及以上；店铺每项 DSR 在 4.4 及以上，同时要符合相关主营类目的要求，如电脑、数码类产品不能参加钻展推广。（　　）

5.（判断题）个人店铺的负责人年龄须满 16 周岁；企业店铺的负责人年龄须满 18 周岁。（　　）

6.（判断题）个人可以进入卖家中心—店铺管理—店铺基本设置进行编辑店铺基本信息，完善店铺信息。店铺基本信息包括：店铺名、店铺标志、经营地址、工商注册信息等。（　　）

7.（判断题）“同一身份主体作为卖家仅能开设一个店铺”是指卖家以自然人、个体工商户或其他企业身份开店时，一个身份证或营业执照名下仅能开设一家店铺。（　　）

8.（单选题）图视频支持 3 种封面图尺寸，推荐优先使用（　　）竖版尺寸，视频流前台展示效果佳，消费者端沉浸式体验较好。

A. 9∶16　　B. 3∶4

C. 16∶9　　D. 8∶16

9.（单选题）不属于 LiveCard 特点的是（　　）。

A. 可交互　　B. 多状态

C. 高效率　　D. 单一场景流通

10.（单选题）专营店命名格式是（　　）。

A. 品牌名+类目（可选）+旗舰店
B. 商号+类目+专营店
C. 品牌名+商号+专营店
D. 品牌名+类目+专营店

11.（多选题）第三方电商平台的特点包括（　　）。

A. 中立性
B. 开放性
C. 服务性
D. 规模性
E. 公平性

12.（多选题）开设企业类型的店铺需要准备的资料包括（　　）。

A. 营业执照
B. 税务登记证
C. 组织机构代码证
D. 法人代表人身份证
E. 店铺管理人身份证

# 模块五　网店运营与管理

## 情景设计

**玩转电商数据分析提高销售额**

目前，一些中小微企业的网店运营团队已经利用微博、微信、短视频以及直播等营销方式对网店进行了推广。通过一段时间观察发现以下问题：一方面，网店上个别商品的访问量很低；另一方面，某些商品的访问量虽然较高，但转化率却不理想。针对这些问题，网店运营团队准备通过对网店运营的数据进行分析，寻找原因和对策，以优化网店的运营，提高销售额。

## 项目一　关键词分析

微课：关键词分析

### 一、认知关键词

#### （一）关键词的含义

关键词是指用户在搜索引擎中搜索自己所需要的商品或服务时输入的词汇。例如，用户在淘宝购买手机时，在淘宝搜索框中输入的“手机”就是关键词。关键词是表达消费者个人需求的词语，往往最能直接反映出消费者的意图。关键词一般比较短小，字数较少，如果网店选对关键词，便可以快速地出现在精准用户的搜索结果中，达到引流的目的。

#### （二）关键词的作用

1. 匹配买卖双方

如果说电商平台是连接买家和卖家的桥梁，那么关键词就是促成买家和卖家在电商平台上实现匹配的信使。买家在搜索引擎中搜索关键词来查找自己需要的商品或服务，卖家通过关键词推广使自己的商品或服务获得在平台上展现的机会，当买家搜索的关键词和卖家推广的关键词相匹配时，卖家的商品或服务则有机会出现在买家的搜索结果中。（见图 5-1）

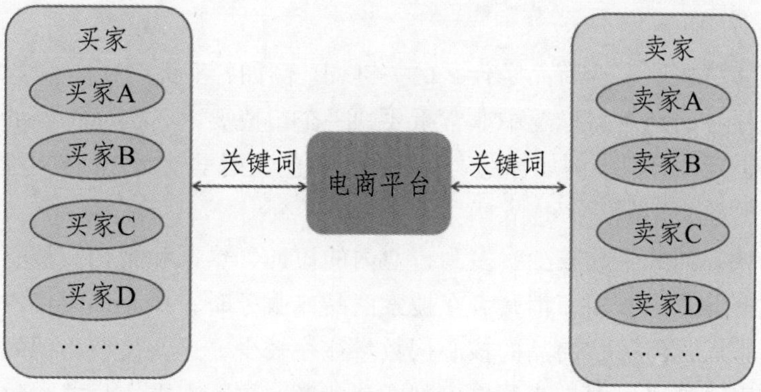

图 5-1　关键词匹配买卖的双方

2. 构成商品标题最小的单元

网店商品标题由多个关键词组成，即关键词是构成商品标题的最小单元。例如商品标题“长款毛衣裙过膝修身加绒加厚针织连衣裙”是由关键词长款、毛衣裙、过膝、修身、加绒、加厚、针织和连衣裙组成的。因此，在制作和优化商品标题时，重点是挖掘和优化关键词。

3. 增加商品的流量

商品的流量一般包括免费流量（平台系统推荐、用户关键词搜索、商家 SEO 优化）、自主访问流量（分享店铺链接、用户收藏夹、用户购物车）和付费流量（SEM 推广、信息流推广）3 种。在网店运营过程中，获取流量的主要方法包括 SEO 优化、SEM 推广和信息流推广。

### （三）关键词的分类

目前，行业内尚未形成关键词分类的统一标准，但在主流的分类方法中，常见的关键词类型包括核心词、品牌词、属性词、营销词和长尾词 5 种（见图 5-2）。

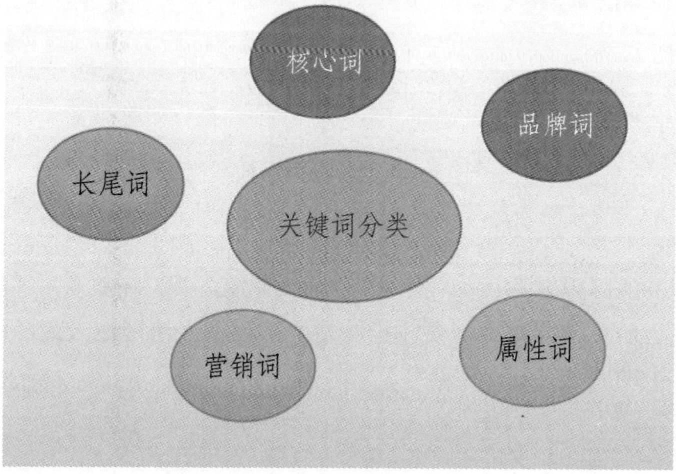

图 5-2　关键词分类

1. 核心词

核心词是能够精准地表达商品是什么的关键词。例如，手机、衬衫、耳机等均是核心词。在网店运营中，核心词是商品标题中非常重要的一个组成要素。商品标题的关键词往往都是在核心词的基础上延伸开来，例如标题“小仙女长袖连衣裙早秋 2020 新款法式大方领气质女神范温柔风”中的核心词就是“连衣裙”。

一般来讲，核心词的字数较少，多为行业内的短词、热词和大词。核心词的最大特征是竞争激烈而转化率低。一方面，消费者在搜索商品或服务时，核心词的搜索最为频繁，因此核心的搜索量非常大，但一种商品的核心词数量往往较少，这就使核心词的竞争非常激烈。另一方面，搜索引擎难以根据核心词准确判断消费者的精准需求，只能大致确定消费者所需商品或服务的类目，因此在搜索结果中无法精准地展现消费者需要的商品，这就使核心词的转化率往往偏低。例如，消费者想购买一款华为手机，若在淘宝中输入核心关键词“手机”进行搜索，搜索结果就会出现各种不同品牌的手机；而当消费者在淘宝中输入品牌词“华为”时，则搜索结果范围就会缩小，搜索结果更加精准，转化率会更高。

常见的核心词主要有商品词和类目词两类。

（1）商品词指商品的名称，最能直观、准确地表达商品是什么，如“手机”“口红”“螺蛳粉”等。

（2）类目词指商品所属类目的名称，又可细分为一级类目、二级类目、三级类目以及四级类目等。以淘宝网为例，厨房电器属于家电办公类目下的子类目，家电办公属于一级类目，厨房电器属于二级类目。家电办公类目下还包括“生活电器”“个护电器”“大家电”“影音电器”等二级类目，而厨房电器二级类目下还包括电磁炉、电水壶、料理机等三级类目，这些类目名称都可以作为核心词出现在商品的标题中。（见图 5-3）

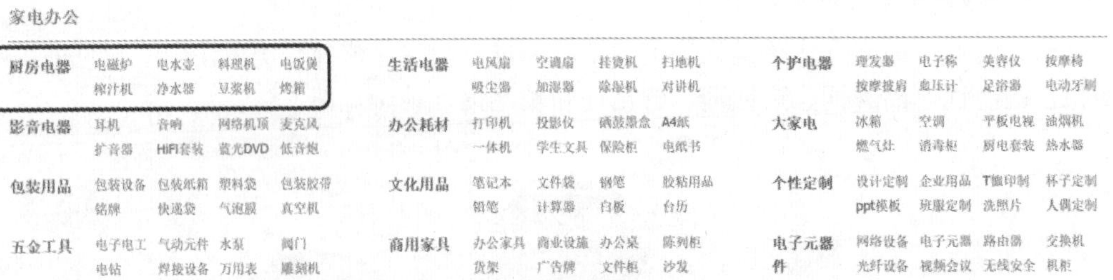


图 5-3 淘宝各级类目词举例

2. 品牌词

品牌词是指商品的品牌名称，如“小米”“海澜之家”“良品铺子”等品牌名称。网店在使用品牌词作为自己的关键词时，需要注意的是要避免不当使用他人的品牌词，否则可能构成侵权，产生法律上的问题。

3. 属性词

属性词是指描述商品参数、特征的关键词，如商品的尺寸、材质、颜色、型号、风格、样式、用途等。属性词一方面能够帮助消费者更好地了解商品的详细信息，另一方面也能够帮助平台快速地将商品信息匹配给合适的消费者，因此能较精准地匹配消费者的需求。以淘宝网为例，“项链”的商品属性查找界面如图 5-4 所示。

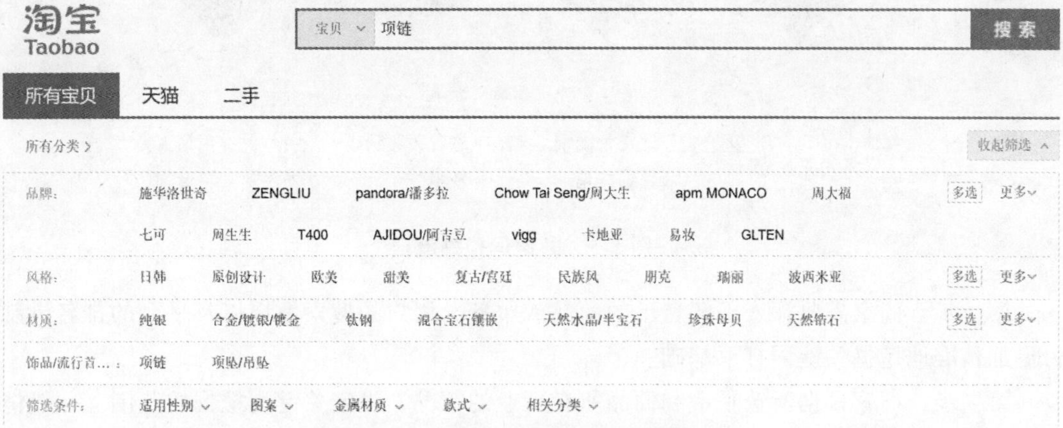


图 5-4　淘宝网商品属性查找界面

例如，商品标题“跳动的心项链 2021 年新款女纯银锁骨链轻奢小众品牌设计感新款配饰”中的“纯银”“轻奢”“小众”等就属于属性词。属性词能够帮助消费者全面认识商品，同时也方便消费者更好地挑选自己所需要的商品，因此属性词往往是影响消费者购买决策的一个重要因素。

4. 营销词

营销词是指具有营销性质的关键词，一般包括突出商品卖点、描述优惠信息、展现品牌信誉等词汇，通常作为核心词和属性词的补充。如“2021 新款”“包邮”“正品”等词汇就属于营销词。在挖掘营销词时，可以选择一些常见的热门促销词。除此之外，还可以根据消费者的心理以及搜索习惯来选择关键词，这样更能吸引消费者的注意力，使其产生好感，提高商品的点击率。

5. 长尾词

长尾词是指商品的非中心关键词，但与中心关键词相关，也可以带来搜索流量的组合型关键词。长尾词一般由 2 个或 2 个以上的词组成，至少 3 个字。长尾词通常由核心词、属性词、营销词等搭配组成，如“5G 手机”“中国风长裙”等均属于长尾词。长尾词的特点是总体数量比较庞大，而搜索量较小，因此竞争性不强。当消费者使用长尾词搜索商品或服务时，一般其目的性较强，需求比较明确、精准，因此这类关键词的转化率往往较高。

## 二、关键词挖掘

### （一）关键词挖掘流程

关键词的质量对网店的运营有非常重要的影响，商家在网店运营的过程中，是否能够高效地挖掘到优质的关键词，是一项非常重要的工作。关键词挖掘的一般流程如下（见图 5-5）：

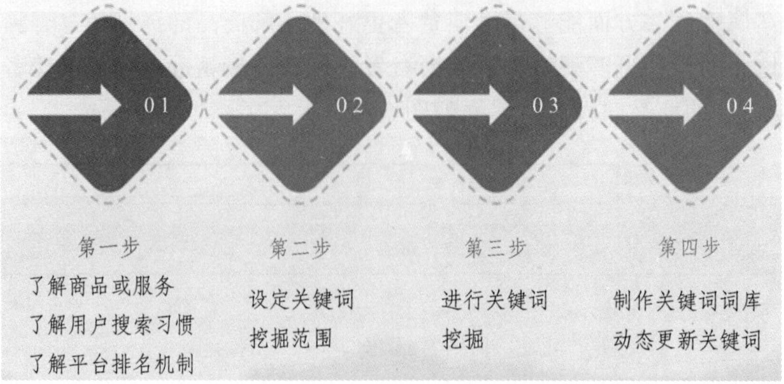


图 5-5　关键词挖掘流程

第一步，商家需要深入了解自己的商品或服务、用户的搜索习惯以及平台的排名机制，为更加精准地挖掘关键词打下基础。

第二步，商家根据所选平台和商品所在行业的情况，设定关键词挖掘的范围。一般情况下，挖掘的关键词应该与商品相关，并且要符合商品的真实情况。如果使用的关键词与商品不相关或不真实，可能导致被搜索引擎降权。

第三步，商家通过多种不同的关键词挖掘的渠道和方法来挖掘关键词，删除质量不高的关键词，留下优质关键词。

第四步，商家将挖掘到的关键词制作成关键词词库，并根据关键词实际的数量指标表现，定期动态调整、更新词库中的关键词，淘汰指标表现不好的关键词，增加新的、优质的关键词。

电子商务师该如何选择产品的关键词，做到精准推送

## （二）关键词挖掘方法

在挖掘关键词时，商家可以利用平台的搜索下拉框来获取关键词，也可以利用平台提供的专门的数据分析工具来获取关键词。

1. 在搜索下拉框中获取关键词

关键词挖掘的第一种方法是在平台的搜索下拉框中获取关键词。以淘宝为例，当消费者在淘宝的搜索框中输入与商品相关的关键词“相机”时，搜索框会自动下拉并给出如“相机包”“相机背带”“相机单反”“相机三脚架”等相关的关键词，如图 5-6 所示。

平台根据消费者历史的搜索、浏览、点击、购买等行为，通过大数据分析、记录消费者的特征与搜索习惯，当消费者在搜索框中输入某个商品的关键词时，平台就会自动出现下拉框，给出与该商品相关的关键词。这类关键词往往有较高的搜索量，因此搜索下拉框是商家了解消费者关键词搜索习惯的重要工具，也是商家获取关键词的重要渠道之一。

使用淘宝搜索下拉框时，当鼠标移动到搜索下拉框中的某个关键词时，某些关键词的右侧还会出现系统推荐的与该关键词相关的拓展关键词，这也是网店获取关键词的方法之一。

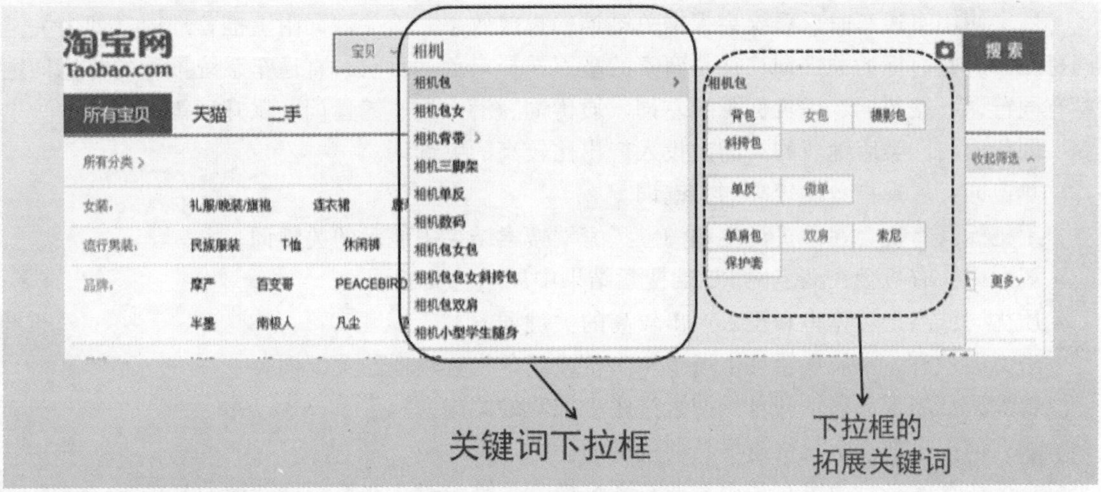


图 5-6　淘宝搜索下拉框

2. 利用平台的数据分析工具获取关键词

一般来讲，不同的电商平台通常都会以免费或付费的方式专门为网店提供数据分析工具，如淘宝的生意参谋、直通车，京东的商智以及百度推广的关键词规划师、百度指数等。商家可以利用平台提供的数据分析工具获取关键词。

以淘宝为例，商家可以利用直通车系统推荐词、直通车流量解析、生意参谋选词助手来获取关键词。

（1）直通车系统推荐词。

直通车系统推荐词是网店运营中一种比较常用的选词方法。商家利用直通车进行商品推广，在为直通车推广计划添加关键词时，系统会根据商品、人群等属性推荐相关的关键词，并给出各关键词的相关性、展现量、点击率、转化率等指标，如图 5-7 所示。

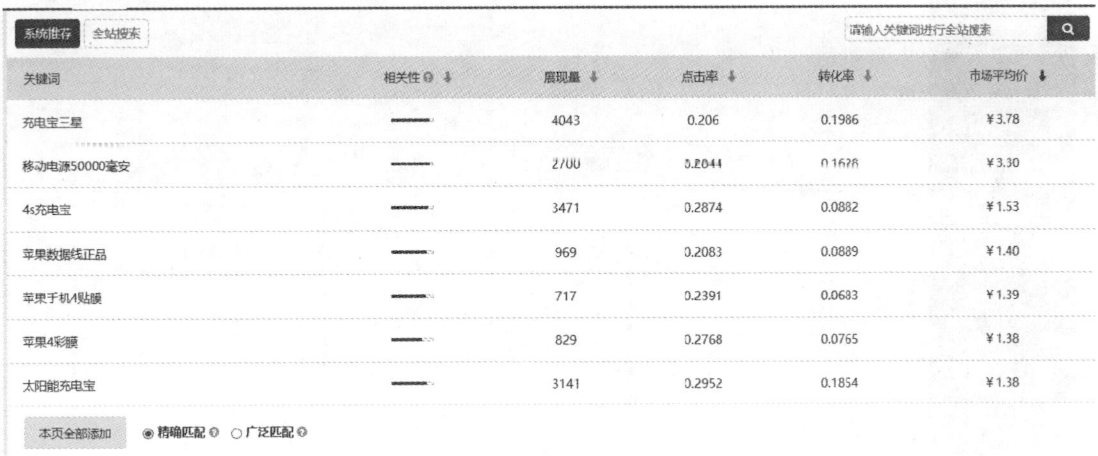

系统推荐　全站搜索　　请输入关键词进行全站搜索

| 关键词 | 相关性 | 展现量 | 点击率 | 转化率 | 市场平均价 |
|---|---|---|---|---|---|
| 充电宝三星 | | 4043 | 0.206 | 0.1986 | ¥3.78 |
| 移动电源50000毫安 | | 2700 | 0.2044 | 0.1628 | ¥3.30 |
| 4s充电宝 | | 3471 | 0.2874 | 0.0882 | ¥1.53 |
| 苹果数据线正品 | | 969 | 0.2083 | 0.0889 | ¥1.40 |
| 苹果手机4贴膜 | | 717 | 0.2391 | 0.0683 | ¥1.39 |
| 苹果4彩膜 | | 829 | 0.2768 | 0.0765 | ¥1.38 |
| 太阳能充电宝 | | 3141 | 0.2952 | 0.1854 | ¥1.38 |

本页全部添加　◉精确匹配　○广泛匹配

图 5-7　直通车系统推荐词[①]

① 鸿科经纬：《网店运营推广》“1+X”中级课程实训系统，http：//72.hotmatrix.cn/YX030214/Student/Index.aspx。

商家使用直通车时，系统会根据关键词的投放效果，给关键词附上推荐理由，即为关键词打标。这些打标的关键词往往是商家的重点选择对象。目前，直通车系统推荐的打标词主要有同行词、搜热词、手机标、置左词、质优词、潜力词、锦囊词、飙升词等类别。

同行词：同类店铺所购买的、投入产出比较高的关键词。

热搜词：展现指数比较高的关键词。

手机标：有机会在手机淘宝和淘宝买家端搜索结果中展示的关键词。

置左词：有机会在淘宝网 PC 端搜索结果中展示的关键词。

质优词：点击转化率和投入产出较高的关键词。

潜力词：有一定展现量且市场平均出价或竞争指数较低的关键词。

锦囊词：展现在移动端自然搜索排序中推荐的关键词。

飙升词：近期搜索量快速增长的关键词。

需要注意的是，商家在利用直通车系统推荐关键词时，在系统推荐词的基础上，还需要结合店铺自身的具体情况选出优质的关键词。常见的选择关键词的方式有以下两种：

第一种方式是利用平台的指数筛选功能选择关键词。商家可以根据关键词与商品的相关性、展现量、点击率、转化率和市场平均价等指标进行筛选。

第二种方式是结合以往经验选择关键词。虽然系统提供的打标词相对来说是优质关键词，但这并不一代表商家应该全部选择，商家也要根据不同推广时期的推广重点选择。比如，网店主要针对移动端的用户进行推广时，就可以多选择在移动端投放效果较好的锦囊词和手机标作为关键词。

（2）直通车流量解析。

流量解析是直通车提供的用于市场流量分析的一个重要工具。进入直通车后，在“工具”栏中找到“流量解析”工具，如图 5-8 所示。通过流量解析可以获得市场数据趋势、人群画像分析、竞争流量透视 3 大类数据信息。

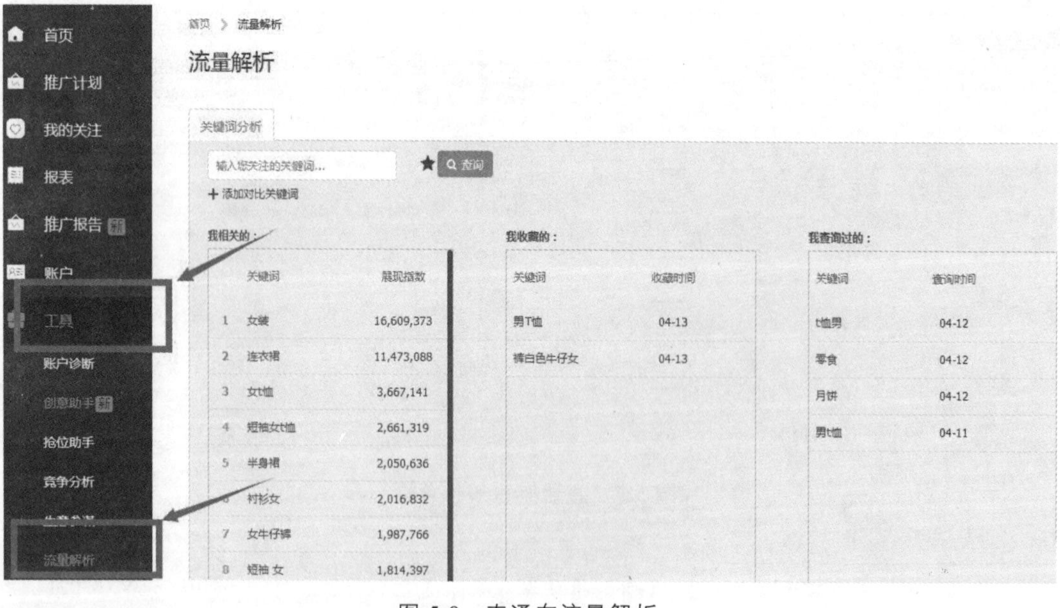


图 5-8　直通车流量解析

在市场数据趋势模块，可以查看某个关键词在选定时间范围内的市场变化趋势数据，包括展现指数、点击指数、点击率、点击转化率、市场均价，竞争度，如图 5-9 所示。

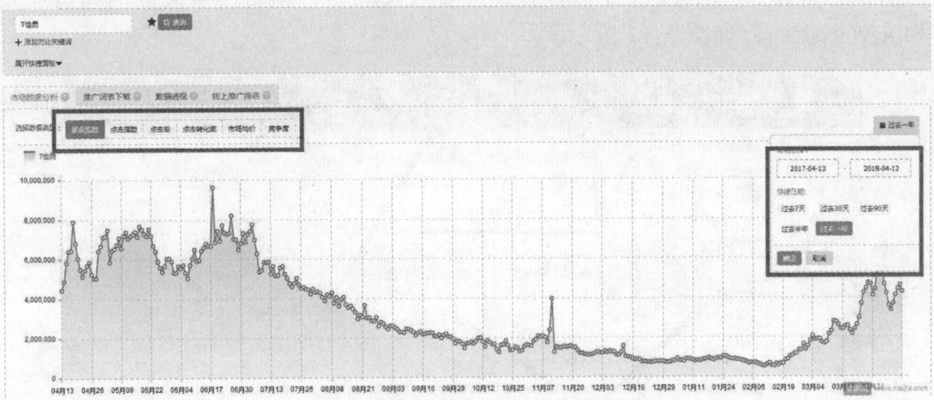

图 5-9　流量解析中的市场数据趋势模块

在人群画像分析模块，可以获得人群基础属性（性别、年龄、消费层级、类目笔单价）、优质人群组合、关联购买类目分析等数据。

在竞争流量透视模块，可以获得地域分布、设备分布、搜索时段分布、关键词平均出价等数据。以地域分布为例，商家可以查看到每个关键词在不同地域上的流量指标（包括展现指数、点击指数、点击率、点击转化率和市场均价等）。

商家在利用流量解析挖掘关键词时，一方面可以根据“相关词推荐”中提供的关键词并结合上述相关数据信息选择关键词，另一方面通过其他方法挖掘到的关键词也可以在此处进行测试检验，并获取相关数据。

（3）生意参谋选词助手。

生意参谋是阿里巴巴提供的商家统一数据平台，提供包括数据作战室、流量分析、品类分析、市场行情、竞争情报等功能，如图 5-10 所示。

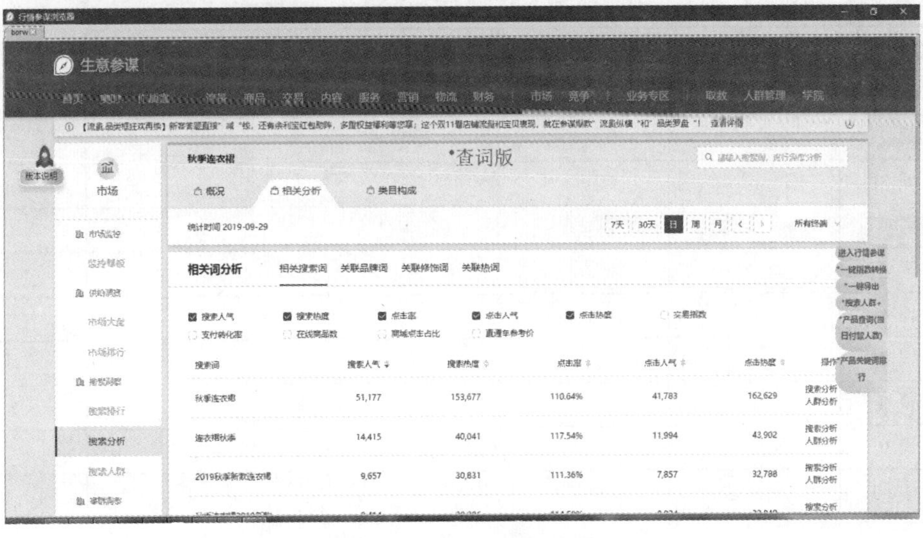


图 5-10　生意参谋界面

商家可以利用生意参谋中的选词助手工具来挖掘关键词并获取关键词相关指标数据。进入生意参谋主界面后，点击导航栏中的“流量”选项，再点击左侧菜单栏中的“选词助手”。通过选词助手，商家可以查找自身店铺的引流搜索关键词、竞店搜索关键词和行业相关搜索词及其相关数据指标，如图 5-11 所示。

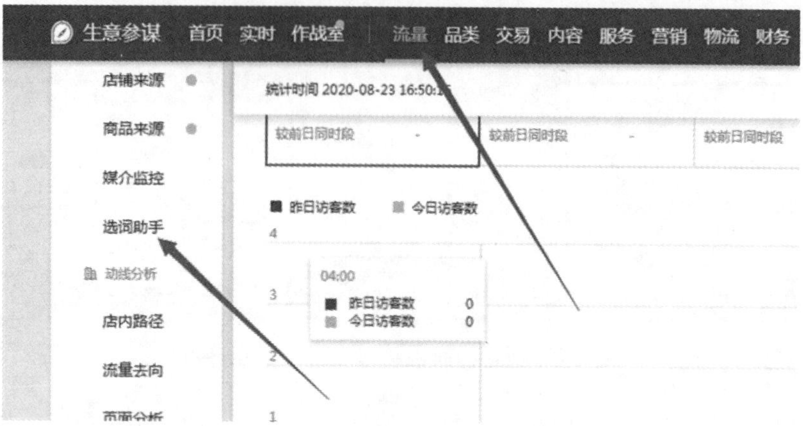


图 5-11　生意参谋选词助手工具

商家可以根据生意参谋选词助手提供的关键词以及该关键词带来的访客数、带来的流量量、引导下单买家数、引导下单转化率、跳失率、引导支付金额、引导支付件数等数据挖掘到优质关键词。

## （三）关键词词库制作

商家挖掘完成关键词之后，需要制定关键词词库。在后期的 SEO 优化时就可以直接在关键词词库中选词，这样就省去了关键词重复挖掘与重复筛选的过程，从而节省了时间，提高了工作效率。在制作关键词词库时，需要用表格将关键词名称和关键词相关数据表现等信息记录下来，如表 5-1 所示。

表 5-1　关键词词库

| 关键词 | 展现指数 | 点击指数 | 点击率 | 点击转化率 | 竞争度 |
|---|---|---|---|---|---|
| 关键词 1 | | | | | |
| 关键词 2 | | | | | |
| 关键词 3 | | | | | |
| 关键词 4 | | | | | |
| 关键词 5 | | | | | |
| 关键词 6 | | | | | |
| 关键词 7 | | | | | |
| 关键词 8 | | | | | |
| 关键词 9 | | | | | |
| 关键词 10 | | | | | |
| …… | | | | | |

商家在制作关键词词库时，应该注意以下几点：

（1）商家需要甄别从不同来源或渠道挖掘的关键词，可以初步剔除一些无用词或者违规词。无用词是指与商品相关性低，搜索量、点击率和转化率都较低的关键词，这类关键词的实际推广效果往往都不佳。违规词是指违反广告法及所在平台规则的关键词，可能会给店铺造成较大的负面影响，商家尤其需要注意这类关键词。

（2）商家应该对不同的商品分类制作关键词词库。需要注意的是，在制作关键词词库时，不仅要把关键词放入词库中，也要保留关键词的相关数据，以便今后在进行 SEO 优化时作为参考。

（3）关键词挖掘是一个长期积累的过程，因此商家需要定期动态调整、更新关键词词库，具体包括新增关键词、更新关键词的相关数据、定期筛选剔除数据表现不佳的关键词。

## 三、关键词数据分析指标

音频：关键词分析

关键词的分析指标包括关键词的搜索人气、展现量、点击量、点击率、转化量、转化率和竞争指数。

关键词的搜索人气：以展现量为主，展现关键词的搜索热度。消费者对该关键词的搜索热度越高，搜索人气就越高。

关键词展现量：店铺的关键词被展现的次数。当我们在网店搜索框中输入关键词搜索某种商品时，出现在搜索结果中的就是被展现的。

关键词点击量：点击该关键词的不同 IP 地址的人数。点击量越大，代表客流量越大。点击量是网店运营的基础，没有点击量，所有的后续工作都没有基础，因此，网店在运营过程中应该关注点击量，提升网店的流量。

关键词点击率：消费者点击该关键词的到达率，为点击量与展现量的比值。

关键词转化量：消费者点击该关键词最终达成交易的实际成交数量。转化量对商家来讲是形成实际收益的流量，若只有点击量，而没有转化量，并不能产生实际收益，还会使推广成本增加，因此，网店运营应该关注转化量的提高。

关键词转化率：关键词的转化量与点击量的比值，体现关键词的转化程度。

竞争指数：反应该关键词的竞争程度。

# 项目二　流量转化分析

音频：流量转化分析

## 一、认知流量

### （一）流量的含义

网店流量指网店的访问量，是用来描述访问一个店铺的用户数量及用户浏览网页数量的指标。网店流量统计的主要指标有独立访问者数量、重复访问者数量、页面浏览数、每个访问者的页面浏览数等。本书中的流量主要指独立访问者数量，这个指标是衡量店铺客流量多少的一个非常重要且具有代表性的指标。

需要注意的是，流量并不等于销售量，对网店来讲，并不是所有的流量都是优质流量，都能够转化为最终的销售量，为网店带来收益。而获取流量又是网店实现交易的第一步，没有流量，就没有交易。因此，商家首先应该努力获取流量，在获取了一定的流量之后，就需要努力将流量转化为最终的交易，提高流量的转化。

### （二）流量的分类

按照不同的思路，网店流量有不同的分类方式。根据获取流量是否付费，可以将流量分为免费流量和付费流量两种。免费流量是指通过自然搜索获取的流量，如用户通过好友分享、自主浏览网页所产生的流量，这部分流量不需要商家支付费用，能够降低网店的推广成本；付费流量是指网店通过付费推广的方式获取的流量，如网店通过平台站内推广以及微信、微博、抖音等渠道进行付费推广获取的流量。一般而言，免费流量越多，网店的推广成本就越低，因此网店应该尽可能地提高免费流量。

按照是否实现交易，可以将流量划分为虚假流量和真实流量。虚假流量是指有访问但未达成交易的这部分流量。例如，用户在抖音上看到网店的推广广告，点击进入店铺访问，但未产生购买行为，则所产生的流量就为虚假流量。虚假流量产生的原因可能是用户无意点击、无购买需求，也可能是商品对用户缺乏吸引力。真实流量是指访问并达成交易的这部分流量，即发生转化的流量。网店的真实流量越大，对网店的价值也更高，同时也可以间接降低网店的推广成本。因此，网店应该重点关注真实流量，一方面优化产品和店铺、提高流量的转化；另一方面维护好与老客户之间的关系，培养忠实客户，增加用户黏性。

## 二、流量趋势的分析

### （一）流量趋势分析的内容

流量趋势分析是指通过对流量变化趋势的分析来剖析影响流量的因素，从而为流量管理提供依据和思路。其基本原理是，通过对一段时间内流量的变化进行统计，通过多维度的观察和调研，对影响流量的因素及影响作用进行分析、罗列和验证，最后应用于流量管理。

流量趋势分析的内容包括：对单次流量的统计、对多次流量的对比统计、将统计数据转化成统计图。

#### 1. 对单次活动流量的统计

商家可以对网店的某次具体活动（如店铺节假日促销活动、618、双 11 等）不同时间段的流量进行统计，包括不同时间段的总流量、买家数量和订单量，并列出统计数据表，如表 5-2 所示。通过分析不同时间段的流量情况，了解用户在哪个时间段最为活跃、哪个时间段用户转化率最高，以便在以后开展类似活动时，加大这些时间段的推广力度。

表 5-2　店铺单次流量统计

| 时间段 | 流量/人 | 买家数量/人 | 订单量/个 |
|---|---|---|---|
| 00:00—01:00 | | | |
| 01:00—02:00 | | | |
| 02:00—03:00 | | | |
| 03:00—04:00 | | | |
| 04:00—05:00 | | | |
| 05:00—06:00 | | | |
| 06:00—07:00 | | | |
| 07:00—08:00 | | | |
| 08:00—09:00 | | | |
| 09:00—10:00 | | | |
| 10:00—11:00 | | | |
| 11:00—12:00 | | | |
| 12:00—13:00 | | | |
| 13:00—14:00 | | | |
| 14:00—15:00 | | | |
| 15:00—16:00 | | | |
| 16:00—17:00 | | | |
| 17:00—18:00 | | | |
| 18:00—19:00 | | | |
| 19:00—20:00 | | | |
| 20:00—21:00 | | | |
| 21:00—22:00 | | | |
| 22:00—23:00 | | | |
| 23:00—24:00 | | | |

### 2. 对多次流量的对比统计

商家除了要对单次活动的流量情况进行统计外，还可以对同一类活动不同时间（如不同月份、不同年份）的流量进行统计对比。如可以将 2021 年某次促销活动和 2020 年同类促销活动的流量进行对比，如表 5-3 所示。

表 5-3　2019 年与 2020 年某次促销流量对比

| 时间段 | 2021 年流量/人 | 2020 年流量/人 |
| --- | --- | --- |
| 00:00—01:00 | | |
| 01:00—02:00 | | |
| 02:00—03:00 | | |
| 03:00—04:00 | | |
| 04:00—05:00 | | |
| 05:00—06:00 | | |
| 06:00—07:00 | | |
| 07:00—08:00 | | |
| 08:00—09:00 | | |
| 09:00—10:00 | | |
| 10:00—11:00 | | |
| 11:00—12:00 | | |
| 12:00—13:00 | | |
| 13:00—14:00 | | |
| 14:00—15:00 | | |
| 15:00—16:00 | | |
| 16:00—17:00 | | |
| 17:00—18:00 | | |
| 18:00—19:00 | | |
| 19:00—20:00 | | |
| 20:00—21:00 | | |
| 21:00—22:00 | | |
| 22:00—23:00 | | |
| 23:00—24:00 | | |

3. 将统计数据转化成统计图

搜集、整理好流量的统计数据后，可以将这些数据绘制成统计图，便于更加直观地看到流量的变化趋势，发现流量变化背后的逻辑。

### （二）流量趋势分析的方法

对流量趋势的分析，可以从两个维度进行：

第一，从横向对不同时间段的流量变化进行分析。通过对某次活动在不同时间段内流量变化进行分析，寻找影响流量的主要因素，如活动的不同阶段、用户作息时间、用户活跃时间等因素对流量产生的影响。

第二，从纵向对不同时间的流量变化进行分析。通过对同类活动不同纵向时间段流量进行比对分析，了解流量的变化趋势，寻找影响流量的主要因素，如消费者习惯的变化、平台的控制、产品的升级等因素是否会影响流量?

## 三、流量转化的分析

在电商运营中，运营人员通过不同的方式和渠道来获取流量，不同方式和渠道的流量的效果则由流量转化来衡量。很多网店的商家在运营过程中发现，通过努力地推广，店铺的流量增加了，但销售量却仍然没有提高，那么问题就出在流量转化的过程中。因此，网店在运营过程中，需要分析流量转化的情况，衡量引流效果，优化和改善引流方案。

流量转化指流量转化为期望的行为，如收藏、添加购物车、支付等。一般来讲，流量转化包括两个方面：转化数和转化率。转化数是指发生某种行为的人数，转化率是指转化数占总流量的比重。

### （一）流量转化分析的内容

通常来讲，流量转化分析包括收藏转化率、加购转化率和支付转化率 3 个指标。

1. 收藏转化率

收藏转化率是指收藏商品或店铺进行的人数占商品或店铺流量的百分比，计算公式为：

$$收藏转化率 = 收藏人数/流量 \times 100\%$$

2. 加购转化率

加购转化率是指浏览后将商品添加进购物车的人数占宝贝流量的百分比，计算公式为：

$$加购转化率 = 加购人数/流量 \times 100\%$$

3. 支付转化率

支付转化率是指购买商品并完成支付的人数占宝贝流量的百分比，计算公式为：

$$支付转化率 = 支付人数/流量 \times 100\%$$

### （二）流量转化分析的方法

对流量转化的分析，通常是分析其背后影响流量转化的因素，从而对这些因素进行修改和完善，提高转化率。

有可能对流量转化产生影响的因素很多，每个店铺的影响因素也不尽相同。一般来讲，可以对以下因素进行分析：流量来源、地域、用户属性、关键词、产品质量、品牌形象、推广力度、文化等。

虽然每个店铺的流量转化影响因素不完全相同，但流量转化分析的思路一致，即采用控制变量的方法。控制某些变量，调节需要研究的变量，从而找出这些因素的影响方向和影响程度。例如，想要研究关键词对流量转化的影响，就要在其他变量不变的情况下，统计不同关键词的流量转化情况，如表 5-4 所示。

表 5-4　某产品关键字的转化数据

| 关键词 | 流量/人 | 收藏量/人 | 加购量/人 | 订单量/个 | 收藏转化率 | 加购转化率 | 支付转化率 |
|---|---|---|---|---|---|---|---|
| 关键词 1 | | | | | | | |
| 关键词 2 | | | | | | | |
| 关键词 3 | | | | | | | |
| 关键词 4 | | | | | | | |
| 关键词 5 | | | | | | | |
| 关键词 6 | | | | | | | |
| 关键词 7 | | | | | | | |
| 关键词 8 | | | | | | | |
| 关键词 9 | | | | | | | |
| 关键词 10 | | | | | | | |
| …… | | | | | | | |

为了更直观简明地判断这些转化率背后的逻辑，可以将这些转化指标表现绘制成折线图。

# 项目三　行业数据分析

微课：行业数据分析

## 一、产品搜索指数分析

### （一）产品搜索指数分析的维度

搜索指数是以用户在网络搜索平台的搜索量为数据基础，以关键词为统计对象，科学分析并计算出各个关键词在网络搜索中搜索频次的加权和。产品搜索指数则是指用户搜索某种产品相关关键词的热度的数据化表现，从侧面反映了用户对这种产品的关注度和兴趣度。由搜索频次等因素综合计算得出数值，数值越大，搜索热度越高。需要注意的是，产品搜索指数不等同于实际的搜索次数，因此仅作为定性分析。通常来说，产品搜索指数分析的维度包括搜索词、长尾词、品牌词、核心词、修饰词等。

### （二）产品搜索指数分析的内容

在电商运营过程中，通常会利用产品搜索指数来进行热点追踪、用户画像分析、趋势研究、竞品分析等，以帮助卖家及时调整店铺经营的商品类目、进行商品标题优化、调整运营策略以及进行商品的精准推广投放等。

在进行产品搜索指数分析时，可以通过百度指数（见图 5-12）、360 趋势、阿里指数或各种数据产品（如生意参谋、京东商智等）获取相关搜索指数。搜索指数的数据来源主要依托各个平台的用户搜索行为，同一关键词在不同平台得到的结果不同，具体操作时，需要结合目标定位、广告投放位置等因素。

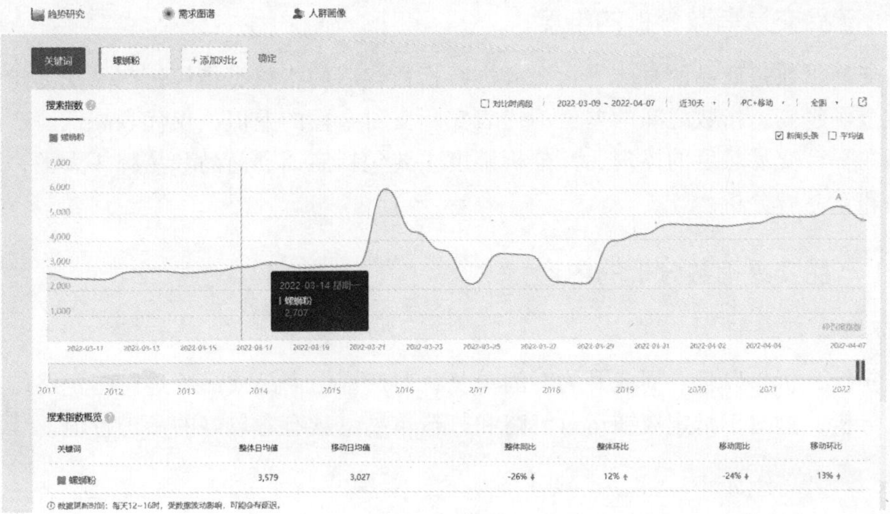


图 5-12　百度指数

例如，生意参谋是基于阿里巴巴全域数据，专为淘宝和天猫商家打造的数据分析平台。借助生意参谋，淘宝商家可以在产品上架运营一段时间后，对市场动向做出预判，随时调整策略。在生意参谋“市场”板块中，搜索指数分析主要从搜索趋势分析和搜索人群分析两个方面入手。

### 1. 搜索趋势分析

搜索趋势分析是从搜索人气、搜索热度等方面进行分析。

搜索热度是指在所选的终端上，根据统计周期内搜索词的搜索次数拟合出的指数类指标。该数值越高，表明搜索次数越多。一个关键词被同一个人多次搜索，搜索次数记为多次。关键词一次搜索后多次翻看查找搜索结果，搜索次数记为一次。

搜索人气是指在所选的终端上，根据统计周期内的用户搜索人数拟合出的指数类指标。该数值越高，表明搜索人数越多。一个关键词被同一个人搜索，搜索人数记为一人。

### 2. 搜索人群分析

搜索人群分析指从搜索人群的属性画像、购买偏好、支付偏好等维度对产品搜索词进行分析。

搜索人群的属性画像包括年龄、性别、地域、职业等人群属性的分析。通过人群属性的分析，可以了解产品的目标用户、潜在用户，并且通过对不同用户的特点进行分析，有针对性地调整或设计卖点，帮助网店全方位、精准化地进行数据化运营。

搜索人群的偏好主要包括类目偏好和品牌偏好。通过搜索人群偏好分析可以帮助商家选择适合的类目和品牌。

搜索人群的支付偏好分析主要用于分析上述人群的价位偏好区域。了解不同价格区间点击用户的占比，帮助商家合理定价，以很好地帮助商家选择店铺的引流款。

## 二、产品交易指数分析

### （一）产品交易指数分析的维度

产品交易指数是商品的总体支付金额进行指数化后的指数类指标，产品交易指数越高，代表支付金额越高。指数之间的差值不代表实际支付金额的差值，仅代表高低。产品交易指数是产品在平台交易热度的体现，其分析维度主要包括店铺、商品和品牌 3 大类，可用于竞店、竞品和竞品牌分析。

### （二）产品交易指数分析的内容

1. 市场排行分析

市场排行分析指以日、周或月为时间单位，对店铺、商品或品牌进行指定终端下的交易指数对比分析，这对于指定店铺运营策略和打造单品爆款有着较好的参考价值。

2. 交易趋势分析

交易趋势分析指查看店铺、商品或品牌在过去一段时间内的交易变化，分析成交量是下滑、上升还是稳定不变。

# 项目四　装修效果分析

网店装修是影响网店转化率的一个重要因素，很多网店流量很高，但是转化率却不理想，往往就在于网店装修效果不好。同样的商品，不同的网店装修所产生的效果是不同的，符合商品特征、符合消费者审美标准的网店装修往往更能吸引消费者。这就如同我们线下就餐时，同样的菜品，如果某家餐厅的环境更优美，我们肯定会选择环境更优美的餐厅。

网店装修效果的分析可以利用电商平台的数据分析工具，如淘宝网的生意参谋提供了页面分析功能，可以对网店的装修效果进行分析。在进行网店装修效果分析时，要灵活地使用对比分析的思路，既要进行横向对比，也要进行纵向对比。即既要分析自己店铺在不同装修时期的营销效果，也要分析行业内其他店铺或竞争对手的装修效果，从而找到优化网店装修的思路。一般来讲，网店装修效果分析包括网店首页装修效果分析和商品详情页装修效果分析。

## 一、网店首页装修效果分析

网店的首页相当于一家实体店的门面，用于体现店铺形象，展示商品和导购信息，有传递品牌形象、配合营销活动展示商品、引导分流、减少跳失率的作用。

因此，店铺首页装修的好坏将直接影响消费者的购物体验的好坏和转化率的高低。在进行网店首页装修效果分析时，应该关注用户在首页的停留时间、首页链接的点击率、首页跳失率、首页到产品的点击率、首页出店率等指标。

首页停留时间，指客户在一次访问内停留在首页的时长。首页停留时间越长，表明首页设计效果越好，对访客的吸引力越大。相反，首页停留时间越短，表明首页设计效果越不理想，首页对访客没有吸引力，因此不会花时间继续停留在首页。

首页链接点击率，指首页导航链接点击率与首页总浏览量的比值。首页的链接直接影响从首页到网店各页面的流量大小。因此，网店首页的链接点击率越高，表明首页的导航设计可行性越高。

首页跳失率，指访问首页后没有再继续访问网店其他页面就离开的人数与网店所有访问人数的比值。首页跳失率越高说明网店首页对访客的吸引力越小，需要进行优化。

首页出店率，指访问者访问首页后直接退出店铺的人数与网店所有访问人数的比值。首页出店率越高，表明首页设计效果不佳，没有吸引力，访客没有欲望再继续浏览网店的其他页面。

首页到产品的点击率，指首页展示产品的点击量与所有访问首页总浏览量的比值。首页到产品的点击率反映的是首页的导航能力和吸引能力，点击率越高，越有利于产品的成交。

根据网店首页装修数据分析结果，找到首页装修中的不足之处进行优化。在进行网店首页装修优化过程中，要坚持以下原则：

第一，充分利用店招和导航。第一屏很关键，要放能代表网店形象的 UV 价值高的商品。

第二，合理的分类导航可以缩短购物路径，商品陈列风格要统一，重点要突出。

第三，UV 价值高的商品可以在首页反复出现。

## 二、商品详情页装修效果分析

消费者通过网店的商品详情页能更全面地了解商品的信息，判断商品是否能够满足自己需求的产品，从而决定是否购买该产品。因此，详情页往往对消费者的购买决策有着重大的影响。商品详情页的装修效果分析需要关注商品详情页收藏率、购物车使用率、页面跳失率、页面二跳率、商品成交转化率等指标。

详情页收藏率，指消费者访问详情页后对商品进行收藏的人数与访问详情页总人数的比值。详情页收藏率越高，表明详情页质量越好；相反，详情页收藏率越低，表明详情页对消费者的吸引力还不足，需要思考详情页的排版、图片设计、内容设计、文案设计是否存在不足。

购物车使用率，指消费者访问详情页后将商品添加购物车的人数与访问详情页总人数的比值。购物车使用率越高，说明详情页质量越好，在一定程度上激发了消费者的购买欲望。

页面跳失率，指消费者只访问一个页面就离开的人数与访问该页面总人数的比值。跳失率越高，说明该页面对消费者的吸引力越低，需要加以改进。跳失率高一般有 3 个症结：① 页面信息传达失误，主要表现在页面逻辑性不强，不能快速吸引消费者；② 页面加载时间太长，页面的图片大小和尺寸没有做优化，使页面的访问变得非常慢，不能更好地适应活动快节奏的需要；③ 活动关联销售没有做好，不符合关联的第一需要营销逻辑关系。（见图 5-13）商家可从以上 3 个方面进行优化。

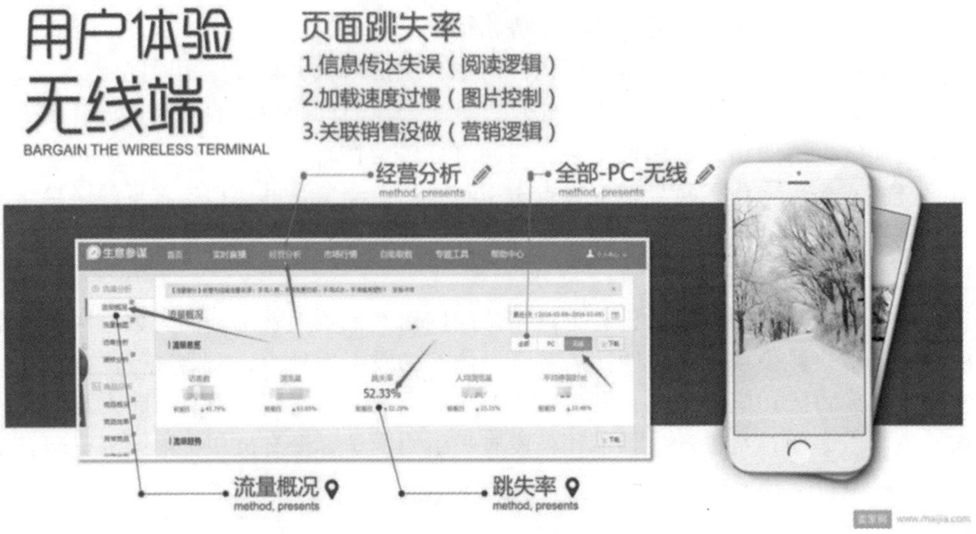


图 5-13　跳失率高的原因分析

页面二跳率，指在访问的页面上首次点击数与该页面总访问次数的比值。二跳率越高，表明网店越有吸引力。跳失率与二跳率之和等于 1。

页面成交转化率，指某商品详情页面的成交客户数与该商品总的访客数的比值。页面成交转化率越高，说明详情页质量越高。页面转化率低一般和以下两个因素有关：① 产品的核心卖点不突出，产品的差异化卖点展示不突出；② 产品页面因为图片或者逻辑关系让客户阅读体验不佳，造成客户转化不高。（见图 5-14）

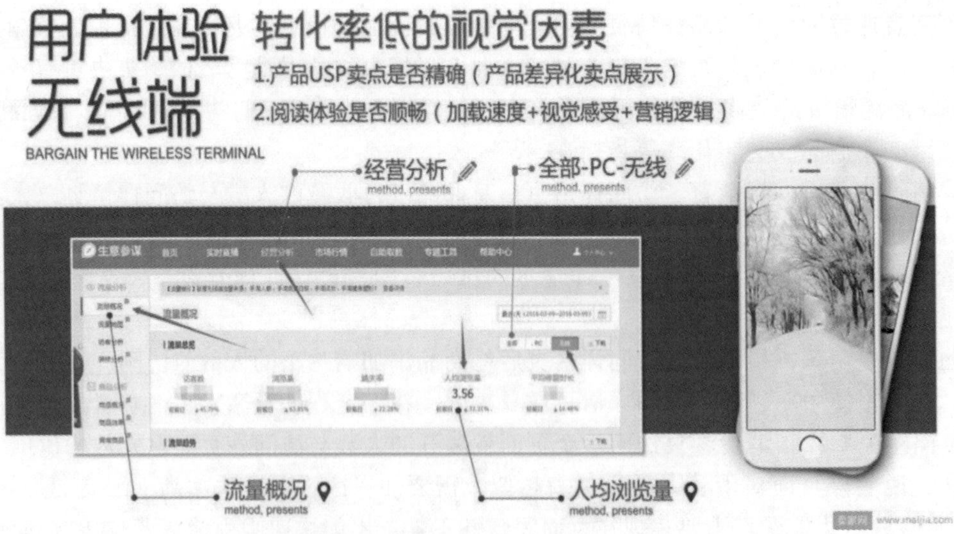


图 5-14　页面转化率低的原因分析

## 三、生意参谋页面分析

以淘宝的生意参谋为例，演示如何利用电商平台的数据分析工具进行装修效果分析。

首先，需要进入千牛卖家中心，选择“数据”，进入生意参谋工具，然后选择“流量”菜单，接着选择“页面分析菜单”，就可以看到装修效果分析需要的数据指标，如图 5-15 所示。

图 5-15 生意参谋的页面分析界面 1

生意参谋的页面分析包括页面概览和装修诊断两部分。页面概览包括首页/自定义承接页和商品详情页的分析指标数据。页面分析的指标包括“流量相关”和“引导转化”两类。其中，流量相关包括浏览量、访客数、点击次数、点击人数、点击率、跳失率、平均停留时长等指标；引导转化包括引导下单金额、引导下单买家数、引导下单转化率、引导支付金额、引导支付买家数及引导支付转化率等指标。

装修诊断主要是对手机淘宝首页进行装修诊断，包括点击分布情况、数据趋势、引导详情和分布明细。装修诊断可以根据顾客的类型选择整体、新客、老客、店铺会员 4 个不同的维度进行分析，如图 5-16 所示。

图 5-16　生意参谋的页面分析界面 2

# 项目五　商品数据分析

## 一、商品获客能力分析

商品获客能力是电商运营的关键能力之一，如何付出最小的成本获取最多的客户是提升商品获客能力的核心目标。

在电商环境下，流量为王，流量越大，获客机会越多，要提升产品获客能力，需要从以下 3 个关键点切入：千人千面，通过升级个性化用户体验提升获客能力；优化并拓展营销渠道，确保商品接触到更多潜在用户；提升自身价值，打造产品亮点。

### （一）新客点击率

新客点击率是针对首次访问网站或者首次使用网站服务的顾客进行的点击量统计。新客点击量越大，说明该产品的获客能力越强，新客户运营效果越好。此外，分析该指标对于抢占市场份额、评估网站的推广效果和发展速度，以及判断产品所处的生命阶段至关重要。例如：新客的点击量比例大于整体客户流失率，则产品处于发展成长阶段；若新客户的点击量比例与整体客户流失率持平，则产品处于成熟稳定阶段；若新客户的点击量比例小于整体客户流失率，则产品处于下滑衰退阶段。

例如，某网店 A、B、C 3 款产品在本月及上月带来的新客点击量统计如表 5-5 所示。

表 5-5　某网店新客点击量统计表

| 新客点击量 | 本月/次 | 上月/次 |
|---|---|---|
| A | 10 967 | 15 564 |
| B | 7 875 | 9 780 |
| C | 20 179 | 18 736 |

将表 5-5 中的数据转化为折线图，如图 5-17 所示，以对 A、B、C 3 款商品带来的新客点击量进行横向和纵向对比分析。

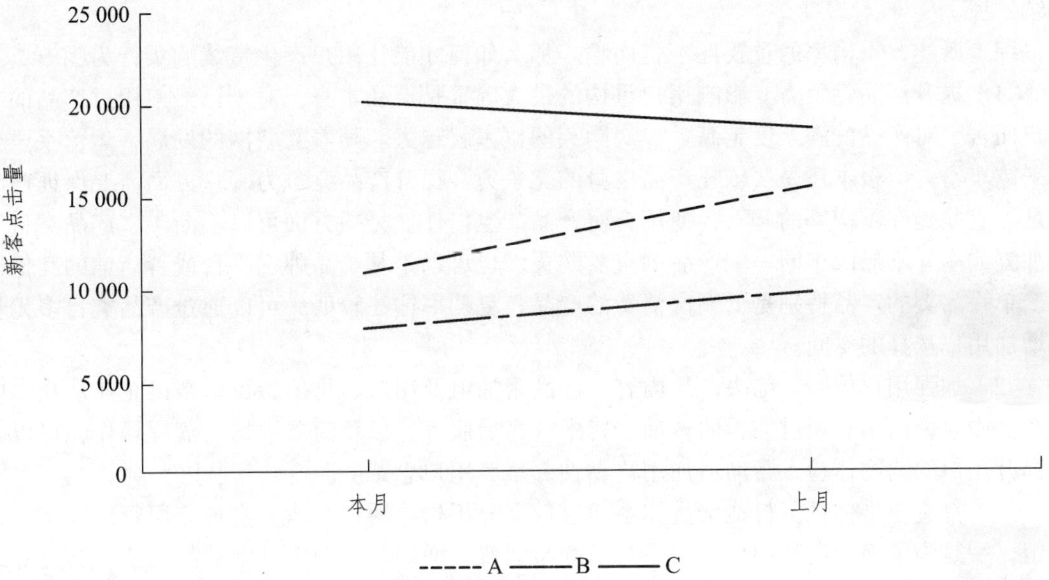


图 5-17　某网店新客点击量对比图

经过以上对比分析，至少可以得出下列结论：

（1）B 款商品的获客能力较弱；

（2）A 款产品的新客点击量居中，并且持续在上市，获客能力较好；

（3）C 款产品的新客点击量较上月略有下降，但总数仍然最高，应及时分析原因，进行调整优化。

## （二）重复购买率

重复购买率简称复购率，是针对某时期内产生两次或两次以上购买行为的个体进行的比例统计。任何企业都希望能挽留更多的老客户，通过降低获客成本来提升产品获客能力，因此，该指标的分析越来越受到网店运营的重视。计算复购率有两种方法。

### 1. 按客户数量计算

复购率＝一段时间内重复购买的客户数量/客户总数量×100%

例如：某网店客户总数为 958 人，其中有 396 人重复购买（不考虑重复购买的次数），那么该网店的复购率为 41.3%。

2. 按交易次数计算

$$复购率=一段时间内客户重复交易的总次数/总交易次数\times 100\%$$

例如：某女装网店第一季度总的交易总次数为 20 000 次，顾客重复购买的次数为 5 000 次，那么重复购买率为 25%。

重复购买率越大，客户的忠诚度就越高，该产品的获客能力也就越强，反之则越低。一个产品都没有重复购买的网店是非常危险的。这意味着所有的交易都是一次性交易，所有的客户都是新客户，而网店想要持续不断获得新客户的成本非常昂贵，同时也不利于网店的可持续发展。

综上所述，重构率的重要性不言而喻。那么如何才能让用户产生持续购买行为呢？

（1）提升产品竞争力。影响用户重构的最大因素是产品本身。对于已经使用过产品的老客户而言，对产品的满意度越高，二次购买的概率就越大。随着互联网的发展，运营手段会越来越丰富，但根本还是要依托产品本身的竞争力。提升产品竞争力，一方面需要保证产品质量。它是提高重构率的基石，使用户对产品产生信任。另一方面可以不断丰富产品类目。增加复购率并不局限于同一款产品的重复购买，也可以是基于品牌、平台或者店铺的其他产品。单一品类的产品特别是低频次消费的产品，复购率往往较低，可以通过产品类目多元化来增加用户选择的空间。

（2）加强用户体验。除去产品内容，产品附加值及用户购物体验可以帮助企业从众多同类产品中脱颖而出。通过完善的售前、售中、售后服务，以及简单顺畅的流程操作，可以大大提升用户的购物体验，帮助增加用户黏性，培养用户忠诚度。

（3）打造会员体系。打造会员体系通过数据分析构建用户画像，实现分层管理和精细化营销，一是为了唤醒沉睡用户；二是为了刺激消费，增加购买频次。常见的做法有会员等级体系、会员尊享活动、积分换购、会员成长体系等。

复购率的统计分析和统计周期息息相关，需要结合产品的品类特性来综合考量，确定是以周、月、季度还是以年为统计周期。对于快消品，购买周期较短，可以以月度复购率来进行观察。

此外，运营阶段对复购率的影响也很大。在拉新阶段，企业的重心是获取新用户，此时复购率较低；在留存阶段，企业的重心是新老用户的转化，复购率会有所增加；在活跃和转化阶段，企业的重心是用户向粉丝的转化，复购率必然会大大提升。

## 二、商品盈利能力分析

产品盈利能力是指产品为网店获取利润的能力，研究的是利润与收入和成本之间的比率关系。一般而言，利润相对于收入和资源投入的比例较高，盈利能力较强；比率越低，盈利能力越弱。

在实际分析时，由于利润额的高低不仅取决于产品的运营，而且受到各个时期生产规模和产品结构变化的影响，因此产品盈利能力分析的指标依据企业性质的不同而略有变化。一般情况下，产品盈利能力分析主要从产品结构、SKU、客单价和毛利率 4 个方面进行。

## （一）商品结构分析

商品结构指一个网店的产品中各类产品的比例关系，合理的产品结构必然是定位明确、比例适当、相互关联并相互促进的，它是店铺运营到一定阶段，进入良性发展的基础。分析产品结构，可以帮助企业及时理清经营思路，监控市场风向，合理发挥库存，打造产品竞争优势，制定有针对性的推广策略，进而有效提升产品销量。

（1）产品结构划分。根据产品定位，可以将产品结构划分为形象产品、利润产品、常规产品、人气产品和体验产品。不同定位的产品在产品结构中的作用和特点如表 5-6 所示。

表 5-6　产品结构划分

| 产品定位 | 作　用 | 特　点 |
|---|---|---|
| 形象产品 | 展示企业实力，树立品牌形象，提升消费者信心 | 价位通常处于店内最高层次水平；<br>辨识度高，经过精心策划包装出独特卖点；<br>综合展现店内最高水平 |
| 利润产品 | 丰富销售搭配，提升利润 | 利润空间大，主要以提升销售利润为主；<br>以人气和常规产品为准进行搭配销售 |
| 常规产品 | 用于日常销售，提供丰富选择 | 店内主要陈列产品，稳定投入一定的资源，与人气产品组合推广 |
| 人气产品 | 获取更多的自然流量，又称爆款产品、引流产品 | 聚焦资源投入，提升单品的人气，用于在搜索中获得更多的展现机会，从而获取更多的自然流量；<br>通常价低质高，目标人群定位精准，曝光率、点击率和销售量都极高 |
| 体验产品 | 用于特定活动，吸引潜在新顾客，又称活动产品 | 拉低新顾客的初次购买门槛；<br>为特定活动准备限时、限量、限价的产品 |

产品结构比例侧面反映了产品的销售比例，通常情况下，形象产品占 10%左右，利润产品占 20%左右，常规产品占 50%左右，人气产品占 15%左右，体验产品占 5%左右，如图 5-18 所示。

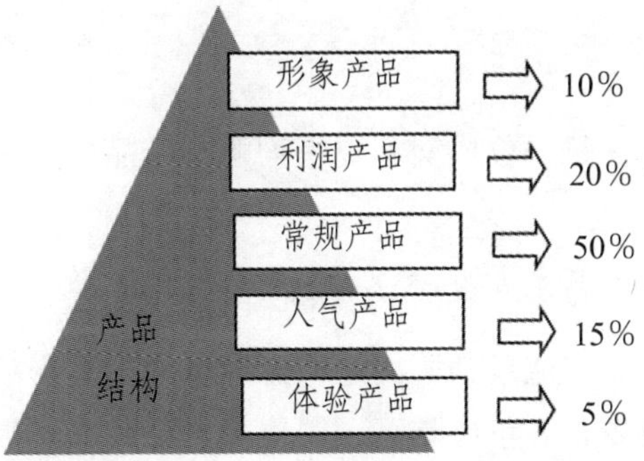


图 5-18　商品结构比例

（2）产品结构分析方法。

对产品结构进行分析，通常从两个角度切入：一是将所有目标产品按照常规上线销售，一段时间后采集其运营数据，然后通过分析进行结构划分；二是产品结构已预先定位完成并已投入运营，一段时间后采集其运营数据，然后通过分析发现异常，调整优化。

不论选择哪种分析方法，产品结构分析都应基于真实的运营数据，然后根据不同定位产品的特点，确定合适的分析指标。例如，人气商品流量大、关注度高、对访客的吸引力高，要挑选人气产品或是对其进行效果检测，通常可以对浏览量、人均停留时长、跳失率、支付转化率和收藏量 5 个指标进行综合考量。人气产品的具体分析步骤包括：

第一步，人均停留时长筛选。人均停留时长越长，说明页面对用户的吸引力越强，输出的有用信息越多，访客的转化率越大。

第二步，详情页跳失率筛选。详情页跳失率越低越好，根据一定的跳失率标准筛选出优质数据。

第三步，支付转化率筛选。支付转化率越高越好。选择支付转化率高于某一标准的优质数据，将符合条件的商品筛选出来。

第四步，收藏量筛选。收藏量越多越好。收藏量也指收藏人数。商家可根据全店平均水平选择优质数据范围，将符合要求的数据作为优质数据，筛选出符合条件的商品。

第五步，浏览量排序。将上述 4 个步骤筛选出来的数据用深色进行填充，然后清除筛选以显示全部数据。将所有商品按照浏览量的大小进行降序排列，但浏览量数据并不是越大越好，需要做出综合判断。

第六步，确定人气商品。前面 5 个维度表现都较好的商品，适合打造人气产品。

### （二）商品 SKU 分析

SKU 即库存进出计量的基本单元，可以以件、盒、托盘等为单位。SKU 现已被引申为产品统一编号的简称，针对电商而言，SKU 指商品的销售属性集合，每款产品均对应唯一的 SKU，一款产品多色，则有多个 SKU。

SKU 分析是基于单品进行的，分析内容通常包括 SKU 定价是否合理、商品属性是否符合用户偏好、SKU 结构是否合理、营销是否有效、访客行为偏好分析和销售趋势分析等。

SKU 分析的维度众多，分析方法也并不唯一。通常情况下，以收藏转化率、加购转化率、支付转化率、支付金额为研究对象。

### （三）客单件分析

客单件是指统计时间内，每一位成交客户平均购买产品的数量，即平均交易量，其计算公式是：

客单件 = 交易总件数/交易笔数

网店的销售额由客单价和客流量共同决定，而客单件则是影响客单价的重要指标。在流量相同的前提下，客单价越多，客单价越高，销售额也就越高。提升客单件的重要途径在于尽可能唤起顾客的购买欲望，包括产品组合多元化、关联推荐、促销活动和推销技巧等。

### （四）毛利率分析

毛利率是商品毛利润占销售额的百分比。计算公式是：

$$毛利率=（销售收入-销售成本）/销售收入\times 100\%$$

显然，影响商品毛利率的因素有两个：一是产品销售成本；二是产品销售收入。因此，对商品毛利率的分析应该从这两方面入手。

（1）产品销售成本分析。产品销售成本包括产品的生产成本、运输成本、仓储成本、包装成本、推广成本和人力成本等。成本越高，利润越低。

成本分析是在各类成本相加的基础上进行的。在电商领域，除去采购成本，还要考虑如何有效摊薄仓储物流方面的费用。

（2）产品销售收入分析。影响产品销售收入的因素主要包括产品销售单件和产品销售数量。产品销售数量的变化对毛利率有直接影响，在产品销售价格不变的情况下，产品销售数量越大，毛利率越高，两者呈正比。同理，产品销售单价与毛利率呈正比，但产品销售单价并不是越高越好，因此不能简单地追求单价最大化。

## 模块五　课后习题

1.（简答题）生意参谋有哪几个功能模块？

2.（简答题）直通车流量解析可以提供哪些数据信息？

3.（简答题）简述网店流量的含义。

4.（简答题）在生意参谋“市场”板块中，搜索指数分析主要从哪些方面入手？

5.（简答题）简述店铺装修效果分析的数据指标。

6.（简答题）如何才能让用户产生持续购买行为？

7.（操作题）模拟经营一个淘宝店铺，并完成以下任务：

（1）对店铺的目标消费者进行人群画像分析，依据人群画像制定营销策略。

（2）设计店铺的店标、banner 和商品详情页，完成网店装修。

（3）通过不同的途径挖掘关键词，做好关键词分析，制作关键词词库，并动态优化、更新关键词词库。

（4）对该店铺流量转化的相关指标进行分析，基于分析结果优化店铺经营策略。

（5）对店铺商品的搜索指数和交易指数进行分析。

（6）分析商品的获客能力，完成商品的 SKU 分析。

# 模块六　网店推广

## 情景设计

**实战新媒体营销和店铺内推广**

中小微企业的团队已经搭建了电商平台上的网店，并且发布企业上架商品。通过一段时间观察发现以下问题：一方面，类目归类不当导致网店整体布局有些混乱；另一方面，个别商品价格及属性标注不正确导致目标客户群体搜索不到。针对这些问题，中小微企业应立即成立运营推广小组，通过站内与站外推广相结合的方式，利用增加电商平台网店的关键词、微信附近推、短视频精准营销等具体措施来提升店铺的流量和知名度。

## 项目一　网络推广方式

### 案例导入

**网络营销成经济型影片的线上推广发展工具①**

随着互联网的普及以及平板电脑的飞速发展，新媒体的网络营销推广方式发展迅速，越来越多的中小微电影制片公司和投资企业选择了网络营销推广模式。特别是文化创意产业中的版权销售或者是授权都是最重要的交易内容之一。在北京第六届文博会上，各种版权交易频繁，尤其是电影网络版权的营销已经成为经济型影片盈利的法宝。如在第六届文博会上，某电影与电影网签署了独家网络版权合作协议。待院线上映 35 天后，网站会在“新媒体数字院线发行平台”上发行。此外，据电影网副总经理介绍，通过网络营销推广方式不仅可增加浏览量收回 50%的投资，还打击了网络的盗版现象。

---

①《网络营销成小成本影片生存之道》，央视影音，http：//cbox.cctv.com/phone/video/index.shtml?guid = 7a5f8be2ff9d43a61ecfc2bc0a212c4b。

## 一、认识网络营销

### （一）初识网络营销

认识网络营销的内涵是实施网络营销的前提。

网络营销（Online Marketing 或 E-Marketing）就是以国际互联网为基础，利用数字化的信息和网络媒体的交互性来辅助营销目标实现的一种新型的市场营销方式。（见图 6-1）

图 6-1　认识网络营销

### （二）网络营销的分类

1. 以服务对象进行分类

（1）个人网络营销。

个人可以通过网络的方式进行营销，这种方式已经广泛地被广大网民使用，典型的应用如广大的“淘宝卖家”“直播时代中的李子柒”等通过网络方式出名的网络红人。

（2）企业网络营销。

网络的商用价值应该成为互联网营销的主流，大量的企业通过网络营销的方式拓展自己的业务，这一点已经得到了行业企业的一致认同。

2. 以推广方式进行分类

以推广方式进行分类，分为口碑营销、网络广告、媒体营销、事件营销、搜索引擎营销（SEM）、E-mail 营销、数据库营销、短信营销、电子杂志营销、问答营销、QQ 群营销、博客营销、微博营销、论坛营销、社会化媒体营销（SNS，Social Network Services）、针对 B2B 商务网站的产品信息发布以及平台营销等。

### （三）网络营销的优势

1. 高效率产生价值

很多国际学者认为，网络营销的优势在于其可以超越时间和空间的束缚，相比于传统营销方式可以更经济、更快捷地直接接触到客户，用更高的效率产生价值。传统的营销中，虽然消费者可以看到并且接触到真实的商品和服务，但是影响范围有限，而网络营销就不同了，它可以随时随地将商品和服务引入数量庞大的消费者中，进行更快捷的营销。而网络营销的投入可以对企业或个人的营销产生积极影响，在降低商品销售成本的同时，带来更高的利润和不断增长的品牌资产。而且网络营销有效地提高了风险绩效，降低了营销风险。因而，很多企业更加频繁地使用直播等数字化方式来推广店铺与产品服务。

2. 营销模式和营销渠道

移动互联网技术的发展和大规模普及，让网络营销的模式和渠道出现很多创新的应用，也兴起了很多新型研究。比如，一家企业一直通过社交媒体渠道进行营销，那么现在的企业可以通过运营商获取消费者的位置、移动速度等数据，通过大数据分析得到消费者行为的偏好，使企业能利用分析结果来预测消费者的想法和需求，然后通过社交媒体渠道改变营销模式来进行针对性营销，达到营销效果。而有的学者发现，在 B2B 电商模式中，社交媒体渠道所提供的有效机会滞后于 B2C 模式。在此情况下，针对不同的电商模式，需采取不同的营销渠道和模式。

3. 高效率信息传递、沟通以及反馈

随着基于大众媒介的推送式营销正在逐渐失去活力，而信息和通信技术的发展使消费者可以主动参与到营销传播和活动之中。此时社交媒体平台作为传统客户关系管理系统的重要补充，成为营销中的重要营销渠道，社交媒体营销也成为重要的营销方式，如直播营销的崛起。

4. 协作营销

网络营销在营销领域扮演着越来越重要的角色时，企业应该意识到需要衡量营销的协作效果，就是说互联网如何促进实体商店的销售。这是因为虽然网络营销有各种优势，但其虚拟性导致交易双方的信息不对称等问题，所以这种情况下也会阻碍网络营销的发展。

## 二、网络营销的功能

网络营销对中小微企业的发展能在以下 8 个方面发挥其功能（见图 6-2）：

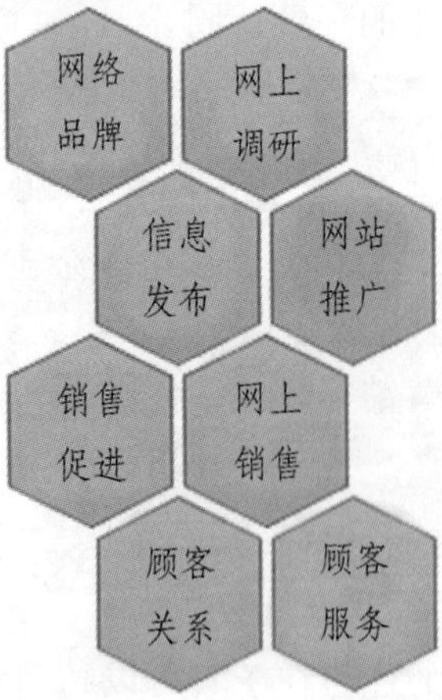


图 6-2　网络营销的 8 大职能

这 8 种功能也就是网络营销的 8 大职能，网络营销策略的制定和各种网络营销手段的实施也以发挥这些职能为目的。

微课：常见网络营销工具的实务操作

### （一）网站推广、信息发布

从目的来说，网络推广重在“推广”二字，网络营销重在“营销”二字；从企业投入成本来说，网络推广往往投入比较少，反之，网络营销投入较大；从企业关键绩效指标（Key Performance Indicator，KPI）来说，网络推广主要考核的是具体的工作量，网络营销通常考核的是转换率或收益；从企业看中的结果来说，只要执行力到位，网络推广成功比例较大，而网络营销却往往需要创意和策略来取胜。

网站、微信、微博、抖音等平台都是一种信息载体平台，通过这些线上平台发布信息是网络营销的主要渠道之一，同时发布信息也是网络营销的基本职能。因此也可以这样理解，无论采用哪种网络营销方式，结果都是将一定的信息传递给目标受众。而目标受众包含已有的顾客还有潜在的客户，甚至还有企业的竞争对手、合作伙伴以及媒体等。

### （二）网上调研、网络品牌

#### 1. 网上调研

网上调研是指基于因特网而系统地进行营销信息的收集、整理、分析和研究的过程。网上调研采取有针对性的调研和数据爬取方式等，如开展有针对性的调研比较常用的信息化工具“问卷星”，用于搜集用户的反馈数据，并进行数据分析及应用研究。

网络调研的优势如下：

（1）在线市场调研使企业可以非常迅速地收集信息；

（2）在线发送和收集信息的成本非常低；

（3）在线问卷使调研区域覆盖面广、时效性强；

（4）如果匿名采访用户，企业更有可能获得坦率和直接的答复；

（5）个性化的在线市场调研成本较昂贵，但可获得个性化数据。

#### 2. 网络品牌

网络品牌（Branding Online）是网络营销的重要任务之一，简单地说，就是在互联网上建立推广企业的品牌。无论是内资企业还是外资企业，企业的线下品牌可以在网上得以延伸，一般企业则可以通过互联网快速树立品牌形象，并提升企业整体形象。如三只松鼠、良品铺子等品牌是网络营销的典型成功案例。

### （三）网络品牌推广的核心要素

（1）以客户为导向。在品牌塑造过程中，一切都从客户出发，考虑多种因素满足客户需求。

（2）身份象征。对于某些人来说，这是他们对品牌在哪里开始和结束的理解。徽标、视觉效果、名称与标志都是需要考虑的因素。

（3）竞争对手。竞争者分析是网络品牌建立过程中至关重要的部分，用以区分形象。

（4）信息传递。信息传递是网络品牌流程的关键部分。

### （四）客户服务、客户关系

1. 客户服务

伴随着移动客户端用户的持续增长，通过互联网为客户提供线上服务，包括从形式最简单的常见问题解答（FAQ）到电子邮件、邮件列表，再到在线论坛和各种即时信息服务，以及社区直播互动等。如果企业想增加客户黏性，提供出色的客户服务非常重要，可帮助客户在企业售后中获得轻松愉快的体验。

2. 客户关系

客户关系，又称客户关系管理，在英文当中用 CRM（Customer Relationship Management）来表述。CRM 是网络营销中非常重要的一个环节，尤其是伴随着移动客户端用户的连续性增长。比如，越来越多的 80 后、90 后、00 后，还有绝大多数商务人士都非常喜欢通过社群网站进行个性化交流沟通。这样的方式既提高了客户参与度，也增进了企业与客户之间的关系。如小米公司通过企业微博与米粉互动，第一时间了解客户需求，并掌握了他们对于小米手机以及其他电子 IP 衍生品的新想法，提高了客户对小米品牌的忠诚度。

### （五）销售促进、网上销售

1. 销售促进

销售促进是指通过互联网技术为达到促进网络营销的作用。它的促进方式是直接或间接地对所销售的产品或服务进行推广。事实上网络营销在很多情况下，也利于促进线下销售，如生鲜类电商品牌百果园。以某市的百果园门店为例，线下实体店经常为顾客举行一系列的亲自体验试吃环节活动，而参加这些沉浸式体验活动的顾客都是通过该企业的线上平台的推广和引流到线下，也就是我们通常说的 O2O（Online to Offline）。

2. 网上销售

网上营销，如果拆分来分析，就是网上“经营”和“销售”。而网上销售也是网络营销 8 大职能之一。通过互联网技术，把有形的商品和无形的服务，通过企业在互联网的数字平台，或企业在电商平台的旗舰店中进行相关产品和服务的销售。

## 三、网页的搭建与推广

### （一）了解 Hbuilder 与 HTML

浏览网页时，如果一个企业或个人的网页制作精美，并且可以快捷找到所需要的内容，消费者会很自然地把个人主观情绪附加到这个企业或个人的商品上，会直接或间接影响营销效果，这就是“美学营销”。这也就是为什么李子柒的视频会引起国内外网友关注的原因。

我们可以从图 6-3 和 6-4 中看到成都鳍合轩食府网页和 CHENGDU ART ACADEMY（译为成都画院），网页色彩丰盈，高度契合企业的形象。怎样进行网页的搭建，怎样制作符合自身审美的网页？除了请广告公司搭建网页外，自己如何进行网页的设计与规划？

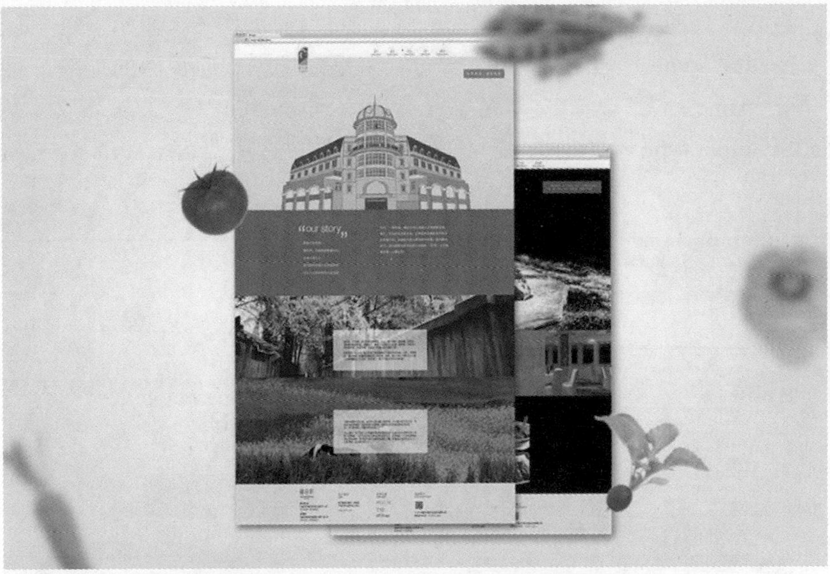

图 6-3　成都鳍合轩食府网页（图片来源：成都巴迪品牌策划有限公司）

图 6-4　CHENGDU ART ACADEMY（成都画院）网页（图片来源：成都巴迪品牌策划有限公司）

1. Hbuilder

（1）网站管理。

使用网站地图既可以快速制作网站雏形，又能设计与更新重组网页。如果改变网页位置或档案名称，Hbuilder 会自动更新所有链接。Hbuilder 使用支援文字、HTML 码、HTML 属性标签和一般语法的搜寻及置换功能使复杂的网站更新变得迅速又简单。

（2）控制能力。

Hbuilder 能提供 HTML 编辑、视觉化编辑与原始码编辑同步的设计工具。

（3）浅谈 HTML 网页架构

以大家熟悉的旅游类网站“携程”为例，当进入携程的官方页面，我们可以看见该网页顶部醒目的蓝底白字。它的风格是一款经典商务主题，简约而不简单。那它的页面是如何设计出来的呢？进入该页面后点击鼠标右键查看网页源代码，如图 6-5 所示。该网页是用 Hbuilder 软件编辑的 < head > / < /head > 的中间语言部分，来呈现携程欢迎页面的顶部。通过 Hbuilder，我们可运用语言 name = “” 编辑文本名字；运用语言 content = “” 编辑文本内容；运用语言 id = “headStyleId” type = “text/css” 编辑标题种类；运用语言 < style > / < /style > 编辑文字的风格等。

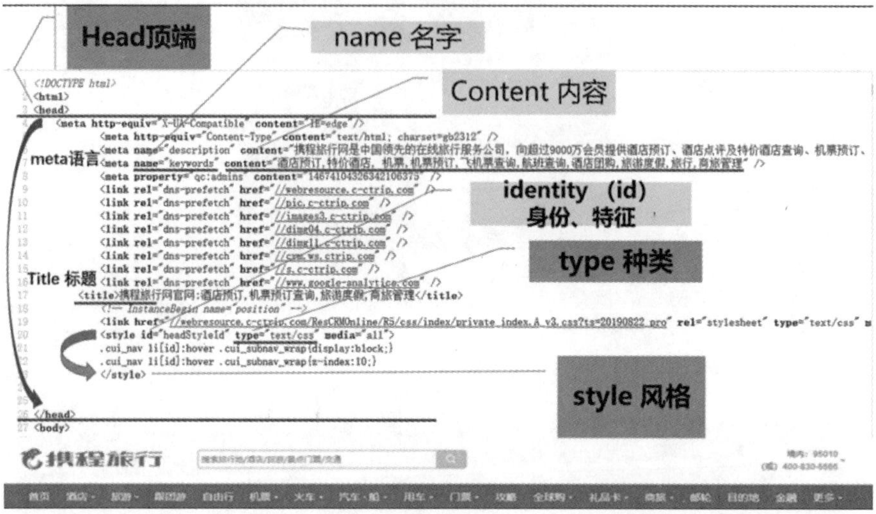


图 6-5　携程官网首页的源代码（图片来源：携程官网首页）

2. 网页搭建知多少

（1）什么是网页？

网页实际上是一个文件，通常大家看到的一个 Flash，或者是一个 JPG 格式，或者是一个文本链接，它都可以通过浏览者迅速地点击，切换到另外一个页面。

网站是各种各样网页的集合。网站又可以按照它的不同功能，分为门户类网站，如新浪、搜狐、雅虎等，也可以根据企业的需求，设置为一个展示型网站，还可以是一个互动型有社区性营销的功能性网站，如新浪微博网站、小红书等社区营销网站。

（2）构成网页的要素有哪些？

构成网页的要素的种类非常多，如大家熟悉的 Flash 动画、短视频，或者是 GIF 格式的动态图，又或者是包括 Logo 的一个文本链接，又或者是超链接，还有 MP3 等音乐视频链接等。

（3）制作的基本流程是什么？

制作一个企业或者个人的营销类的网站，通常可以按照其功能划分和一个项目的分工分为以下 3 个阶段：

第一，初步规划和设计阶段：需求评估，用户画像定义，内容选择，布局设计，风格设计等。

第二，实施发布阶段：企业需要确定最终框架，信息收集与发布，网页制作，脱机版测试。

第三，评价与维护阶段：网站后台维护与实时更新，网页整体效果评估与测试。

## （二）浅谈电商平台推广

电商平台是一个综合性载体，它的功能包括网络品牌、网络销售、信息发布、客户关系、客户管理、网上调研等功能。

**拓展案例**

### 小米电商平台

小米自己的网站，也是一个综合性的电商平台。小米的欢迎界面，左边有一个灰色的产品分类模块，这实际上就是小米品牌网页的一个比较经典的“电商”产品类目区域。官网首页的右半边，有一个搜索引擎的标识，该功能增加了目标受众群体的互动性和社交参与性。

如果我们继续点击小米的主页，它的下面设计了不同分类的产品销售区域。第一个就是智能小米设备区：有小米品牌研发的小米手环、小米小爱音响、小米电饭煲等。

接下来可以观察看到其第二个销售板块暨搭配区域，如图 6-6 所示。小米是一家具有较强的新产品开发与研发能力的企业，并且能将新产品配件第一时间通过自有“电商平台”进行网络品牌推广、销售促进、网络销售。

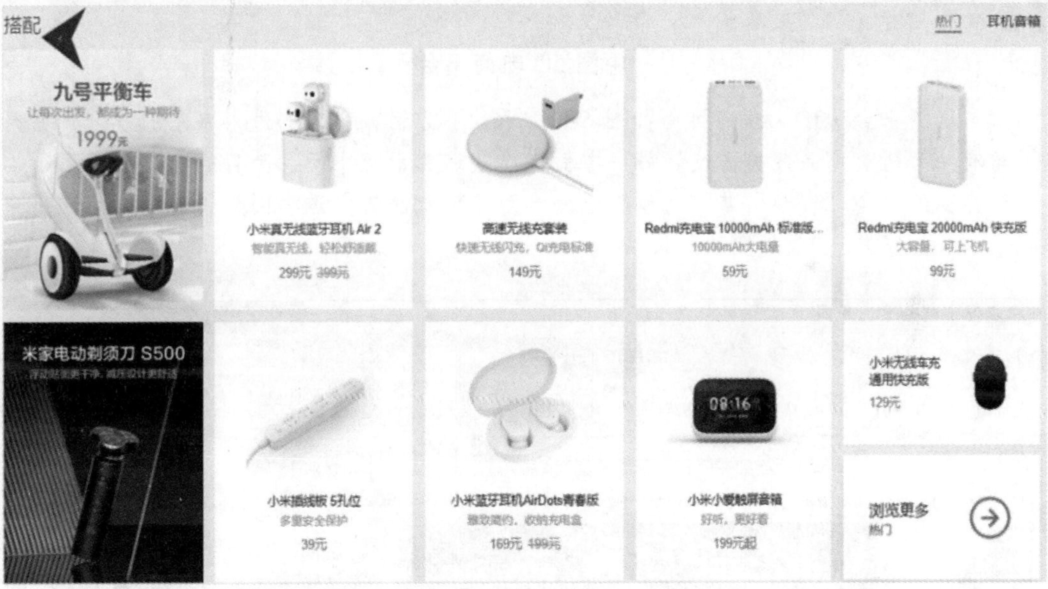


图 6-6　小米电商网页的产品搭配专区

一个电商平台如果能增加网络品牌的附加值，那么可以给企业带来多元化的收益（见图 6-7）。通过小米品牌官方的电商网站，可以观察出其最后的一个销售区域及周边产品。在这个模块里，消费者可以自主线上购买到小米旅行箱、小米迷你保温杯、小米的一个驱蚊器等生活常用必备品。

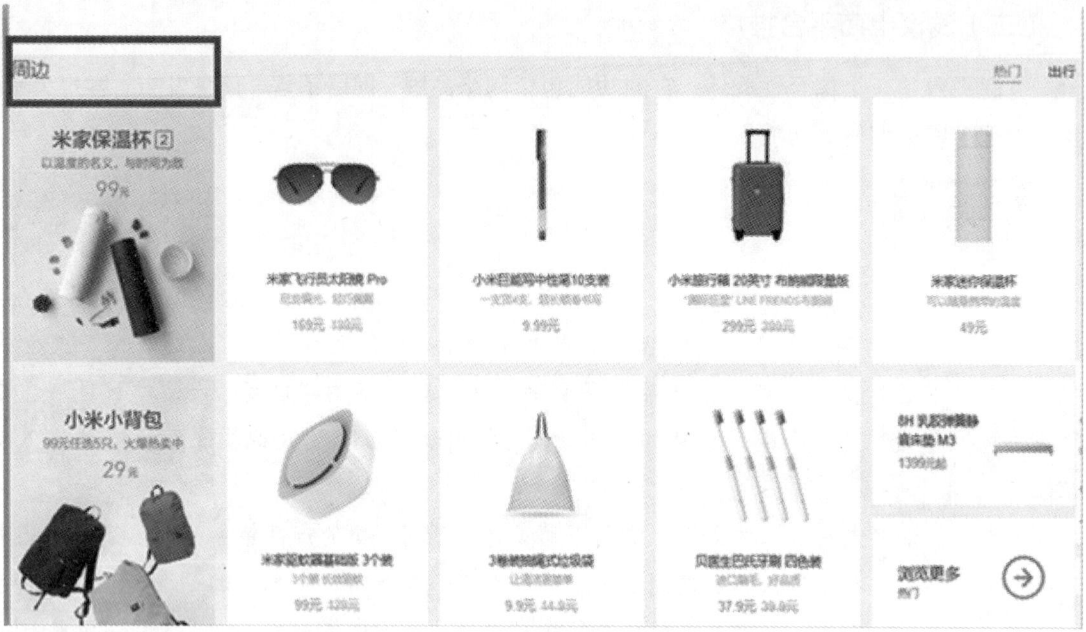


图 6-7　小米电商网的附加产品模块

**拓展案例**

## 中国 JD 电商平台

京东电商平台（JD）欢迎页面如图 6-8 所示。一方面，当我们进入京东的欢迎页面时，左下角有一个所有商品分类区域。另一方面，在欢迎界面正中间，为目标受众设置了个性化与互动性高的一个“搜索引擎”功能。此外，为了增加销售促进和网络销售功能，该平台还设置了“我的账户”“我的购物”模块。

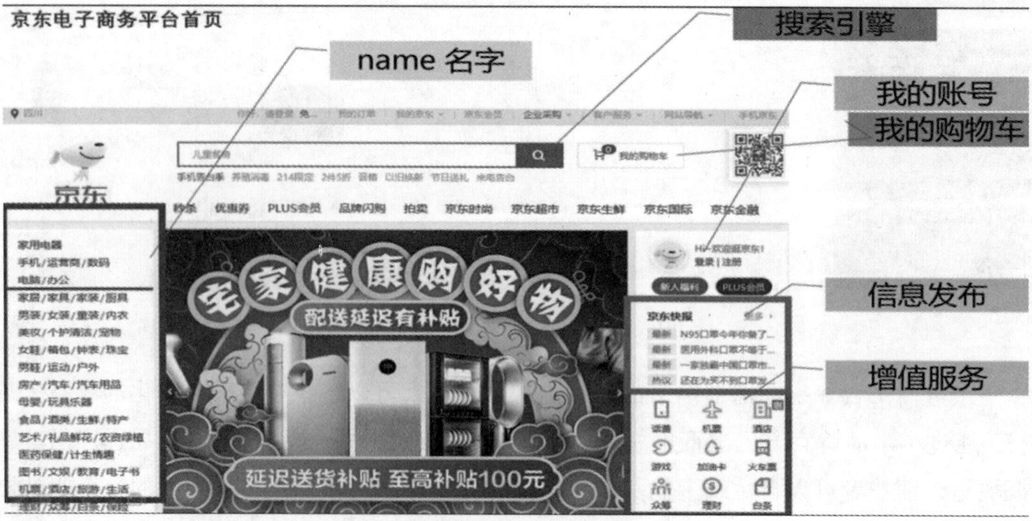


图 6-8　京东电商平台首页

此外，在欢迎页面的右下角，新增了一个“京东快报”模块，它具备信息发布功能。JD电商平台还增加了一个增值服务模块，通过这个区域的服务，目标受众群体可以完成充话费、购买机票、预订酒店、游戏充值、京东理财、众筹白条等附加服务。通过此项增值服务，企业也增加了多元化的收益渠道。

# 项目二　网络营销工具认知

## 一、网络营销常用工具

### （一）企业网站、电子邮件

1. 企业官方网站

企业官方网站可以实现网络品牌、信息发布、产品展示、客户关系、资源合作、网络调研和网络销售7项功能，是企业最重要的网络营销工具之一，是综合性网络营销工具，在企业官方网络营销信息源构建、网络品牌建设等方面有其他网络营销工具无法替代的作用。

2. 电子邮件

电子邮件是一种用电子手段提供信息交换的通信方式，是互联网应用最广的一种服务。企业可以通过电子邮件实现客户服务、网站推广、信息发布、市场调研等职能。比如，打开自己的QQ邮箱，是不是经常会收到很多订阅邮件？如旅游出行类电商平台会使用电子邮件广告营销（E-mailing）。

### （二）搜索引擎、第三方电商平台

1. 搜索引擎

第二大类工具就是搜索引擎，百度就是一个很强大的网络营销搜索引擎工具。其实除了百度之外，在整个互联网上还有许多著名的搜索引擎工具，如谷歌、搜狗等。另外，也可以通过企业自己网站的搜索引擎进行搜索，如爱彼迎、飞猪、携程等搜索引擎。

2. 第三方电商平台

第三方电商平台可以实现信息发布、产品展示、客户服务、网络销售等职能。利用第三方电商平台，企业可以大大简化开展电商的其他流程，也不需要建设功能较为复杂的官方平台，如阿里巴巴的淘宝网、拼多多等。

### （三）社会化媒体

社会化媒体是人们彼此之间用来分享意见、见解、经验、观点的工具和平台，现阶段主要包括社交网站、微博、微信、博客、论坛、问答社区、百度百科等（见图6-9）。通过社会化媒体可以建立企业品牌，提升品牌的曝光度和知名度，维护客户关系等。小米利用百度百科、微信和微博进行网络营销，而 2018 年迅速崛起的社会化媒体，如快手、抖音、西瓜视频等。人们观看视频之后可以在评论区分享自己的评论。2020 年疫情期间，人们可以通过抖音视频迅速了解疫情情况、最新发布的官方数据。

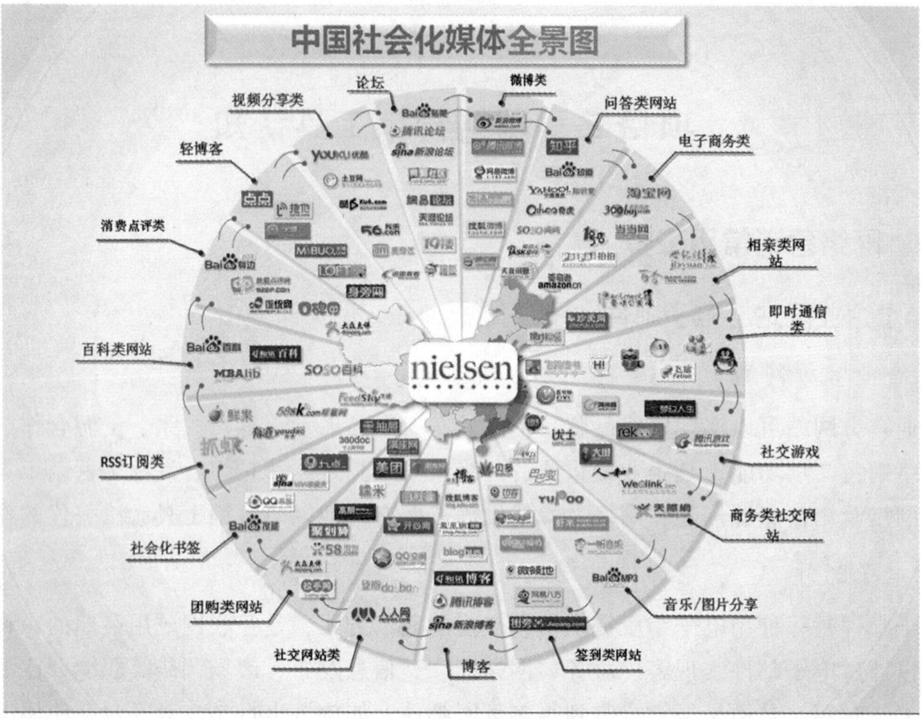


图 6-9　中国社会化媒体全景图[①]

### （四）网络短视频

随着新媒体的迅速发展，网络短时视频集视频和网络的优势，通过故事、情感、娱乐等方式植入品牌、产品、促销等相关信息，目前已经成为一种趋势。而网络短视频与社会化媒体既有交叉性，又有区分性。这是因为有很多网络短视频播放平台，有的网络短视频通过抖音、西瓜视频等典型的短视频平台播放，有的短视频则通过互联网 + 企业如百度公司的百度平台播放，但这些都不影响它们是网络营销工具的本质。

## 二、网络广告

### （一）按形式分类（展示、视频、搜索、邮件营销广告等）

（1）文本链接广告是一种对浏览者干扰最少，但却是非常有效的一种网络广告形式。如今，整个网络广告界都在寻找新的宽带广告形式，而有时候，最小带宽、最简单的广告形式的效果却最好。

① Nielsen:《中国社会化媒体全景图》，中国互联网数据研究中心，http://www.199it.com/ archives/25024.html，2012 年 2 月 23 日。

（2）横幅广告，又被称为旗帜广告（Banner），是以 GIF、JPG、Flash 等格式建立的图像文件，定位在网页中大多用来表现广告内容。一般位于网页的最上方或中部，用户注意程度比较高，如图 6-10 所示。

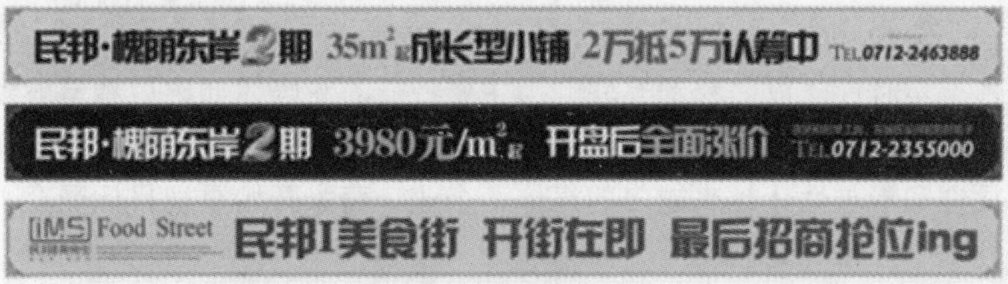


图 6-10　横幅广告[①]

（3）短视频广告是指在移动设备内进行的插播视频的模式。

（4）搜索广告是发布在互联网搜索引擎上的广告，主要表现为关键字广告、品牌专区等。这种广告以高性价比备受投放广告的企业欢迎。

微课：开店与选择广告类型

### （二）按计费方式分类[②]

（1）CPM（Cost Per Mille）广告：对于网站主来说是最省力的广告模式，只需要将流量引入放置广告的页面即可。

（2）CPC（Cost Per Click）广告：按点击付费。对站长来说，此方式比上一种方式更难赚到钱。站长要考虑广告的放置位置，因为广告的表现形式及内容决定了点击率。对广告主来说，提高广告点击率与控制广告费用成为主要的考虑方面，同时，防止站长作弊也是广告主的主要任务之一。

（3）PPC（Pay Per Click）广告：根据点击广告或者电子邮件信息的用户数量来付费的一种网络广告定价模式。

（4）CPL（Cost Per Lead）广告：按注册成功支付佣金。

（5）PPL（Pay Per Lead）广告：每次通过网络广告产生的引导付费的定价模式。

# 项目三　实战新媒体营销

## 一、新媒体营销的特征与趋势

1. 新媒体的概念

新媒体是一个相对的概念，与媒介技术的不断推陈出新紧密相关。相对于报刊、广播、电视等传播媒体，新媒体主要基于新的数字和网络技术，使传播更加精准化、对象化。例如，IPTV 互联网移动电视、智能手机等都是新媒体。

---

① 图行天下图库，https：//www.photophoto.cn/。

② 许应楠：《电子商务基础与实务》，高等教育出版社 2018 年 9 月版。

2. 新媒体的特征

新媒体的传播特征主要表现在 5 个方面：传播主体多元化，及时互动和共享信息，及时、实时和全时传播，个性化信息服务，海量信息及内容碎片化。

3. 新媒体的发展趋势

（1）快捷性、实时性。以“移动互联”为主要特征的新媒体如雨后春笋般发展的时代，在我们信息的传播者和接受者之间，随时随地的双向传播模式无时无刻不在。如直播带货，其新媒体的开放性和参与性让越来越多的媒体、企业、商家开始重视目标受众，及用户对线上商品的参与性和个性化的定制。

（2）参与性、互动性。例如，短视频营销、社区性营销、直播营销等新的媒介和新媒体手段，在未来一段时间，将会是企业推广新产品与服务的主要方式。

## 二、“两微一抖”营销

“两微一抖”这个新名词是企业数字营销或品牌展现的载体简称。

具体分析，这样的数字化组合营销模式越来越受到中小微企业创业时在市场营销领域的推崇。由于其发布快捷、受众面广、转发容易、成本低廉等多方面的优势，对于电商的创业者来说，也是一种较好的推广营销方式之一。

“两微”指微博和微信（以微信公众号为主，朋友圈、微信群为辅）。

“一抖”，指抖音。

这样的组合营销模式是一个品牌信息披露与受众交互的渠道，目标受众更多的要求是即时交互、即时提供有效有用的内容，也是目前较为流行的营销渠道之一。但是需要企业运营者注意精准营销的客户群体，及时调整营销策略。

1. 微博营销相关知识

微博营销定位指企业微博的形象及其功能的专业化，根据定位的要求发布相应的微博内容并开展一系列微博营销活动。

（1）品牌推广型微博：利用企业官方微博平台推广企业品牌，提高品牌知名度与曝光率。

（2）网络销售型微博：利用企业或知名人士微博平台，直接或间接地进行产品与服务的销售。

（3）促进销售型微博：利用企业或知名人士的微博平台，对有形产品或无形产品的品牌进行销售促进，常用的方式是“短视频 + 功能解说 + 渲染性短文字”。

（4）互动性微博：内容互动型微博主要用于与粉丝之间的实时互动，将传播者与受众者的身份实时进行交互。

（5）信息发布型微博：通常指企业或知名人士通过微信平台实时地发布具有积极的、合乎法规的传播性讯息。

2. 微信营销相关知识

（1）什么是微信营销？

微信营销是一种基于用户群体与微信平台的社交化媒介网络营销方式。它通过微信软件与微信用户搭建一个类似朋友的关系链，并在该社交关系中借助移动互联网特有的功能，而制造全新的营销方式，如漂流瓶营销、公众平台营销，来达到对于目标受众的信息传播。例如，腾讯 2019 年第三季度的财报显示，微信月活跃用户量已经达到 11.51 亿，相较 2018 年同期增长 6%，同时微信的数据统计也显示用户使用微信的日活跃高峰期主要集中在午饭前和下班后。①

（2）微信营销的特点。

微信营销的主要特点包括精准营销和互动营销、信息传达率非常高、可增加客户黏性、初期搭建成本较低、维系成本较高、营销方式呈现数字多元化。例如，80 后、90 后、00 后的新年轻用户群体，更喜欢摇一摇、漂流瓶、附近推、二维码扫码、朋友圈圈粉等多种微信营销互动方式。

（3）挑选订阅号、服务号的攻略。

微信订阅号是为媒体和个人提供的一种新的信息传播方式，发布者可以借此与读者建立更好的实时互动沟通关系，并建立良好的管理模式。一般来说，媒体使用微信订阅号的比较多。订阅号的权限和功能主要有以下 4 点：第一，订阅号每天可以发送一条群发信息，群发信息将直接出现在订阅号文件夹中。第二，订阅号群发信息的时候，手机微信用户将不会收到短信那样的消息提醒。第三，在手机微信用户的通讯录中，订阅号将被放入订阅号文件夹中。第四，默认不支持定义菜单，需要微博认证或微信认证，微博认证需要订阅号至少有 500 人关注，微信认证费 300 元/次，此外订阅号可以升级为服务号。

需要玩转微信的精准营销，那么就要清楚地认识订阅号和服务号的区别。微信 5.0 上线以后，微信公众账号分为订阅号和服务号两种形式，订阅号被折叠到一个订阅号文件夹中。本节主要讲解订阅号和服务号两种形式的主要内容，应该如何选择及选择哪一种形式？

微信服务号，顾名思义，主要为企业和组织提供强大的业务服务与用户管理，它偏向于服务交互，一般银行和企业，做客户服务时用得比较多，如光大银行、成都银行的微信服务号（见图 6-11 和图 6-12）。

图 6-11　微信订阅号

图 6-12　微信服务号

①《腾讯发布 2019 年第三季度财报》，界面新闻，2019 年 11 月 13 日。

那么应该如何来选择订阅号与服务号？微信订阅号和服务号的功能不同，各具特色，企业在开展微信营销的时候，需要根据自己的实际业务情况，即用户的需求，灵活选择和应用订阅号和服务号。通常来说，企业在选择微信订阅号和服务号时，以微信公众号定位的功能为主，选择时应考虑以下几点：

（1）以网络品牌、网络推广、销售促进为主时，就应该选择微信公众号向目标受众群体推广自己的企业营销活动，发布相关信息。

（2）以实时分享、互动、交互为主时，主要是通过公众号与用户分享，或者交流最新的信息，企业要闻或者讨论相关的用户关注的热门话题。

（3）如果企业规模比较大，或者是一家连锁企业，需要客户在线下单或者更多元化的服务，可以考虑使用微信服务号。例如在互联网金融行业和汽车服务行业，中信银行、光大银行、德车车、途虎养车都选用微信服务号。（见图 6-13）

图 6-13　德车车、途虎养车的微信服务号

# 项目四　店铺运营推广

拓展案例

### 店铺遭遇瓶颈，不懂直通车，如何破冰？

不同于淘宝刚起步的时候，开一家淘宝店，不需要太多运营。现在经营一家淘宝店，不仅需要有货，还要有技术，但现实是，很多商家并不知道怎样运营店铺。小李大学毕业以后经营着一家淘宝网店，该店铺的主营类目为咖啡、麦片、藕粉等冲调类饮品，店铺已有一定的基础。但店铺整体处于瓶颈期，营业额趋于平稳，没有突破，运营也略显疲态。站外方面，小李经营店铺尚未与抖音、小红书等平台合作，而他的后续计划是把引流渠道丰富，使店内流量结构更加完善。于是，小李开始关注付费推广的“直通车”，寄希望于做好直通车付费推广，助力店铺数据提升！接下来，让我们跟小李一起来学习如何使用直通车、促进店铺引流、为店铺节省开支。

## 一、店铺推广如何做

### （一）初识店铺推广

绝大多数的中小微企业经营者都有一个困惑，即对于店铺推广这个工具一知半解。有些经营者可能曾经了解过部分店铺靠店铺推广运作得很好，也曾试想在店铺推广上投入一些，但是一直没有成效。

针对中小微企业长期以来的烦扰，接下来我们首先解决第一个问题，让我们一起来认知店铺推广。店铺推广是通过营销的广告手法，把自己网店的产品、服务通过互联网让更多的目标受众群体了解、接受，从而达到网店与品牌的宣传、产品销售的目的。

### （二）直通车推广

具体来说，直通车推广是指将店铺内的某个链接进行落地式推广，类似于钻石展的后端展示方式，同时展示页面不局限于详情页，转化的可能性和信息的包容性比关键词推广要高，同时在页面审核方面相比钻石展没那么严格，有些字的使用还是可以出现的，如“第一、特有、独有”等。直通车是按点击付费的营销推广工具，买家搜索关键词展现匹配宝贝的一种推广方式，能够将宝贝精准地展现给有需求的消费者，给中小微企业的网店运营者带来大量精准流量。

### （三）适合直通车推广的店铺种类

直通车推广是一种付费推广模式，需要中小微企业经营者根据运营的产品和服务特点来选择该种方式。具体来看，可以分为以下几类：

（1）网店宝贝推广的流量已遇见瓶颈和上限的店铺；

（2）店内拍照、平面设计形象较统 而舒适的店铺；

（3）针对关键词、定向推广、钻展推广做流量补充的店铺；

（4）店内宝贝较多的店铺；

（5）有爆款群的店铺。

### （四）直通车店铺推广的展现位置

如果选择了直通车店铺推广，中小微企业经营者应当了解店铺推广的展现位置究竟在何处？根据阿里巴巴淘宝/天猫直通车介绍，目标受众群体通过 PC 端搜索结果页带“掌柜热卖”标识，移动端带“HOT”标识即为直通车的展现位置。

一方面，针对 PC 端的用户，右侧从上往下排列，是 16 个掌柜热卖广告位，接下来左边 1 ~ 3 个是“店家精选”。“店家精选”是店铺推广的位置，如图 6-14 所示。

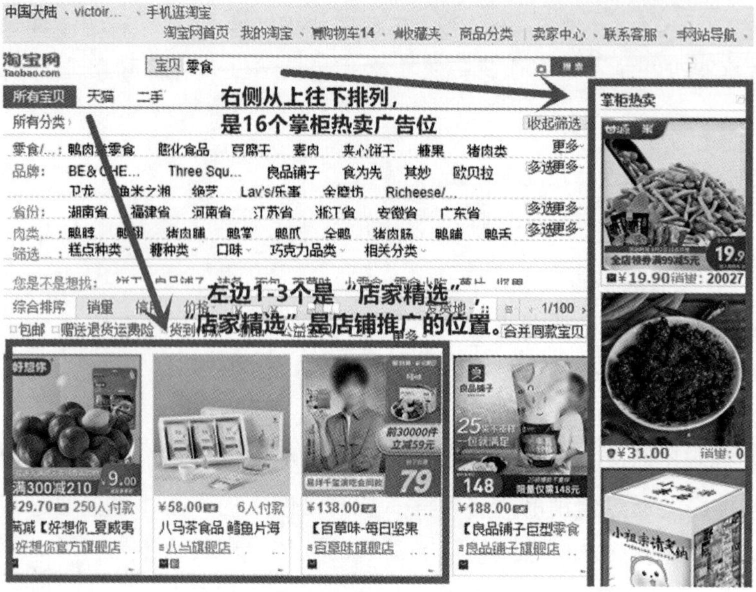


图 6-14　PC 端直通车推广的位置

另一方面，针对移动端的用户，当目标受众群体刷网店时候，每间隔 5 或者 10 个商品，就会出现一个带“HOT”标识的展示位。（见图 6-15）

图 6-15　移动端直通车推广的位置[①]

## （五）直通车店铺推广的具体操作

中小微企业的网店经营者往往被以下问题所烦扰。例如：“店铺推广怎么做？”“为什么我总感觉自己网店的流量上不去？”“为什么质量分过几天就又降低了？”。接下来，让我们一起来学习以下几方面的具体操作。

微课：如何高效地收集直通车图

① 淘宝/天猫直通车推广的学习咨询，https://subway.simba.taobao.com/indexnew.jsp?spm=a211vu.server-web-home.favorite.d1788.3db12d58NXoIv1&file=indexnew.jsp#!/home/index?curValue=nav_2&spm=&file=。

首先，网店的运营者在初步接触直通车推广时切忌好高骛远，一味地追求转化率。具体可以从以下几个方面去实施。

1. 推广页面的制作

店铺推广页面可以推广店铺搜索页面、已有导航页面、自定义页面。页面的选择需要考虑店铺的产品和服务特点，也可以考虑直接采用钻石展的落地页。

（1）如果很多中小微店铺运营者在首页上没有做过优化，可以考虑选择推广店铺的搜索页面，直接把所经营网店主推的产品展现给消费者。

（2）如果店铺有上新或促销活动，则优先选取活动页面做推广。

（3）如果没有任何营销活动，经营者需要看店铺首页是否在设计上有优势。良好的首页视觉设计不仅可以增加访客的停留时间，还能提升访客的转化率，促进产品销售。

2. 关键词选择

关键词选择在网店推广中是直观、重要的。

（1）对于网店的经营者而言，品牌词是可以添加的。此外，除了违禁词，其他类目的词也是可以加的。每个推广页面最多可设置 1 000 个关键词，店铺推广类似低价引流，网店经营者可以根据产品特色策划加多关键词。

（2）关键词的筛选需尽可能与页面具有相关性，需要考虑添加的关键词符合推广页面里已有产品名称的衍生词。如某网店推广活动的页面中的宝贝有小米手机壳，那么关键词的选择就要以“手机壳”为主词，在相关词查询中输入“手机壳”，进一步选择它的衍生词汇。

（3）需要注意的一点是店铺推广的 PPC① 比关键词推广的 PPC 低。店推的关键词的默认出价可以根据日常的 PPC × 50%，也可以根据流量的情况，如果营销推广花费高了，就降低网店的出价，花费低了就提高网店的出价，直至每天都可以均匀花费，也不超过预算。

此外，需要注意以下几种关键词策略：

① 优化关键词出价：如果关键词选择过于宽泛，那么需要调整关键词出价，将精准词的出价调高，将广泛词的价格调至适当比例，这样既能提升产品的曝光度、点击率，同时又能得到正常的转化率。

② 优化商品链接：如果直通车推广初期效果不佳，具体来说需要考虑以下因素：第一，链接是否需要调整详情和标题；第二，链接是否适合通过直通车推广及选品；第三，图片是否优质，点击率是否更高。具体操作时需要将更多的产品放在直通车内进行快捷推广，以此来分析链接的健康程度以及验证某商品是否值得通过直通车进行推广。

根据以上分析，如果经营者在使用直通车做推广初期，首先着力点应该是点击率，并不是一味地追求转化率。因为先专注于点击率，网店运营者能运筹帷幄为后期经营打下基础，顾前：优化链接，优化主图，提升链接质量，顾后：提高转化率、销售额等。

---

① PPC 就是按点击付费，这是一种互联网营销模式。在该模式中，广告客户每次点击其广告中的一个，便要付费。本质上，这是一种购买网站访问量的方法。

（4）质量分优化①。

这里需要注意，店铺推广的关键词质量分构成与普通产品关键词的质量分构成完全不同。具体来讲，店铺推广的质量分不能按照普通网店产品关键词的优化方式去实际操作。具体的操作策略可以参考以下方面：

① 在投放页面代码底部添加相关文字字段信息。

② 设置新加词的原始价需放置 3 天，不做任何调整。3 天以后基本权重匹配完毕，观察关键词的变化。如果分值是 5 分以下可直接删除，10 分的词可按每天加价 5 分（这里只针对大众人群类目，如服装、护肤品、箱包、鞋等）。

③ 针对非大众类目的产品，直通车每日加价公式可以参考直通车整体 PPC × 0.15（注意：如果有特殊其他商品类目，则需要根据具体情况微调）。

④ 前端图片展示的信息尽量与落地页相符。

## 二、店铺的二维码营销

二维码（QR Code）营销，是一种被越来越多的企业印刷在运营推广的纸质版和数字化材料中的常见方式之一。在我国，越来越多的中小微企业在网店运营推广中也较喜欢使用二维码这种数字化工具。那么企业应该如何运用二维码来创造话题，吸引客户，并拓展业务。就像“00 后”的年轻消费群体比较喜欢的小红书，开始出现在电视杂志，新媒体广告中一样，二维码较多地出现在了新媒体广告中。

二维码扫码（QR Code）营销或 QR Code 电子支付已经出现在直邮邮件、电影海报、名片以及网店的直播视频上，它们是否拥有自己的网站，或者是微博、微信的推广页面的持久力，目前尚未确定。但是，二维码营销仍被中小微企业采用，用于开展企业的数字化营销业务。

那么，如何运用二维码营销？

（1）在企业名片上印制自己的二维码。事实上这是许多企业使用二维码最具有实际意义的方式，它可以将所有联系信息包含在内，而不会信息超载。

（2）贴二维码标签。如在某个地方，餐馆的顾客正在享用葡萄园的葡萄。目标受众注意到瓶子上或推广短视频的二维码，并快速扫描，他们将会进入一个移动网站。在那里，顾客可以了解更多关于葡萄、葡萄园和葡萄酒酿造的链接，然后再从线上到线下，这是一个典型的 O2O 方式。

（3）店铺展示。在员工离开之后，为了不让潜在的客户失望，应在线创建商店，并将二维码放入店面窗口。一个快速扫描，就可将潜在的损失销售转变为在线客户。

（4）将二维码印刷在文化 T 恤衫上，进行自我推销。当企业在做一些公益或者是商业活动时，如代言某一个体育赛事，或者是某一个公益竞选活动，可以给人留下更深的印象，当人们拿起手机扫描企业的信息时可能就会成为企业潜在的用户。

（5）印刷在促销折扣和赠品上。如果用户使用的是安卓系统的手机，企业可以针对这种移动端系统，设计不同的二维码，并在广告中运行这些代码，也可以在整个商店中发布这些代码，甚至可以将它们变成转推，以便购物者与其粉丝分享折扣。

---

①《直通车店铺推广到底如何玩才有效果》，新思路聊电商，2015 年 3 月 31 日。

拓展案例

**酒店旅行数字化营销服务商“直客通”促中小微企业发展**

公开信息显示，全国85%的五星级酒店已选择直客通作为微信直销合作伙伴。目前，直客通合作伙伴的官方微信月交易额超7亿元，官方微信累计粉丝数近亿人。而公司的目标是，到2025年，合作伙伴的官方微信年交易额达到1 000亿元。

直客通本轮融资主要用于直客通技术迭代创新以及业务扩展，为高星酒店及景区等合作商户提供持续增长的高效获客数字化营销解决方案，加速实现酒店数字化战略转型，提升复购率及新用户的双增长。

网经社“电数宝”（DATA.100EC.CN）电商大数据库显示，“直客通”累计进行七轮融资，融资总额超8.905亿元，投资方包括艺龙、戈壁创投、IDG资本、光速中国等。

官网显示，直客通成立于2014年，是“交易型SaaS＋服务”①的数字化营销服务商，主要帮助高星酒店及景区在微信生态开设官方直销店，高效获客。高星酒店及景区面临获客难且成本高、销售渠道及会员体系不健全、消费者需求供给信息不对称、员工销售效率低等痛点，而直客通为他们提供产品在线化、营销在线化、支付在线化、服务在线化的综合数字化营销方案。②

## 模块六　课后习题

1.（单选题）网络营销从狭义上有以下理解：凡是以国际互联网为主要营销手段，为达到一定营销目标而展开的营销活动，都称为网络营销。这个说法是（　　）。

A. 正确的　　　　B. 不正确的

2.（单选题）网上营销销售是网络营销发展到一定阶段产生的结果，并不是唯一结果，因此网络营销本身并不等于网上销售。这个说法是（　　）。

A. 正确的　　　　B. 不正确的

3.（单选题）网络营销和电商是一对紧密相关又有明显区别的概念，因此网络营销就等于电商。该种说法是（　　）。

A. 正确的　　　　B. 不正确的

---

① SaaS+服务平台是指ERP（Enterprise Resource Planning，企业资源计划）类厂商或交易型电商平台，通过SaaS平台的信息化链接后，进一步提供相关增值业务，如+问诊、+金融、+保险、+交易、+充电、+加油等。

②《数字化营销服务商“直客通”已完成5 000万美元D轮融资》，网经社，2020年11月7日。

4.（单选题）信息发布需要一定的信息渠道资源，这些资源分为内部资源和外部资源。以下哪一项不属于内部资源（　　）。

A. 微博、微信、抖音等公众平台

B. 企业网站、官方 APP

C. 第三方网络平台、注册用户电子邮箱

D. 搜索引擎

5.（单选题）宜家家居 O2O 模式，从线上引流到线下，培育实体店体验。这一电商实战案例正好诠释了网络营销的一项基本职能，该职能是（　　）。

A. 销售促进　　B. 网上销售

C. 信息发布　　D. 客户关系

6.（多选题）网络营销工具中的第二大工具是（　　），（　　）是一个国内很强大的网络营销搜索引擎工具。除了百度之外，在欧美地区常使用其他著名搜索引擎工具，如谷歌、微软 Bing 搜索。

A. 抖音　　B. 微信、微博

C. 搜索引擎　　D. 百度

7.（多选题）利用第三方电商平台的优势是（　　）。

A. 大大简化了企业开展电商的流程

B. 增加了企业日常的管理费用

C. 增加了企业的人力资源成本

D. 不需要建设功能较为复杂的官方平台

8.（多选题）网络营销按照其发挥作用，可划分为 8 大职能，它们是：（　　）、（　　）、信息发布、销售促进、网上销售、（　　）、客户关系和（　　）。

A. 网络品牌　　B. 网站推广

C. 客户服务　　D. 网上调研

9.（多选题）电子邮件是一种用电子手段提供信息交换的通信方式，企业可通过该网络营销工具实现客户服务、（　　）、（　　）、（　　）等职能。

A. 网站推广　　B. 信息发布

C. 网上调研　　D. 搜索引擎

10.（多选题）网络广告，就是确定的广告主以付费方式，利用网站上的（　　）、（　　）、（　　），在互联网刊登或发布广告，通过网络将其传递到互联网用户的一种广告运作方式。

A. 广告横幅　　B. 文本链接

C. 多媒体的方法　　D. 电子邮箱

11.（简答题）网络营销的 8 大职能是什么？

12.（思考题）简述利用“生意参谋”软件对网店推广的注意事项有哪些？

13.（思考题）在企业实际运作中，请梳理并总结网店“外部推广”的网络营销工具有哪些？各自的特点是什么？

14.（实操题）作为一家 O2O 网店的创业者，你计划将网店在某电商平台上试运营。请结合网络营销中的推广工具，制定一个针对网店外部推广的策略。尝试撰写一份简要的 PPT 方案来呈现你准备采用的推广策略。

15.（实操题）为了提升你所在企业的网店推广效果，作为企业的市场营销专员，请你针对网店的横幅广告（Banner）与文本链接，分别设计一句主题口号（Slogan）和一组关键词。

# 模块七　新支付模式

情景视频：新支付促电商新消费

## 情景设计

**模块情景：支付“新”方式促电商“新”发展**

2020 年 9 月 29 日，中国互联网络信息中心（CNNIC）在京发布第 46 次《中国互联网络发展状况统计报告》。报告显示，截至 2020 年 6 月，我国网民规模达 9.40 亿人，较 2020 年 3 月增长 3 625 万人，互联网普及率达 67.0%，较 2020 年 3 月提升 2.5 个百分点。庞大的移动互联网用户构成了中国蓬勃发展的消费市场，也为电商的发展打下了坚实的用户基础。中小微企业的网店经营者需将“数字支付”的互联网思维融入线上线下的运营中，如模块五中所提及的 QR Code 支付营销方式。数字支付的发展为社会的发展产生了十分积极的影响，这一模块主要从支付方式的演进、数字支付的发展历程、数字支付工具等方面介绍数字支付以及安全保障。

# 项目一　支付概论

## 一、货币形态的演进与支付

拓展案例

**世界最早纸币交子“现身”G20**

2016 年第三次 G20 财长和央行行长会于 7 月 23 日至 24 日在成都举行。作为东道主，四川为参会嘉宾准备了一份什么样的见面礼呢？

世界上最早使用的纸币——交子的图案，被印制成一套书签，送给各国嘉宾。选择交子的图案有什么意义？交子作为跨越千年的金融凭证，不仅代表着世界首款纸钞的起源和发展来自中国，也体现了国人自古以来的创造力和智慧。交子的出现，要比欧洲纸币出现的时间早 500 年。如今，中国移动支付再次引领世界发展。

交子又是如何诞生的？北宋初年，成都地区农业和手工业发达，商业兴盛，蜀锦、茶叶、纸张、药材等物资交易量日益增大，是北宋全国经济最繁荣的地区之一。当时成都普遍使用的是铁钱，携带和交割都极不方便。于是蜀中一些商人便制楮（纸）为票据，用来代替铁钱流通——交子也由此产生。①（见图 7-1）

图 7-1　交子图案书签绘有诞生于成都的全世界第一枚纸币②

## （一）货币形态的演进

根据《中国财会大辞典》对货币形态的定义，货币形态是指价值形态发展过程中的最后形态。在此阶段，货币成为表现其他一切商品价值的固定的一般等价物。商品的价值形态最初是简单的价值形态，后来发展到扩大的价值形态、一般的价值形态，最后发展到货币形态。前 3 种形态的转化都发生了本质的变化，但从一般价值形态转化为货币形态并没有发生本质的变化。

认识一种货币形态，必须考虑 3 个方面的内容。一是它的经济价值基础——任何的货币形态，从货币的本质来看，都必须具有或代表经济价值。二是它所承担的货币功能——任何的货币形态，都是通过承担一种或多种货币的功能来体现自身货币特性的。不承担任何货币功能的物品，也成不了货币。三是它与中介组织的关系，这种关系形成了可追踪货币和不可追踪货币两大类，体现出货币运行和社会管理的两种走向。由这 3 大核心内容出发，一般来说，我们就能够对任何货币形态做出从货币本质、货币功能到运行特征较为清晰的基本判断。

理论上看很难，实际上就是从实物货币演变到信用货币的过程，具体参见图 7-2。

①《成都方志》微信公众号，《世界上最早发明的纸币是如何诞生的？》，锦官故事，2020 年 7 月 14 日。

②《掌上金牛》微信公众号，《G20 见面礼蕴藏大文章，世界最早纸币交子现身，诞生于金牛》，2016 年 7 月 24 日。

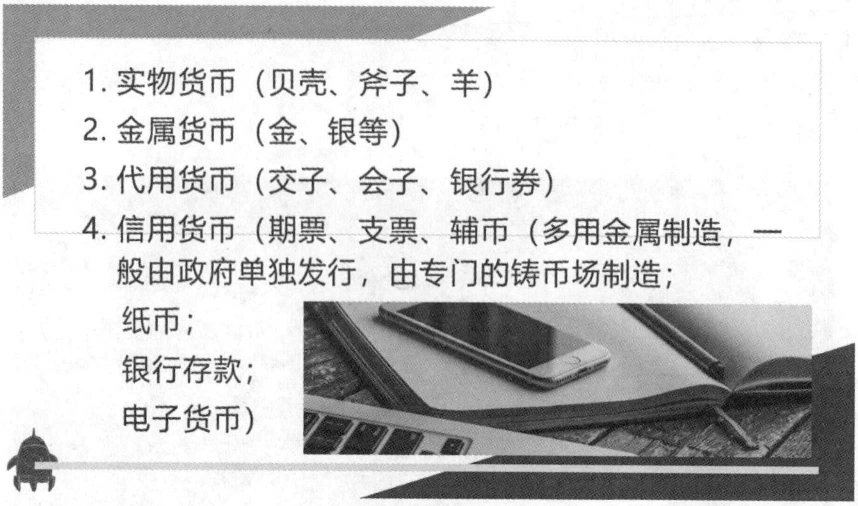


图 7-2　货币形态的演进

## （二）货币的概念及本质

1. 货币的概念

货币的概念主要有货币金属论、货币名目论、劳动价值说等。

（1）货币金属论。

货币是商品，必须有实质价值，金银天然就是货币，因此货币必然具有金属内容，货币等同于贵金属。货币是唯一的财富，国家和个人要想富强，就必须得到足够多的货币。

（2）货币名目论。

货币不是财富本身，只是便利交换的技术工具，是换取财富的要素，是一种价值符号。因此，货币不具有商品性，没有实质价值，只在名目上存在，是观念上的计算单位。货币发行是一国货币当局投放现金的业务，是中央银行的主要业务，我国法定的唯一的货币发行机构是中国人民银行。可见，贵金属本身没有价值，其价值是由货币的价值派生出来，而货币的价值由国家规定。因此，货币不一定非要由贵金属来铸造，也可以是一种票券。

（3）劳动价值说。

货币与商品具有共性，都是人类劳动的产物，是价值和使用价值的统一体。这种共性使货币在商品交换发展过程中自发分离出来充当一般等价物成为可能。

2. 货币的本质

从以上 3 个观点可以得到货币的 2 个本质：

（1）货币具有商品属性，但不是普通商品，而是特殊商品，是与其他一切商品相对立的，固定充当一般等价物的商品。货币与其他商品的区别在于：

① 货币是表现衡量一切商品价值的材料，具有同其他一切商品相交换的能力。

② 货币商品的使用价值具有二重性。它作为商品具有特殊的使用价值，如金币可以镶牙，可以用作奢侈品的原料等。

（2）不同所有者占有，并通过等价交换来实现他们之间的社会联系。

### （三）货币的职能

1. 交易媒介和支付工具

货币被用来购买商品和劳务，借助交易媒介，可以降低交易成本，从而提高经济效率。

2. 记账单位

记账单位指被用来衡量商品和劳务的价值，便于衡量和比较商品价格。

3. 价值储藏

价值储藏是将购买力从获得收入之日起储藏到支出之日，然而货币并非唯一的价值储藏手段。选择货币作为价值储藏手段，源于货币的流动性。货币的储藏价值是由物价水平决定的。

4. 支付手段

支付手段是指货币在清偿债务时充当延期支付的工具，源于信用交易。所谓信用是指在商品交换或者其他经济活动中授信人在充分信任受信人能够实现其承诺的基础上，用契约关系向受信人放贷，并保障自己本金能够回流和增值的价值运动，形成债权债务关系，包括实物信用（让渡实物使用权）和货币信用（让渡货币使用权），如赊销、预付款、偿还贷款、支付利息、支付工资、缴纳税金。

5. 马克思的货币职能说

马克思认为，典型的货币——黄金具有 5 个职能，即价值尺度、流通手段、贮藏手段、支付手段和世界货币。（见图 7-3）

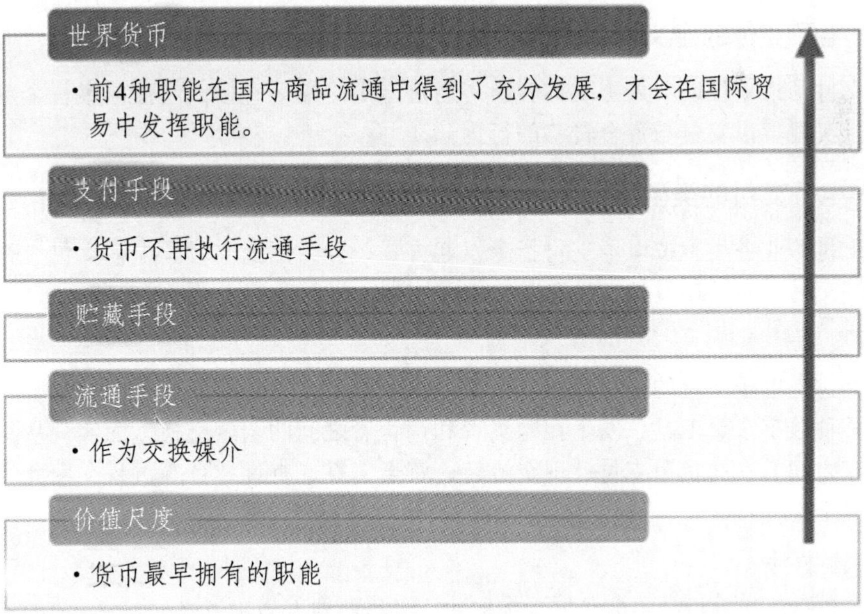


图 7-3　马克思货币职能说

价值尺度：用以衡量和表现所有商品和劳务价值时，货币执行价值尺度职能，这是货币的基本职能。特点是只需要观念或想象中的货币，不需要现实的货币，作用是为各种商品和劳务定价。最明显的就是“价格”的出现，价格是以货币单位表示的价值，即价值的货币表现。

流通手段：货币在商品交换中起媒介作用时，发挥流通手段职能，货币是价值尺度和流通手段的统一。货币出现前，商品交换采取物物直接交换形式。货币产生以后，货币充当交换活动的媒介物。

贮藏手段：货币暂时退出流通领域被人们作为独立的价值形态和社会财富的一般代表保存起来时发挥贮藏手段职能。货币产生至今，其形式已发生了不少变化，从实物货币发展到现在的信用货币，货币贮藏的形式也在变化，从足值货币金银的形式贮藏到当今信用货币——价值符号的替身作为价值贮藏的典型形态。

支付手段：货币在偿还债务或做单方面支付时发挥支付手段职能。

世界货币：货币越出国界，在全球市场发挥作用时，执行世界货币的职能。这个职能让货币必须脱掉原来的“民族服装”，还原成金银的本来面目。这时，货币作为国际上的支付手段，用来支付国际收支差额；作为国际上的一般购买手段，是社会财富的一般转移手段。

## 二、现代支付方式

微课：新支付促电商新消费

前面讲了货币的形态演变、概念等，它们跟电商时代的电子支付有什么关系？这是因为货币（账户）是支付载体，支付动作的操作物是凝结了货币的职能，支付动作可以对匿名的货币进行操作，也可以对具名的账户进行操作。货币是支付的重要载体，支付是货币流动的原动力，两者相互依存，互相推动。电商交易过程中，最重要的环节便是支付，支付完成后如果不包括售后等流程的话，才是交易的完成，所以电子支付应运而生。

### （一）电子支付的定义

电子支付是指单位或个人（统称客户）通过电子终端，直接或间接向银行金融机构发出支付指令，实现货币支付与资金转移的行为。

### （二）电子支付的类型

电子支付的业务类型按电子支付指令发起方式，分为网上支付、电话支付、移动支付、销售点终端交易、自动柜员机交易和其他电子支付。

1. 网上支付

网上支付是电子支付的一种形式。广义地讲，网上支付是指以互联网为基础，利用银行所支持的某种数字金融工具，发生在购买者和销售者之间的金融交换，而实现从买者到金融机构、商家之间的在线货币支付、现金流转、资金清算、查询统计等过程，由此为电商及其他服务提供金融支持。

2. 电话支付

电话支付是电子支付的一种线下实现形式，是指消费者使用电话（固定电话、手机）或其他类似电话的终端设备，通过银行系统就能从个人银行账户里直接完成付款的方式。

3. 移动支付

根据2012年12月14日中国人民银行发布的《中国金融移动支付系列技术标准》，移动支付（Mobile Payment）指允许用户使用移动终端对所消费的商品或服务进行账务支付的一种服务形式。移动支付所使用的移动终端可以是手机、PDA、移动PC等。

## 三、电子支付的发展历程与趋势

### （一）电子支付的发展历程

电子支付的发展历程一共分为以下5个阶段。

第一阶段：计算机处理银行之间的业务，20世纪80年代。

第二阶段：银行与其他机构资金结算，20世纪80年代。

第三阶段：利用网络终端向客户提供服务，1987年珠海投入使用ATM机。

第四阶段：利用银行销售终端，1998年网上银行出现。

第五阶段：基于Internet的电子支付。它将第四阶段的电子支付系统与Internet进行整合，实现随时随地地通过Internet进行直接转账结算，形成电商交易支付平台。2005年被称为中国的电子支付元年：首先，中国电子支付市场高速增长；其次，电子支付法规得到了完善。

### （二）电子支付的发展趋势

当前，我国电子支付的发展趋势有以下几种：

趋势1：第三方支付业务迅猛发展，而银行的电子支付业务增长开始趋缓。（见图7-4）。

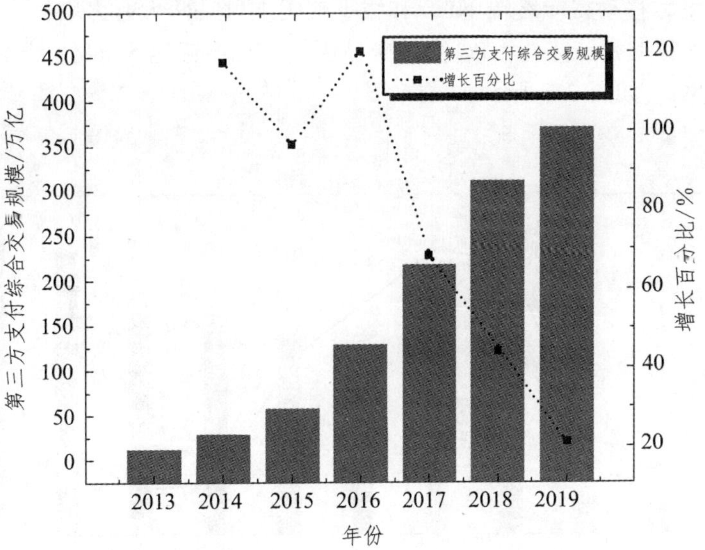


图7-4 2013—2019年第三方支付综合交易规模及增长百分比

趋势2：我国的支付行业监管体系不断完善，监管持续收紧。随着征信和大数据的发展，互联网支付系统会更加完善；个人和企业的支付方式将更加趋于完善和得到保障。

趋势 3：随着我国移动手机用户的增长，电子支付各参与方对于支付场景的应用争夺，将会呈现市场的白热化（见图 7-5）。随着零售业的数字化发展，不难发现像京东和阿里这样的一些大型电商平台，已经从线上转移到了线下，然后也非常重视线下零售场景。这类大型的电商平台，从线上到线下，然后利用线下支付实体店，来培养新的电子支付客户。

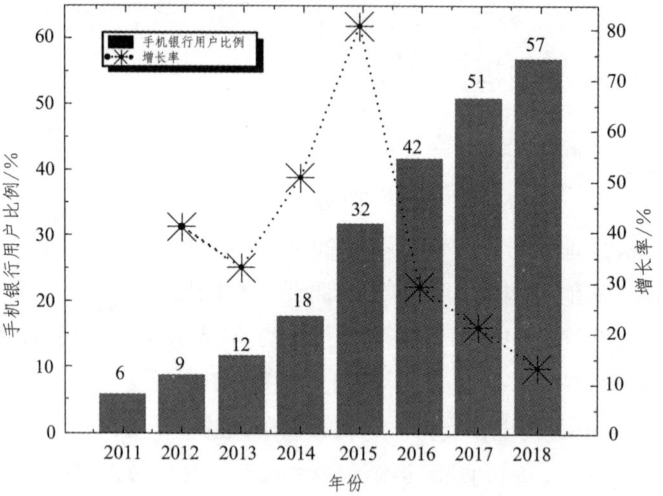

图 7-5　2011—2018 个人手机银行市场发展趋势

2018 中国电商半年报：生物识别技术或将引领电商发展

趋势 4：从短信支付、语音支付到京东支付，从微信和支付宝支付到京东白条，以及百度钱包的出现，越来越多的新移动支付方式出现。如 NFC（Near Field Communication）和 Ibeacon 蓝牙技术支付，以及生物识别技术支付。在国内整个移动支付市场逐渐稳定的趋势下，第三方移动支付格局已定。艾瑞咨询分析认为，自 2018 年起移动支付交易规模增长同比放缓，但相对于整体市场，移动智能终端 NFC 和线下扫码支付是两大有力增长点：2019 年第三季度（2019Q3）我国移动智能终端 NFC 支付交易规模同比增速达 55.6%；线下扫码支付交易规模环比增速约 7.8%，如图 7-6 所示。

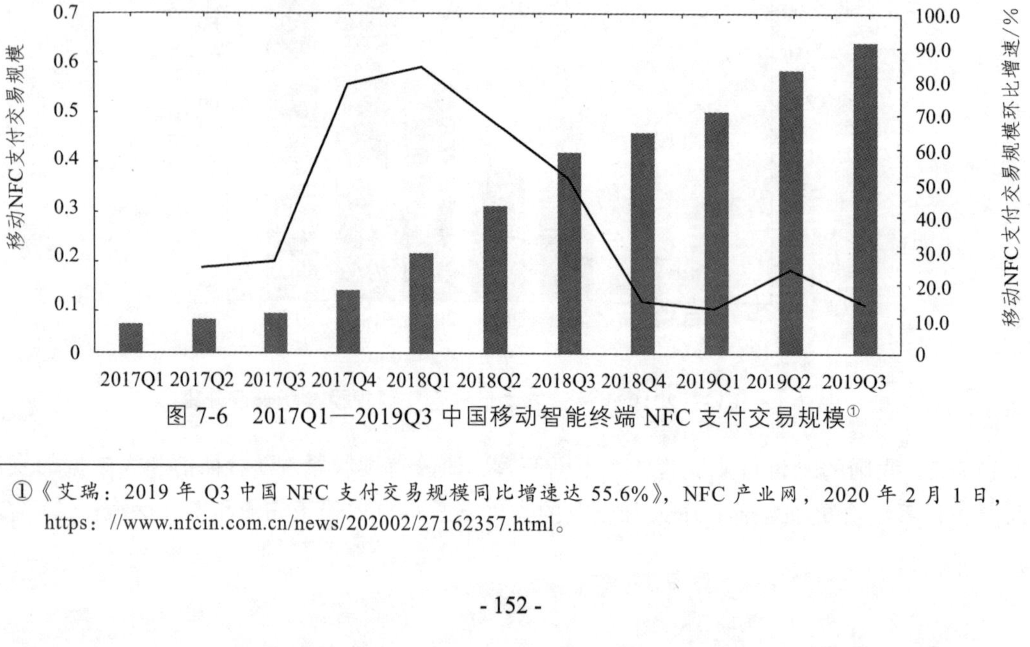

图 7-6　2017Q1—2019Q3 中国移动智能终端 NFC 支付交易规模[①]

①《艾瑞：2019 年 Q3 中国 NFC 支付交易规模同比增速达 55.6%》，NFC 产业网，2020 年 2 月 1 日，https：//www.nfcin.com.cn/news/202002/27162357.html。

图 7-6 数据显示，2019 年第三季度我国移动智能终端 NFC 支付交易规模约 91.8 亿元，占整体移动支付交易规模比例较小，但增速较快。

## 四、电子支付系统与电子支付工具

### （一）ATM 系统、POS 系统、电话银行系统

传统电子支付系统中应用得比较广泛的主要有 ATM 系统、POS 系统、电话银行系统以及电子汇兑系统。

1. ATM 系统

自动柜员机（Automated Teller Machine，ATM）系统是持卡人利用银行发行的银行卡，在自动存款机或自动取款机上，直接存取款和转账功能的一种自助银行系统。该系统深受客户的欢迎，有效地提高了银行效率，降低了银行运行成本，是最早获得成功的电子资金转账系统。2012 年以来，我国联网 ATM 保有量呈上升趋势，年均增长率达 20%左右。2016 年以后，受我国移动支付市场发展迅速及银行业转型影响，我国 ATM 市场增长放缓。2018 年恢复增长，前三季度 ATM 机新增量达到 18.09 万台。

2. POS 系统

20 世纪 60 年代末，发达国家的金融机构为了扩大银行卡的功能和使用范围，在零售商店、酒吧等销售点处开办了销售点处的电子转账系统。持卡人在消费点消费后可通过 POS 系统，直接进行电子资金转账。

POS 机的发展经过了几个阶段，从最早使用借记卡专有系统，到共享的联机系统，再到现在能够完成网上购物、网上支付和电子转账的 POS 系统。2017 年我国联网 POS 机数量达到 3 300.8 万台，同比 2016 年增速达到 34.5%。与此同时，2017 年我国个体商户数量为 6 373 万，同比 2016 年增速为 8.6%。因为联网 POS 机的数量增速远高于个体商户的数量增速，我国联网 POS 机在商户端的渗透率正逐步提高，移动 NFC 支付的商户端硬件条件正逐步走向成熟。

3. 电话银行系统

电话银行中心是通过最新的数字处理技术，以及硬件技术的结合，将电信网络紧密地融合在一起，利用电话、手机、电脑等通信方式，向客户提供金融服务的机构。电话银行中心提供的服务，可以实现与客户沟通的渠道多样化、服务方式自动化、服务过程个性化、服务管理科学化；受理通过电话手机、电脑、传真、电子邮件等多种通信方式发出的业务请求；打破时间、地域的限制，向客户提供 365 天，每天 24 小时不间断的金融服务。

### （二）电子支付工具

1. 电商普通支付工具

（1）银行卡。

信用卡是银行或其他财务机构签发给资信状况良好人士的一种特制卡片，是一种特殊的信用凭证。

银行借记卡是指商业银行向个人和单位发行的，凭此向特约单位购物、消费和向银行存取现金的银行卡。现阶段，我国各银行发行的银行卡大多是借记卡。持卡人在使用借记卡支付前需要在卡内预存一定的金额，银行不提供信贷服务。

（2）电子现金。

电子现金是一种以电子数据形式流通的，能被客户和商家普遍接受的，通过互联网购买商品或服务时使用的货币。

（3）电子钱包。

电子钱包（E-wallet）也是电商活动中顾客常用的一种支付工具，是一种客户端的小数据库，用于存放电子现金和电子信用卡，同时包含诸如信用卡账号、数字签字以及身份验证等信息。

（4）电子支票。

电子支票是一种借鉴纸张支票转移支付的优点，利用数字传递将钱款从一个账户转移到另一个账户的电子付款形式。

2. 国际电商常用电子支付工具

在国际电商中，尤其是在进出口贸易中常采用的支付方式主要有 3 种：信用证 L/C( Letter Of Credit)、电汇 T/T（Telegraphic Transfer）、托收支付（Collection）。其中 L/C 用得最多，T/T 其次，D/P 较少。

（1）信用证。

信用证（Letter of Credit，L/C）是一种银行开立的有条件的承诺付款的书面文件，它是一种银行信用。信用证是银行（即开证行）依照进口商（即开证申请人）的要求和指示，对出口商（即受益人）发出的、授权进口商签发以银行或进口商为付款人的汇票，保证在将来符合信用证条款规定的汇票和单据时，必定承兑和付款的保证文件。

（2）电汇。

电汇也是贸易中常见的一种支付方式，是指汇出行应汇款人的申请，采用电报 T/T 或 电传 Telex 或环球同业银行金融电讯协会（SWIFT）的方式将电汇付款委托书给汇入行，指示解付一定金额给收款人的一种汇款方式。

# 项目二　电子支付实务

微课：电子支付实务

## 一、网络银行

### （一）网络银行的概念

网络银行又称网上银行、在线银行或电子银行。网上银行发展的模式有两种：一种是完全依赖于互联网的无形的电子银行，也叫“虚拟银行”。例如，美国第一家无营业网点的虚拟网上银行，成立于 1995 年 10 月，没有实际的物理柜台，营业厅是网页画面。当时员工总数为 19 人，采用互联网等科技服务手段与客户联系，提供全方位的金融服务。

另一种是在现有的传统银行的基础上，利用互联网开展传统的银行业务交易服务，即线上为客户提供在线服务。

### （二）网络银行的业务模式

网络银行即由商业银行等金融机构通过互联网向其客户提供各种金融服务的线上银行，其业务包括传统银行业务和因信息技术应用带来的新兴业务。

网上银行又被称为"3A 银行"，因为它不受时间、空间限制，能够在任何时间（Anytime）、任何地点（Anywhere），以任何方式（Anyhow）为客户提供金融服务，使客户足不出户就能够安全便捷地管理活期和定期存款、支票、信用卡及个人投资等。可以说，网上银行是互联网上的虚拟银行柜台。

## 二、电子支付实操

### （一）网银支付

无论是通过桌面形式还是移动形式，网银界面都可以通过浏览器入口进入，其展示的界面、操作和功能几乎是完全一致的，并无根本性的区别。所以网银又被称为 WEB 形式的网银或浏览器网银。

### （二）个人银行和企业银行电子支付

电脑或者手机中都可以运行互联网浏览器，可以通过浏览器访问各类电商网站、网络银行网站以及第三方支付平台网站（见图 7-7）。从这个意义上说，浏览器就是进入在线支付界面的工具，是在线支付的第一个步骤，同时对于在线支付安全也有着非常重要的意义，如用户名和密码都要通过浏览器进行交互。

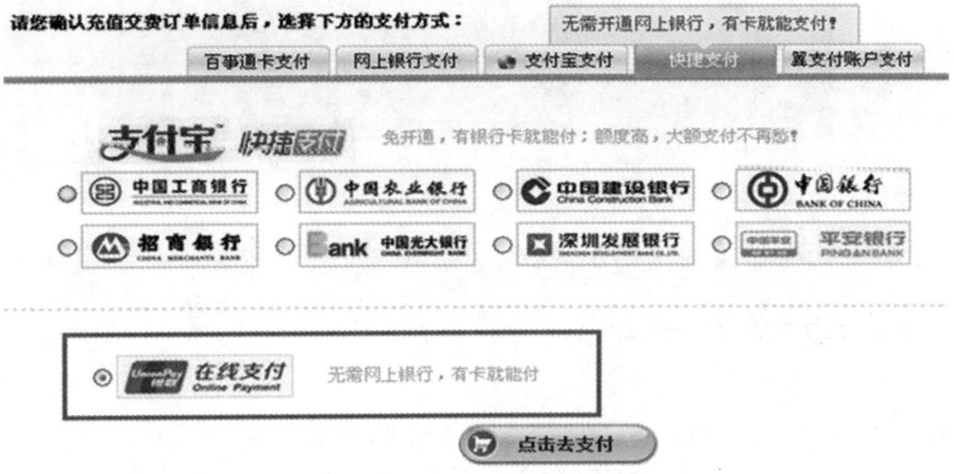


图 7-7　淘宝电商平台支付界面

浏览器的种类非常多，所支持的网络标准也不尽相同。如果按照生产商的品牌分，起码有成百上千种。但如果按浏览器核心分类，它的种类就少得多，一般分为 4 种，分别是：Trident、Gecko、WebKit 和 Presto。

## 三、第三方支付平台及模式

### （一）第三方支付

音频：第三方支付的主要模式

第三方支付平台是利用互联网在收、付款人之间提供货币资金转移服务的中介机构。第三方支付平台是面向开展电商业务的企业提供与电商支付活动有关的基础支撑与应用支撑的服务，属于第三方的非金融机构。其主要特点包括：支付中介；中立、公正；技术中间件。

### （二）第三方支付的主要模式

第三方支付的主要模式有：预付卡、网络支付、银行卡收单、其他支付方式。（见图 7-8）

预付卡是指以营利为目的发行的，在发行机构之外购买商品或服务的预付价值，包括采取磁条、芯片等技术以卡片、密码等形式发行的预付卡。预付卡又叫储值卡、消费卡、智能卡、积分卡等，顾名思义就是先付费再消费的卡片。

银行卡收单，是指通过销售点（POS）终端等为银行卡特约商户代收货币资金的行为。

花呗，类似信用卡支付工具。

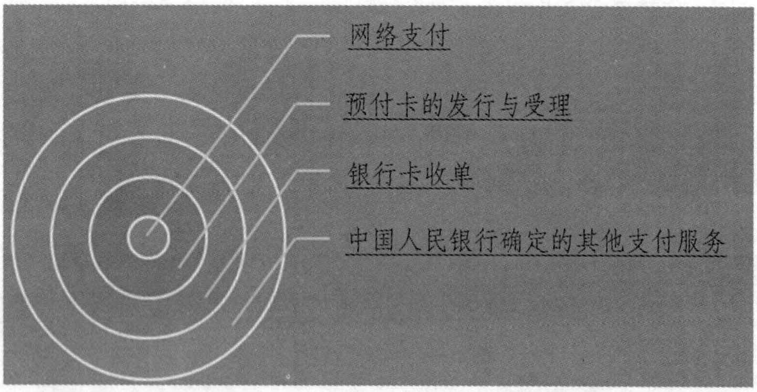


图 7-8　第三方支付的主要模式

## 四、第三方电子支付平台及流程

### （一）第三方电子支付平台

1. 支付宝爆发式的成长历程

截至 2014 年，支付宝在中国已经拥有超过 4 亿实名活跃用户。目前国内有多达 50 万家独立电商企业使用支付宝作为网络支付工具。而支付宝合作商户也进一步涵盖了包括服装、电子、机械、家居、文化等在内的几乎所有已应用电商的产业领域。

2015 年，支付宝 9.0 版本新增了“朋友”和“商家”功能。支付宝 9.2 版本推出了英文版和繁体版，直接跨越语言屏障，让外国友人和港澳台同胞能够在淘宝和天猫上尽情购物。

为了让海外用户可以便利地参与购物，支付宝在2015年强化了与国际支付机构之间的合作，改变了以往只有依靠国际信用卡才能实现跨国网购的情况。

2. 第三方平台支付服务的历史沿革

（1）第三方支付平台最早出现在2000年前后，2001年正式运行。首信易支付、上海环迅IPS、银联电子支付、云网是早期的第三方平台。

（2）2000—2002年中国电商遭遇低潮，电商整体发展环境不佳，第三方支付平台基本处于维持生存的状态。

（3）第三方支付平台在2005年迎来了蓬勃的发展期，易支付、快钱、Yeepay（易宝）、PayPal、财付通等进军支付领域。

（4）2006年以后，第三方移动支付平台进入激烈的竞争阶段，逐渐形成了3个梯队。到2019年第三季度为止，一是以支付宝和财付通为代表的第一梯队，两者市场份额之和超过50%；二是包括汇付天下、上海银联、快钱等第三方支付平台的第二梯队，市场份额约占25%；三是其他第三方支付平台属于第三梯队，采取差异化的发展策略。

### （二）第三方平台的支付流程

第三方支付平台的支付是典型的应用支付层架构。总体来看，支付流程都是付款人提出付款授权后，平台将付款人账户中的相应金额转移到收款人账户中，并要求其发货。有的支付平台会有“担保”业务，如支付宝。交易中，付款人将要支付的金额暂时存放于支付平台的账户中。图7-9是有担保功能的第三方结算支付的流程。

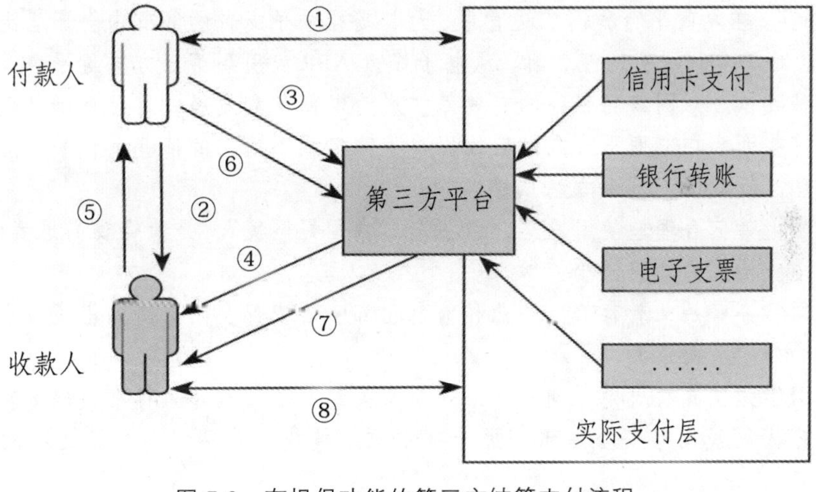


图7-9　有担保功能的第三方结算支付流程

## 五、新型移动电商与移动支付

### （一）体验NFC的移动电子支付

NFC支付是指消费者在购买商品或服务时，即时采用NFC技术（Near Field Communication）通过手机等手持设备完成支付，是一种新兴的移动支付方式。

NFC 全终端方案将安全模块集成到手机终端的 NFC 方案。

eNFC 技术方案是使用 SIM/UIM 卡作为安全模块的 NFC 技术方案，又称 SWP（单线通信协议）方案或者 NFC-SIM 方案。

### （二）体验 Ibeacon 蓝牙移动支付

蓝牙技术（IBeacon）是苹果公司 2013 年 9 月发布的移动设备 OS（iOS7）上配备的新功能。

IBeacon 基站可以向小米移动设备传输各种信息：优惠券、店内导航、完成支付。

# 项目三　电商与网络安全

**案例导入**

**网络安全宣传周丨网络安全记心里，争做中国好网民**

随着电商技术的发展，网络教育安全成为电商发展的核心和关键问题。网络发展日新月异，在为我们带来方便的同时，也给我们的信息和财产安全带来了很多隐患。为了提高全民的网络安全意识，经中央网络安全和信息化领导小组批准，将每年9月的第三周确定为“网络安全宣传周”。在电商平台和网店运营中，尤其是在电子支付的环节中会产生大量的用户信息数据，从电商平台到网店的经营者，从电子银行 APP 应用到第三方支付平台等都将搜集大量的用户隐私数据。对网络隐私权的有效保护成为电商顺利发展的重要市场环境条件。在利益驱使下，有些商家在电商平台或网店的用户不知情或不情愿的情况下，采用各种手段取得和利用其信息，侵犯了上网者的隐私权。

当代大学生如何合理地使用网络，做一名“中国好网民”，是值得我们思考的一个问题。

网络安全宣传周的知识链接：

由中央网信办牵头，教育部、工业和信息化部、公安部、国家新闻出版广电总局、共青团中央等相关部门共同举办。

以学习网络强国战略思想、国家网络安全有关法律法规和政策标准为核心。

以增强广大网民网络安全意识，提升基本防护技能，营造安全健康文明的网络环境为目的。

## 一、电商与网络安全相关法律

### （一）网络安全法

1. 网络安全法的解读

《中华人民共和国网络安全法》（简称《网络安全法》）是我国第一部全面规范网络空间安

全管理方面问题的基础性法律，是我国网络空间法治建设的重要里程碑，是依法治网、化解网络风险的法律重器，是让互联网在法治轨道上健康运行的重要保障。《网络安全法》将近年来一些成熟的好做法制度化，并为将来可能的制度创新做了原则性规定，为网络安全工作提供切实法律保障。[①]

2. 全国人大出台《网络安全法》的过程[②]

（1）2015年6月，第十二届全国人大常委会第十五次会议初次审议了《中华人民共和国网络安全法（草案）》。

（2）2015年7月6日至2015年8月5日，该草案面向社会公开征求意见。

（3）2016年6月，第十二届全国人大常委会第二十一次会议对草案二次审议稿进行了审议，随后将《中华人民共和国网络安全法（草案二次审议稿）》面向社会公开征求意见。

（4）2016年10月31日，网络安全法草案三次审议稿提请全国人大常委会审议。11月7日，全国人大常委会表决通过了《中华人民共和国网络安全法》。

网络安全已上升为国家战略，没有网络安全就没有国家安全，没有信息化就没有现代化。无论是国家的强大还是人民生活的改善，都离不开一个安全可控、优质高效的网络，要以安全保发展、以发展促安全。

## （二）电子商务法

2018年8月31日，第十三届全国人民代表大会常务委员会第五次会议审议并通过《中华人民共和国电商法》(简称《电商法》)，于2019年1月1日起施行，是我国电商领域的首部综合性法律。

1.《电商法》的解读

从定义上看，电商法又被称为“网络交易法”。这里的电商并不局限于我们行业里所直观理解的那种通过互联网买卖货物或服务，而是依据广义的电商，泛指“通过互联网等信息网络进行商品交易或者服务交易的经营活动”(金融类产品和服务,利用信息网络提供新闻信息、音视频节目、出版以及文化产品等内容方面的服务除外）。简单地说，除了互联网金融交易、互联网新闻、音视频（如爱奇艺）、出版以及文化（如网络游戏）等少数几个业态外，其他所有依托网络交易营利的活动都被包含在这部立法调整的范围内，包括日渐活跃的移动互联网经济。

2.《电商法》的要点

根据电商交易环节涉及的电子支付,《电商法》对于电商平台和用户信息与数据的收集加强了监管。

（1）对电商平台的监管：

第三十条：采取技术措施保障网络安全。

① 谢永江：北京邮电大学互联网治理与法律研究中心，宣讲家网，2016年11月8日，http：//www.71.cn/2016/1108/919725.shtml。

② 政府外事办：临沧市人民政府外事办公室信息公开专栏，2018年11月13日，http：//www.lincang.gov.cn/lcsrmzf/18599/18616/200991/201163/index.html。

第三十一条：保存平台交易信息不少于 3 年。

第三十五条：平台不合理限制、附加条件、费用等经营行为禁止。

第三十七条：自营和他营区分，自营责任自负。

第四十六条：不得集中交易、标准化合约交易。

除了表格中这些对电商平台监管的条例要点整理，其他条款中对于电商经营者的要求，如收集用户信息、格式合同提示等也同样适用于平台。[①]

（2）对电商数据的监管：

在大数据时代，用户在电子支付环节中产生的信息和行为数据已经成为电商平台和网店的基础性资源，因而《电商法》就用户信息做了 3 个方面的重要规定。

第二十三条：电商经营者收集、使用其用户的个人信息，应当遵守法律、行政法规有关个人信息保护的规定。

第二十四条：电子商务经营者应当明示用户信息查询、更正、删除以及用户注销的方式、程序，不得对用户信息查询、更正、删除以及用户注销设置不合理条件。

第六十九条：国家维护电子商务交易安全，保护电子商务用户信息，鼓励电子商务数据开发应用，保障电子商务数据依法有序自由流动。

### （三）电商信息的安全性需求

随着电商的快速发展，消费者的购物结算和支付方式早已发生天翻地覆的变化，消费者更希望能够在交易的安全性以及用户个人权益方面得到更好的保护。

《网络安全法》规定，网络日志的留存时间不少于 6 个月。

《电商法》第三十一条规定，商品和服务信息、交易信息保存时间自交易完成之日起不少于三年。同时，要求电商经营者保证数据的完整性、保密性、可用性。

（1）信息的保密性；

（2）信息的完整性；

（3）信息的不可否认性；

（4）系统的可靠性；

（5）交易者身份的真实性。

由此可见，《电商法》进一步细化了《网络安全法》就数据存储在特定领域的时间要求，数据类型也具体化为商品、服务交易信息。

## 二、安全与防范技术

### （一）防火墙技术

防火墙，就是在内部网（如 Intranet）和外部网（如 Extranet）之间的界面上构造一个保护层，并强制所有的连接都必须经过此保护层，由其进行检查和连接。

从总体上看，防火墙应具有以下 5 大基本功能：

（1）过滤进出网络的数据；

① 中国法律评论，《带你通读全新〈电子商务法〉》，2018 年 9 月 1 日。

（2）管理进出网络的访问行为；

（3）封堵某些禁止的业务；

（4）记录通过防火墙的信息内容和活动；

（5）对网络攻击进行检测和告警。

### （二）加密技术

密码理论与技术主要包括两部分，即基于数学的密码理论与技术（包括公钥密码、分组密码、序列密码、认证码、数字签名、Hash 函数、身份识别、密钥管理、PKI 技术等）和非数学的密码理论与技术（包括信息隐形、量子密码、基于生物特征的识别理论与技术）。

### （三）认证技术

1. 客户认证

客户认证是基于用户的客户端主机 IP 地址的一种认证机制，它允许系统管理员为具有某一特定 IP 地址的授权用户定制访问权限。客户认证技术是保证电商交易安全的一项重要技术。

2. 身份认证

身份认证是判明和确认交易双方真实身份的必要环节，也是电商交易过程中最为薄弱的环节。因为非法用户经常采用窃取口令、修改和伪造、阻断服务等方式对网络支付系统进行攻击，阻止系统资源的合法管理和使用。

3. 通过电子认证服务机构认证

数字证书作为网上交易双方真实身份证明的依据之一，是一个经使用者数字签名的、包含证书申请者（公开密钥拥有者）个人信息及其公开密钥的文件。①

## 模块七　课后习题

1.（单选题）《中华人民共和国电商法》（简称《电商法》），于（　　）起施行，是我国电商领域的首部综合性法律。

A. 2017 年 1 月 1 日　　B. 2018 年 1 月 1 日

C. 2019 年 1 月 1 日　　D. 2020 年 1 月 1 日

2.（单选题）（　　）是指单位或个人（统称客户）通过电子终端，直接或间接向银行金融机构发出支付指令，实现货币支付与资金转移的行为。

A. 电子支付　　B. 网上支付

C. 电话支付　　D. 移动支付

① 陈彩虹：《现代货币本质和形态研究——兼谈脸书（Facebook）的 Libra》，武汉金融，2019 年第 12 期。

3.（单选题）（　　）是电商活动中购物顾客常用的一种支付工具，是一种客户端的小数据库，用于存放电子现金和电子信用卡，同时包含诸如信用卡账号、数字签字以及身份验证等信息。

A. 电子钱包（E-wallet）　　B. 电商（E-business）

C. 电子贸易（E-commerce）　　D. 电子信用卡（E-credit）

4.（单选题）（　　）是一种以电子数据形式流通的，能被客户和商家普遍接受的，通过互联网购买商品或服务时可以使用的货币。

A. 电子信用卡　　B. 信用证

C. 电子支票　　D. 电子现金

5.（单选题）（　　）是一种借鉴纸张支票转移支付的优点，利用数字传递将钱款从一个账户转移到另一个账户的电子付款形式。

A. 电子信用卡　　B. 信用证

C. 电子支票　　D. 电子现金

6.（多选题）货币的 5 种基本职能包括（　　）。

A. 价值尺度　　B. 流通手段

C. 世界货币　　D. 贮藏手段

E. 支付手段

7.（多选题）艾瑞咨询分析认为，自 2018 年起移动支付交易规模增长开始同比放缓，但相对于整体市场，移动智能终端（　　）和（　　）是两大有力增长点。

A. NFC　　B. 语音支付

C. 短信支付　　D. 蓝牙支付

E. 线下扫码

8.（判断题）据《中华人民共和国电商法》第二十三条，电商经营者收集、使用其用户的个人信息，应当遵守法律、行政法规有关个人信息保护的规定。（　　）

9.（判断题）据《中华人民共和国电商法》第二十四条，电商经营者不需要明示用户信息查询、更正、删除以及用户注销的方式、程序，可以对用户信息查询、更正、删除以及用户注销设置不合理条件。（　　）

10.（判断题）据我国电商领域首部综合性法律第六十九条，国家维护电商交易安全，保护电商用户信息，鼓励电商数据开发应用，保障电商数据依法有序自由流动。（　　）

11.（思考题）以小组形式讨论第三方支付发展的最新趋势。如果你是中国银联股份有限公司负责银联云闪付客户开发的主管，请结合自己的个人操作体验，对电商网店创业者提出 1～2 种商业合作方式，使用个人的观点进行表述，由团队组长汇总所有观点，并撰写 1～2 页 PPT 进行汇报展示。

12.（思考题）试浅谈在跨境电商平台业务交易中存在哪些电子支付方式？试利用图表形式来进行比较说明。

# 模块八　电商物流

情景视频：电商物流

## 情景设计

**把控好物流环节至关重要**

无论我们选择与哪家物流企业合作又或者选择建立自己的物流系统，都要把控好物流环节。一些中小微企业的团队已经搭建起了电商平台上的网店，并且把企业商品上架发布。通过一段时间的运营后发现了两方面的问题：客户对物流服务不满意，导致客量流失；建立自己的物流系统成本过高，企业无法承担。针对这些问题，需中小微企业深入思考是否应该更换物流合作公司，是否需要打造自己的物流体系又或者是自己建立的物流系统是否存在结构、模式等问题，未来是否面临升级改造。

# 项目一　电商与物流

## 案例导入

**跨境电商物流发生了改变，应构建物流体系**①

中国跨境电商50人论坛主席徐平女士提到，跨境电商最大的瓶颈是物流，物流瓶颈来源于两个层面：第一个层面，跨境到终端市场的配送，是把原来传统的物流、两段式物流发展成一站式物流，就是直接从卖家到买家，其中物流企业承担了很大的责任，需要物流公司拥有广阔的国际协调性。除了传统的物流大企业，其他的物流企业想参与这个跨境电商物流是很困难的。而且物流牵扯的是交付的问题，那么重组跨境电商体系十分迫切。第二个层面，物流在整个跨境电商占据60%的平均值，跨境电商物流的重要性不言而喻。因而，国与国之间的物流通道急需打通。随着跨境电商的兴起和发展，越来越多的企业看到跨境电商的潜力，但同时也对跨境物流提出了更高的时效要求，重构跨境物流体系迫在眉睫。

① 《跨境电子商务物流发生了改变，应构建物流体系》，搜狐视频，https：//tv.sohu.com/v/dXMvMzM1OTQxNzMzLzIwNDM4ODcxNy5zaHRtbA = = .html?fromvsogou = 1。

## 一、认识电商物流

### （一）物流的定义

根据中华人民共和国国家标准《物流术语》对物流的定义（On-line Marketing 或 E-Marketing）：物流指物品从供应地向接收地的实体流动过程。根据实际需要，将运输、储存、装卸、搬运、包装、流通加工、配送、回收、信息处理等基本功能实施有机结合。（见图 8-1）

图 8-1　认识物流

### （二）物流的基本职能

物流的基本职能包括：运输、仓储、装卸搬运、流通加工、包装、配送、信息处理等 7 大职能。这些职能相辅相成，缺一不可，相互关联，协同工作。

1. 运　输

运输实现实体物质的空间移动，在整个物流环节处于核心地位。企业在考虑运输环节时，需要考虑采取何种运输方法、通过哪一类运输工具实现运输，并且在这个过程中企业还需要综合考虑运输的安全、速度、质量、低廉，根据实际情况合理地采取各类技术手段达到目的。

2. 仓　储

仓储和运输对于物流来说同样重要，仓储包含对货物进行堆存、管理、保管、保养、维护等一系列活动。一方面，仓储保证货物的使用，实现货物的价值。另一方面，仓储中心还可以进行必要的加工。随着电商的发展，仓储进入小批量、多批次、多品种的时代，仓储对货物的保管也提出了更新、更高的要求。

3. 装卸搬运

装卸搬运是一定区域内货物小范围的移动。现代装卸工具的发展，最大限度地减少了人工装卸和搬运，提高了装卸搬运效率。

4. 流通加工

流通加工是指对货物进行加工，包括装袋、包装、配货、挑选、混装等系列活动。

5. 包　装

包装保证货物安全便利地运输。货物从出厂到销售涉及各类包装环节，对于物流，包装能更好地安放货物，降低运输、装卸搬运过程中货物的损耗。

6. 配　送

配送是在某一范围内物流全部过程的体现。它包含包装、装卸搬运、保管、运输等，其最终目的是将货物送达到消费者手中。企业要注意选择合理配送方式，注意区分不同货物的配送模式，以及配送中心的选址、内部建筑构造、作业管理等问题。

7. 信息处理

整个物流过程都是靠一条完整的信息流建立联系的。每个环节都有信息的录入、交换、输出，并不是孤立存在的。相关的信息需要借助一套信息管理系统来完成，企业应该注重企业信息化办公的能力，依靠信息化的工具，提升整个物流功能的发挥。

## （三）物流的分类

物流按照不同的划分标准，可以进行如下分类。（见图 8-2）

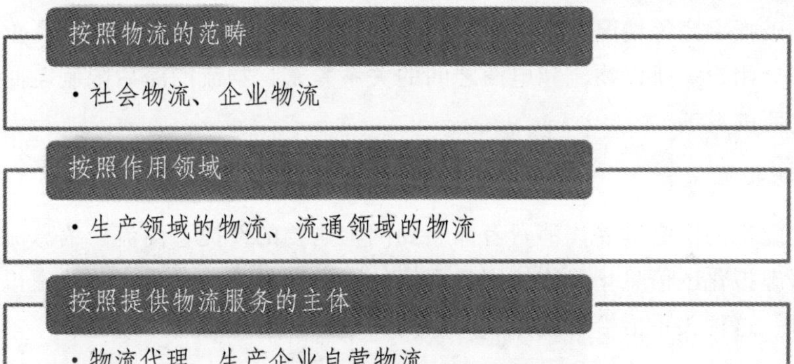


图 8-2　物流分类

1. 按照物流的范畴，可以划分为社会物流和企业物流

社会物流是指以全社会为范畴、面向广大用户的超越一家一户的物流。社会物流涉及商品的流通领域所发生的所有物流活动，因此社会物流具有宏观性和广泛性。

企业物流是指与企业相关的物流活动，是具体的、微观的物流活动。企业物流根据具体的物流活动又可以划分为：企业供应物流、企业生产物流、企业销售物流、企业回收物流、企业废弃物流。

2. 按照作用领域，可以划分为生产领域的物流和流通领域的物流

生产领域的物流是以购进生产所需要的原材料、设备为始点，经过劳动加工，形成新的产品，然后供应给社会需要部门为止的全过程的物流形式。

流通领域的物流是销售物流，主要通过包装、配送，加上售后以销售为目的的物流活动。

3. 按照提供物流服务的主体不同，可以划分为物流代理和生产企业自营物流

物流代理是第三方物流企业（3PL），通常指物流劳务的供需方之外的第三方企业去单独完成物流服务的运作模式。简单来说：第三方物流企业提供交易双方全部或者部分物流服务。

生产企业内部自营物流是指一些生产企业，从原材料进场到加工完毕后在自己企业内部的物流活动。

4. 按照物流的流向，可以划分为内向物流和外向物流

内向物流是企业采购的物流活动，企业向原材料供应商进货的流动过程。

外向物流是企业销售的物流活动，企业向消费者销售产品的流动过程。

## 二、物流和电商的关系

物流影响消费者对电商平台购物的感受和体验。如果在网上购物的过程中出现物流服务差、速度慢、破损率高等情况，消费者对电商平台购物的体验感就不好，严重时甚至让电商平台流失一部分用户。所以物流和电商之间的关系紧密，物流的滞后限制电商的发展，物流的发达推动电商的发展。

1. 虚拟和现实的关系

电商通过虚拟的网络世界让消费者体验到网上购物的便捷，商流、信息流、资金流把购物的过程全部虚拟化、信息化。物流则将现实的物品送至消费者手中。从虚拟经济转化为实体物品的交付，这种关系恰恰是虚拟和现实的关系。

2. 物流是电商的重要组成部分

一个完整的电商活动包含：信息传递、网上交易、网上支付、物流配送。物流是电商的重要组成部分，是信息流和资金的载体、基础。

3. 物流的落后制约电商的发展

电商离不开物流的支撑，没有现代化的物流服务和运作模式，电商发展难以得到认同，本身的优势难以发挥，所以物流的落后制约着电商的发展。

4. 物流保证了消费者的体验感

现代销售理念认为，以顾客为中心才能更好地开展营销，所以物流带给消费者的体验感正是以顾客为中心最好的诠释。电商不受时间、空间的限制，物流质量、服务优劣、速度等成为顾客衡量整个网上购物的体验感。

## 三、电商物流模式

微课：电子商务物流模式

1．自营物流

企业自己建立的物流，称为自营物流。自营物流模式意味着电商企业自建物流配送系统，并且经营管理整个物流运作过程。电商发展初期，企业自营的物流大多在向仓储公司购买仓储服务，向运输公司购买运输服务，但是这些服务只是临时性交易，所以当时的自营物流是狭义的自营物流。随着企业对物流服务要求的提升，企业管理实力较强时，一般采用自营方式。

企业自营物流建设规模大，运营成本高，因为企业前期一般情况都处于不营利的情况。但是自营物流的优势也十分明显：自营物流的职能部门之间，协调性好，物流系统可以根据企业自身的情况做好沟通和协调；自营物流承担巨大的成本压力，所以在设计整个物流系统时，会尽量简洁，每一个环节都会尽量优化配置，节约资源；自营物流还可以保障信息安全，避免内部和外部物流的信息交叉。总而言之，自营物流能够更好地保障货物的准确性和及时性，确保物流服务质量。目前，规模较大的电商企业京东采取的就是自营物流运营模式。

2．物流联盟

物流联盟是制造企业、销售企业、物流企业基于正式协议建立起来的一种合作关系，参与的多方企业汇集、交换或者统一资源以谋取共同的利益，同时合作方之间仍保持着各自的独立性。想要充分发挥联盟的功能，全凭企业之间的依赖程度还不够，企业之间必须相互信任、共同承担风险、利益共享。企业之间必须明确在联盟中所承担的角色，减少彼此之间的冲突，从而发挥物流联盟的作用。

物流联盟是基于正式协议的合作，一旦这种协议失效，企业又会变成追求自身利益最大化的个体。选择物流联盟企业时，要重点注意服务提供商的种类和经营策略。一般情况下，可以根据上下游的关系形成纵向一体化物流联盟，或者从平行位置组建横向一体化物流联盟，也可以纵向、横向考虑建立混合式的物流联盟。

3．第三方物流

第三方物流（3PL）是指独立于买卖双方之外的专业化物流企业。它是独立于“发货方”和“收货人”之外的第三方物流承担者，通过与买卖双方之间的合作提供专业化的物流服务。第三方物流企业一般都具有一定规模的物流设备，包括库房、站台、车辆等，以专业化经验、技能批发、仓储运输或其他物流业务独立经营企业。第三方物流甚至提供专业化、个性化的服务，能够满足不同消费者针对企业形象、业务流程、产品特征、竞争需求等多方面的要求。随着第三方物流市场竞争的加剧，从事第三方物流的经营企业必须形成自身的优势，推出个性化和特色化的服务，增加自身竞争实力。

第三方物流业务范围如图 8-3 所示。

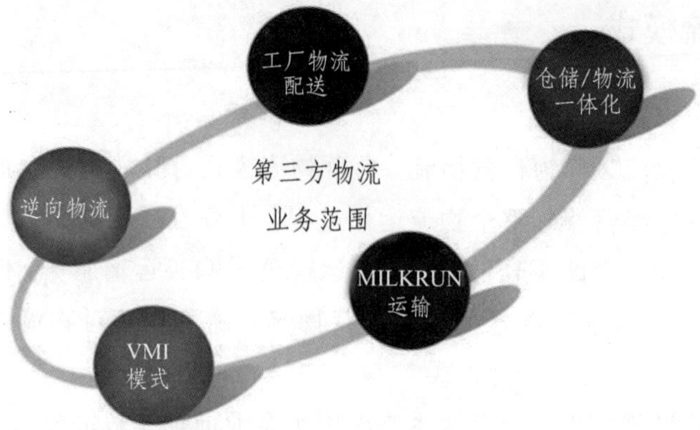


图 8-3 第三方物流业务范围

目前我们熟知的“顺丰”“四通一韵达”就是第三方物流服务企业。

4. 第四方物流

第四方物流（4PL）主要针对物流系统分析和诊断，具体内容包括物流资源、物流设施、物流技术的分析和诊断，提供物流全程方案设计、实施办法和解决路径等的业务。第四方物流在第三方物流的基础上进化和发展，以其信息经验知识智能为客户提供一体化的咨询服务。其核心竞争力是长期从事物流行业积累下来的行业背景和丰富的从业经验，从总体上提出有利于客户前期建设、中期升级改造、后期维护的战略方案。

第四方物流的优势明显：① 目光瞄准整个供应链与物流系统进行规划设计、改造升级；② 第四方物流具备整合供应链服务商的优势；③ 具备信息和网络优势；④ 人才优势，拥有大量高质素物流领域和供应链领域的专业人才。

5. 电子物流

电子物流是利用电子化的手段，特别是互联网技术来完成物流全部过程的协调、控制和管理，实现从网络前端到最终客户的所有中间过程服务。电子物流信息化、自动化、网络化、智能化的特点使物流组织、交易、服务、管理等各个环节的物流商务活动能够方便、快捷地进行，实现物流快速、安全、可靠、费用低。

# 项目二 电商与供应链管理

**案例导入**

### 自动引导车，电商，供应链完成智能仓储解决方案①

仓储、物流是供应链的核心环节，大力打造智能物流、智能仓储已经成为第三方物流或

①《智能物流：自动引导车，电子商务，供应链完成智能仓储解决方案》，搜狐视频，https://tv.sohu.com/v/dXMvMzM1OTQxODk4LzE5MDI2MjcwOS5zaHRtbA==.html?fromvsogou=1。

者大型电商企业的目标。自动引导车借助人工智能，根据规定的路线有序运送货物，通过规划路线将货物从仓库运送至指定位置，每一个引导车上的货物并不多，这也是因为电商个性化、小批量的购物特点，所以自动引导车分担了大部分订单任务。

## 一、初识供应链

### （一）供应链的概念

供应链（Supply Chain）是生产及流通过程中，涉及将产品或服务提供给最终用户活动的上游与下游企业所形成的网链结构。在电商交易过程中，完成订单的过程是十分灵活的过程，产品能顺利交付到消费者手中，整个供应链中的制造商、物流等环节都会根据订单的特性、产品的特性做出做好的安排。

起初，制造商生产成品然后根据订单从库存发货通过物流最终到终端。但是随着信息化时代的到来，以产定销发生了质的转变，为灵活地做出市场反应，供应链的概念已经发展成全球性的概念，由起初的线性结构发展成为围绕核心企业的网链结构。

在这个网链结构上产生的所有信息流、物流或服务、资金流就形成了供应链。这个网链结构将供应商、制造商、运输商、经销商、客户各类角色紧密联系在一起。而这样的链接驱动力全凭消费者终端的需求拉动，很显然现阶段的供应链是以消费者为中心建立起来的。

### （二）智慧供应链的概念

智慧供应链是结合物联网技术和现代供应链管理的理论、方法和技术，在企业中和企业间构建的，实现供应链的智能化、网络化和自动化的技术与管理综合集成系统。为更好地理解智慧供应链的概念，我们要掌握以下几点：

（1）智慧供应链技术渗透性很强。智慧供应链使用物联网技术、互联网技术、大数据技术、云计算技术、人工智能等，供应链的管理过程更加信息化、人性化。

（2）智慧供应链现代管理性很强。为加强智慧供应链的整体竞争力，在管理上强调灵活科学。

以京东智慧供应链为例，在 2019 年的中国智慧供应链创新论坛上，京东对自己供应链的上下协同做了详细解读，从自动化到智能化的变革，京东强调：对于企业来说，园区所提供的服务是多个方面的，“创新”一直是企业前进的驱动力。

### （三）供应链管理的概念

供应链管理（Supply Chain Management）是在最大限度满足客户需求的条件下，为了使整个供应链系统获得总体竞争优势，把供应商、制造商、运输商、经销商、客户等有效地组织成为一个协调发展的整体，从而降低成本，提高整个供应链中每个成员企业的自身效率和经济效益。

供应链管理从总体出发，并不是追求单个独立企业利益的最大化，而是将每个环节的成员作为团队来打造，进行统筹管理，提高整个供应链的运行效率。在这个过程中，我们要特别关注供应商、制造商、运输商、经销商、客户这些成员之间的衔接处，因为供应商、制造商、运输商、经销商、客户涉及企业内部的优化组织，各成员为达到集体的效率能快速做出调整，但是成员与成员之间涉及信息流、物流或服务流、资金流，为了实现共赢，降低总体的运营成本，就需要进行集成化的供应链管理。

为更好地理解供应链管理的精髓，我们需要掌握以下几点：

（1）供应链管理的核心价值在于整体需求分析、生产计划、运输物流管理。

（2）供应链管理也是一种关系管理，是供应商、制造商、运输商、经销商、客户之间的关系管理。

（3）供应链管理的目的是提高整个网链结构的效率，最终形成整体网链结构的竞争优势。

### （四）传统供应链与现代供应链的区别

（1）结构的区别。传统供应链是线性结构，线性结构思维方式固化；现代供应链打造的是网链结构，网链结构思维方式开放。

（2）产销关系的区别。传统供应链通常以产定销，是以企业为中心的供应链结构；现代供应链以销定量，大多数时候做到了以消费者/客户为中心。

（3）全局意识的转变。传统供应链成员的思维往往局限在让供应链运转即可，彼此之间因为某个业务建立起来这样的合作关系，所以全局意识不强；现代供应链成员的思维广阔，旨在如何通过整条供应链的资源整合，提高整个供应链的全局竞争优势。

### （五）供应链管理的常见问题

（1）信息没有达到共享，导致整条供应链的协同性低。

（2）过分响应客户的需求，导致库存量加大。

（3）信息传递沟通不到位，导致生产的产量不符合要求。

音频：物流如何跟上步伐

## 二、电商时代下的供应链管理

### （一）电商时代对供应链管理的要求

（1）借助信息技术达到供应链可视化。随着信息化技术的不断发展，电商成为主流购物模式。对于电商平台而言，每天处理的订单量庞大，对供应链的要求已经不再停留于人、流程、硬件设备的简单叠加。为确保货物能按时保质地送达消费者，并且在这个过程中尽量简洁，减少出错率，防止供应链管理混乱，电商推动了供应链可视化的演进脚步。通过数据采集、传递、存储、分析、处理，供应链做到快速处理订单，反馈物流以及存储的信息，使企业掌握整个供应链的工作饱和度，并以图形化的方式展现。并且可视化的供应链展现方式便于供应链管理，为确保前端电商平台消费者需求提供有力保障。

（2）借助人工智能，有效预测供应链，快速做出决策。电商业态中，不同的场景产生了大量的零售数据。作为电商的有力保障，供应链应该对不同场景快速提出解决方案。这相当于是对未来会产生的情况预先做出预案，通过事先的预测保障在消费者有需求的时候马上做出反应。借助人工智能，有效预测供应链，为企业决策提供依据。

（3）借助创新思维重构供应链管理思维。传统的供应链管理思维已经不能满足数字时代提出的新要求。从供应链管理者的角度，日常工作已经发生了变化，每天所做的工作转移为搜集信息、消费者需求预判、与消费者沟通、协同资源、寻找创新管理机会。

## （二）电商与供应链管理的关系

电商的运作对供应链管理产生了如下影响：

（1）电商为供应链管理创新奠定了基础，电商的本质是社会信息化，全面采用电脑和互联网支持，供应链管理同样也要求企业与企业、企业与客户之间的交易活动信息化、智能化，所以电商对供应链管理提出了更高的信息化处理要求。

（2）全球电商飞速发展，为企业带来更多的业务渠道，对于供应链管理来说也面临着史无前例的发展前景，供应商、制造商、运输商、经销商、客户成员组合潜力巨大，将形成企业与企业新一轮的组合，供应链管理能力将不断优化。

（3）电商将活动业务细分，促进企业之间的合作，要求合作企业建立企业与客户之间的业务流程的无缝集成。从生产、采购、库存、销售、财务、人力资源管理的全面集成，把理想的供应链运作变为现实，对供应链管理发挥的集成性、协调性提出了更高的要求。

## （三）电商时代供应链管理案例

1. 唯品会的供应链分析

唯品会是一家专门做特卖的平台。作为典型的 B2C 电商平台，唯品会的供应链如图 8-4 所示。

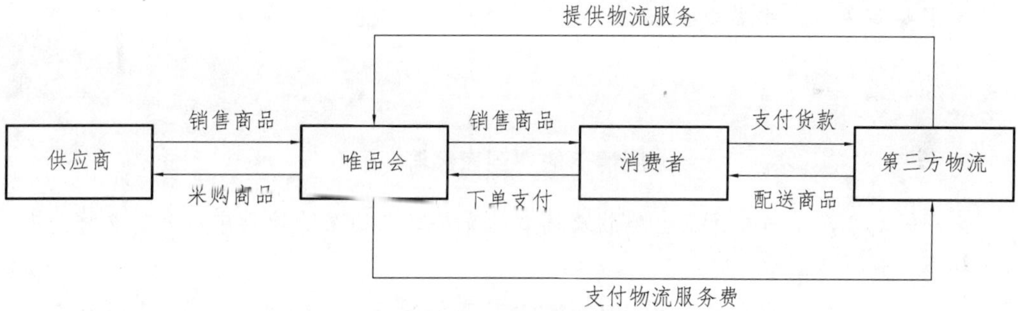


图 8-4　唯品会的供应链

唯品会产品的供应商众多，提供的特卖商品种类繁多，主要包括品牌服饰、化妆品、香包等，供应商都是国际国内的正牌厂家和代理商。

目前唯品会在国内建立了大规模的仓储中心，分别辐射华北、华南、西南、华东等地区。唯品会借助线上特卖会集中出货，所以仓储运转能力很强，目标是“零库存”。

唯品会采用统一外包装与第三方物流公司合作的模式解决落地物流配送问题。

唯品会的网站非常简洁，为消费者提供了简洁的购物方式，特色鲜明，打造正品折扣，同时为每件商品做质量保证。

唯品会的支付功能多样，支持支付宝、银行转账、财付通、货到付款等。

总结：唯品会的供应链策略走轻路线，做自己擅长的业务，很符合它的平台定位，正是因为专门做特卖，所以要求轻装上阵。唯品会不同于淘宝、天猫、京东，找准了自己的市场定位，在自己独特的营销策略基础上，简化供应链，实现企业简化经营。

2. 京东供应链分析

**案例导入**①

据报道，2020年年初，京东亚洲一号复工后，新都区智慧物流产业园区多家物流企业相继正式复工。园区内26家物流平台企业已全部备案成功，其中25家平台企业已正式复工。平台企业内的二次招商企业复工355家，复工返岗总人数达到7 958人。

京东亚洲一号新都仓储中心辐射了整个成都片区的城际配送，同时还覆盖了重庆、贵州、云南和西藏等地区的物流配送。据不完全统计，自1月28日复工以来，京东亚洲一号每天收发包裹快递40万件，单日发车500余车次。京东覆盖的600多个城市站点均已同时复工，返岗人数780余人，复工率达95%。

据了解，京东亚洲一号仓储中心根据当前疫情防控需求，在智能分拣基础上同时开设人工专线，对每天高达5万余件的防疫物资进行专线分拣。“除了京东，我们还与园区内各物流企业建立起防疫物资分类专线分拣配送。”智慧物流产业园区管委会负责人说，在推进新都经济平稳运行的同时，积极协助疫情防控一线。京东亚洲一号成都新都物流园，项目占地面积365亩（0.243 3平方千米），总投资12亿元，建成27万平方米高端立体仓储设施。该项目服务辐射云、贵、川、渝、藏三省一市一区。为更好地了解京东的供应链管理，2020年7月27日本教材编写人员正式参观京东亚洲一号成都新都物流园。

**案例导入**②

### 疫情下的“到家经济”

疫情期间，京东是怎么保证生鲜物流速度的呢？京东的采购销供应链是怎么样的呢？我们通过一个视频来了解这一切。

位于成都市新都区的物流园于2017年2月开工建设，2019年在“618”试运营，2019年“双11”正式全面运营，存储能力25万SKU，平均日存储商品件数将近2 500万件，坐落在新都的物流园区只是京东在西南片区打造的其中一个物流园区。（见图8-5）此处主要运营产品包括3C数码、小家电、母婴、个人护理等品类，物流园区日处理能力118万单以上。

---

① 《成都新都京东亚洲一号复工率95% 重启“忙碌模式”》，中新网四川，http：//www.sc.chinanews.com.cn/bwbd/2020-02-21/122645.html。

② 《经济半小时》，《20200302 疫情下的“到家经济”》，央视影音，http：//cbox.cctv.com/phone/video/index.shtml?guid＝2881042c5da54027889203b46f4a8137。

图 8-5　京东新都亚洲一号物流园

京东合作的供应商繁多，在营商品品类量大，在成都新都的物流园区，也只是负责其中部分品类商品，京东在广汉、龙泉、青白江等地也相应地打造了其他品类商品的物流园区。其中，广汉物流园区建设项目总共分 3 期。目前一期项目建设完成并投入使用，青白江物流园区最大的特色是承担了生鲜冷链商品的供应，龙泉物流园项目也正在建设之中。

此次造访新都物流园区，主要参观了无人立库（见图 8-6）、平库、11 号库小件分拣中心以及园区中控室。无人立体仓库主要存储供应商提供的规格统一的商品，供应商提供的商品以托盘为单位通过入库口，进行红外线扫描，根据系统的安排分配到指定位置，完成入库操作。整个立体仓库全程自动化，总共建设 8 层，工作效率高，仓储容量大。而针对异形商品、大件商品，京东还是继续沿用传统的仓储方式，借助运输工具完成仓储过程。由于商品规格、重量、形状不能满足立库的入库标准，京东采取自动化无人立库和平库两种仓储方式解决实际问题。

图 8-6　无人立库一角

严格按照商品入库、网上下单、出库、分拣、配送的全部过程，京东的全部仓库都能联系循环工作，形成了一个完整的操作闭环。客户从网上下单后，根据订单检索商品，从立库和平库中获取商品，通过运输达到包装部，对相应的产品进行包装处理，在包装处理区，像遇到“618 大促”，全部包装台全部启动上线，场面十分壮观。经过包装处理后，如果是小件商品，就会通过无人分拣小件中心进行分拣。（见图 8-7）分拣的过程是根据订单目的地所划分的营业部，系统通过扫描商品面单，就清楚地知道要分到哪里，全程非常智能。最后装车，整车配送，送往目的地。

图 8-7　无人分拣仓

众所周知，京东对订单的处理时效要求很高，所以整条自动线的运转时间超过 12 个小时，在诸如“618 大促”“双 11”此类活动的时候，整条自动化的运转时间将高达 16 个小时，这也是京东物流效率高的原因。整个园区是否能达到这么高的运转效率，工作人员监控中控室的 15 块屏幕,每个仓的运转都可以通过全程监控系统查看,以及后端系统可视化界面的显示，工作人员清楚每个仓的情况，系统是否正常运行，一旦哪里出现预警信息，工作人员都能第一时间掌握和解决。

经过本次京东成都新都物流园的参观学习，我们发现京东在行业的超前意识，以及京东智慧供应链的一体化建设思路。京东为确保所有步骤、关键环节资源优化配置，正式发布了京东供应链、京东快递、京东冷链、京东速运、京东跨境以及京东云仓等一系列产品。2018 年京东自主研发了智能供应链技术服务平台，这套系统可以利用大数据、云计算对商流信息进行数据分析挖掘，进而预测供应商上游的补货能力和销售能力。所以，通过这套系统，京东的智能选品、智能补货、智能选库等所有操作达到了高度信息化、智能化，整个平台线上和线下配合完美，商流、信息流、物流具备了相应的控制与协同力，具备现代化供应链的能力。

经过此次参观学习，我们在这里和同学们一起分享京东的智能仓库，观看了全程自动化的分拣运输过程。我们要明白这个智能化仓储的建设的真正的目的是通过京东现代化的供应链建设，提升整个行业的智能化水平，这也是未来电商供应链发展的目标。

# 模块八　课后习题

1.（单选题）农村电商通过网络平台嫁接各种服务于农村的资源，拓展农村信息服务业务、服务领域，使之兼而成为遍布县、镇、村的“三农”信息服务站。这个说法是（　　）。

A. 正确的　　B. 不正确的

2.（单选题）2015—2019 年，我国陆续出台了相关的电商政策，可以看出国家发展农村电商的决心，我们农村电商发展潜力巨大。这个说法是（　　）。

A. 正确的　　B. 不正确的

3.（单选题）农村电商在发展的过程中会遇到诸如物流的问题，主要原因是交通运输不便，这个说法是（　　）。

A. 正确的　　B. 不正确的

4.（单选题）拼多多成立于 2015 年，总部在上海，属于 B2B 电商模式。这个说法是（　　）。

A. 正确的　　B. 不正确的

5.（多选题）直播带货的优势包括（　　）。

A. 产品介绍更直观，增加了消费者的信任

B. 供应商变被动为主动

C. 直播的受众广，提高销售量

D. 直播电商不需要法律监管

6.（多选题）典型的直播平台有（　　）。

A. 淘宝直播　　B. 抖音

C. 快手　　D. 京东直播

7.（多选题）在天猫商城上开店，类型包括（　　）。

A. 天猫旗舰店　　B. 天猫直营店

C. 天猫专卖店　　D. 天猫专营店

8.（多选题）在面对农作物季节原因引起的农村电商销量问题，我们可以采取的解决方式有（　　）。

A. 提前耕种

B. 预售

C. 采取农作物二次加工成食品

D. 放任，不作为

9.（多选题）网络营销可以按照其发挥作用，可划分为 8 大职能，它们是：（　　）、（　　）、信息发布、销售促进、网上销售、（　　）、客户关系和（　　）。

A. 网络品牌　　B. 网站推广

C. 客户服务　　D. 网上调研

10.（多选题）微信小程序的特点包括（　　）。

A. 不需要下载安装，直接使用　　B. 记忆功能

C. 搜索优先　　D. 与微信绑定，不需要登录

11.（多选题）社区团购与农村电商结合能够解决的问题包括（　　）。

A. 物流成本问题　　B. 销量问题

C. 供应商问题　　D. 减少中间商

12.（简答题）简述国家为推动农村电商发展颁布了哪些重要政策？

13.（简答题）简述拼多多的市场定位？

14.（思考题）在农村电商中我们往往无法落地实施，遇到这类问题该怎么解决？

15.（思考题）如何将农村和城市社区联系起来发展农村电商？

16.（实操题）选择某地级市的乡村区域，并开展小组调研，以小组形式完成一份电子调研报告。

# 参考文献


[ 1 ] 吴洪贵. 商务数据分析与应用[M]. 北京：高等教育出版社，2019.

[ 2 ] 北京博导前程信息技术股份有限公司. 电商数据分析概论[M]. 北京：高等教育出版社，2019.

[ 3 ] 北京鸿科经纬科技有限公司. 网店运营基础[M]. 北京：高等教育出版社，2020.

[ 4 ] 北京鸿科经纬科技有限公司. 网店推广[M]. 北京：高等教育出版社，2020.

[ 5 ] 杨浩. 直播电商 2.0[M]. 北京：机械工业出版社，2020.

[ 6 ] 凤凰高新教育. 淘宝、天猫、微店开店、装修、运营与推广从入门到精通[M]. 北京：北京大学出版社，2017.

[ 7 ] 杨立钒，杨坚争. 电商安全与电子支付[M]. 北京：机械工业出版社，2016.

[ 8 ] 史浩. 互联网金融支付[M]. 北京：中国金融出版社，2019.

[ 9 ] 胡斌. 电商概论[M]. 北京：人民邮电出版社，2015.

[10] 黑马程序员. 新媒体营销教程[M]. 北京：人民邮电出版，2019.

[11] 黑马程序员. 网络营销推广[M]. 北京：清华大学出版社，2017.

[12] 许应楠. 电商基础与实务[M]. 北京：北京高等教育出版社，2018.

[13] 人力资源社会保障部教材办公室组织. 电商直播[M]. 北京：中国劳动社会保障出版社，2020.

[14] 赵娜. 享客中国获近百万天使投资 采用 B2S 分享式购物[J]. 投资界，2010（11）.

[15] 陈彩虹. 现代货币本质和形态研究——兼谈脸书（Facebook）的 Libra[J]. 武汉金融，2019（12）.